김 현 구 교 수 의

日本 이야기

창비

김 현 구 교 수 의

日本 이야기

'경계'와 '협력'을 위하여

내가 8년간 와세다대학에서 일본 역사를 공부하고 귀국해 대학 강단에 선 지도 올해로 12년째다. 대학교수의 기본 임무는 부단한 연구와 본인보다 뛰어난 후진을 양성하는 데 있다고 생각한다. 나는 퇴직할 때까지 순수 연구서를 세 권 쓰는 것이 목표인데, 내용은 빈약하지만 이미 두 권을 썼고 앞으로 한 권을 더 쓸 작정이다. 그리고 일본 역사를 공부하고 싶다는 학생이 있으면 아직까지는 국내에서보다 일본 현지에 가서 공부하는 것이 바람직하다는 생각에서 일단 일본으로 유학하도록 권하고, 내가 했던 것보다 좀더 효과적으로 공부할 수 있도록 도와주며 후진 양성에 노력하고 있다.

그러나 연구나 후진 양성 못지않게 중요한 학자의 임무 중 하나는 연구 결과가 사회에 활용되도록 하는 것이다. 나는 광복 후 일본 역사를 공부한 첫 세대로서 오래 전부터 무언가 직접적으로 사회의 필요에 응할 수 있는 길이 없을까 생각해왔다.

일본은 지정학적 관계나 오늘날 세계의 블록화 현상으로 미루어 볼 때 우리에게 경계의 대상이며 동시에 공동의 번영을 위해 협력하지 않으면 안될 나라이다. 경계의 대상이라는 말은 임진왜란이나 일제 35년간의 한국 지배라는 과거의 역사적 관계를 살펴보면 알 수 있을 것이고, 협력해야 한다는 말은 우리가 중요한 기술을 일본에 의존하고 있다는 사실만 생각해봐도 자명해진다.

경계와 협력을 위해서는 과거에 굳어진 감정적인 비판으로 일관하거나 과거의 교훈을 잊어버리고 현실적인 이해관계만을 중시하는 두 가지 태도 모두 배제되어야 할 것이다. 경계와 협력을 위한

4

진정한 해답은 일본 사람들의 사고와 행동이 어디에서 유래하는가를 아는 데서 얻어질 수 있을 것이다. 모두들 이런 점을 잘 알고 있는 듯, 신문들은 일본에 대해서 경종을 울리거나 일본의 본질을 알리기 위해서 다투어 일본 관계 특집을 내고 서점가에서는 일본 관계 책들이 베스트셀러가 되고 있다. 그러나 대부분의 특집기사나 책들이 일본의 현상적인 면만을 분석하거나 그에 대한 견해를 밝히는 데 그칠 뿐 그와같은 것들이 어디서 유래하고 어떻게 형성되었는가 하는 점은 밝혀주지 못하는 것 같다.

사실 이러한 문제는 우리나라만의 현실은 아니어서, 일본에 관한 세기의 명저라고 하는 루스 베네딕트의 『국화와 칼』도 일본의 특징을 철저히 분석은 하면서도 그것들이 어디에서 유래하고 어떻게 형성되었는지에 대해서는 전혀 설명을 못하고 있다. 일본에 대한 분석이 평면적인 데 그치고 입체적이지 못하다는 것이다. 그러기에 세계가 이구동성으로 '일본은 이해할 수 없는 나라'라고 소란을 피우고, 우리나라에서도 일본은 있느니 없느니 하면서 논쟁이 끊이지 않는다.

책임있는 일본 지도자들은 여전히 심심치 않게 "35년간의 한국 지배는 오히려 한국의 근대화에 도움이 되었다"는 둥 "2차대전은 아시아 각국을 해방시키기 위한 전쟁이었다"는 둥 망언을 되풀이하여 우리를 분노케 한다. 일본의 이런 태도에 대해 우리나라에서는, 독일은 2차대전의 과오에 대해 주변 국가에 사과도 하고 그 잘못을 교과서에 실어 후세의 교훈으로 삼는데 일본은 그러기는커녕 궤변이나 늘어놓는다고 분통을 터뜨린다.

그러나 독일에도 2차대전의 주체인 나찌의 부활을 외치는 사람이 있는가 하면 일본에도 식민지 지배를 사과하고 난징(南京)대학살을 고발하는 사람이 있다. 문제는 왜 독일은 참회를 하는데 일본은 망언을 되풀이하느냐 하는 데 있다.

2차대전이 끝난 뒤 독일에서는 나찌세력에 대항해 지하에서 저항운동을 하던 세력이 정권을 잡았다. 그렇기 때문에 그들은 자신들의 정당성과 함께 나찌의 부당성을 알리기 위해 주변 국가들에게 사과하고 교과서에도 나찌의 만행을 수록하는 것이다. 그러나 일본에서는 오히려 전쟁에 앞장섰던 군국주의자들이 다시 정권을 잡았다. 이들에게는 식민지 지배나 만행을 사과하고 그 과오를 교과서에 싣는다는 것은 곧 현재의 자기 자신에 대한 비판과 부정을 의미하는 일이다. 설혹 입으로만 가끔 사과를 하더라도 그것은 혼네(本音, 본심)가 아니다. 그런 사과는 아무리 받아도 무의미하다.

더 나아가, 2차대전이 끝난 뒤에 독일에서는 나찌에 저항하던 세력이 정권을 잡을 수 있었는데 일본에서는 왜 군국주의 세력이 다시 정권을 장악하게 되었는가도 우리가 알아야 할 문제이다. 따라서 겉으로 나타난 것만을 보고, 독일은 사과를 하는데 일본은 사과를 안하니까 '독일은 좋은 나라, 일본은 나쁜 나라'라는 식으로만 생각해서는 진정한 경계와 협력의 처방이 나오지 않는다. 왜 일본이 사과를 하지 않는가를 알아야만 해결책이 보일 것이다.

현상에 대한 단순한 분석이나 견해 제시는 객관식 시험에 대비해서 동그라미를 칠 답을 가르쳐주는 것에 불과하며, 모르는 문제에 부딪혔을 때 그 문제를 해결할 수 있는 힘을 길러주지는 못한다. 그런 문제를 풀 수 있게 해주려면 어떻게 그 문제가 만들어졌는가부터 알려주지 않으면 안된다. 이런 점에 대답해줄 수 있는 학문이 역사라고 생각한다. 나는 일본 역사를 공부한 사람으로서 이러한 사회적 필요에 부응한다는 뜻에서 이 책을 쓰게 되었다.

일본은 동아시아 해상에 자리잡고 있는 열도로, 2차대전에서 패배할 때까지 한번도 외국에게 점령당한 일이 없고 필요한 선진문물을 밖에 나가서 선택적으로 수입해왔기 때문에 시대의 변화에도 불구하고 일본적 특성이 근본적인 변화 없이 비교적 잘 보존되어왔다. 따라서 이 책에서는 과거에도 그랬고 현재도 그러하며 미래에도 당분간 계속되리라고 생각되는 일본 사람들의 직업의식이라든가 집단의식, 이중성 등 우리가 흔히 알고 있는 일본적 특성을 유학생활의 경험을 중심으로 사례를 들고 그 특성들이 역사적으로 어떻게 생겨났는가 하는 점만을 설명하고 일체의 가치판단은 유보함으로써 일본 사람들이 좋다 나쁘다를 떠나서 그들의 행동과 사고의 바탕을 이해할 수 있도록 노력했다. 그것을 이해하는 일이야말로 감정적인 비판으로 일관하거나 눈앞의 이해관계만을 중시하는 태도를 모두 극복하고, 과거의 잘못된 역사를 되풀이하지 않으면서 상호발전을 위해서 진정하게 협력할 수 있는 바탕을 만드는 출발점이 된다고 생각하기 때문이다.

끝으로 부언할 것은, 이 책은 주로 과거 유학 시절에 겪고 들은 사실과 내가 공부한 일본 역사에 대한 지식을 바탕으로 서술하였다는 점이다. 그러나 오래 전의 일들이기 때문에 다소 정확하지 못한 부분도 있을 것이며 일본사에 대한 지식에도 나의 주관적인 해석이 없지는 않을 것이다. 또 만의 하나라도 다른 사람에게 폐가 되는 일이 없었으면 하는 마음 간절하다.

1996년 3월 김현구

차례

제 3 부   일본은 어디로 가려 하는가

제 1 부

●

우리는 일본을 얼마나 알고 있는가

1. 우리의 잘못된 일본 인식

 황영조의 기록은 매연 때문에 나쁘다?

황영조의 기록은 매연 때문에 나쁘다?

히로시마 아시안게임이 진행될 때 마라톤을 텔레비전 중계로 지켜보았다. 아시안게임에 별다른 흥미를 느낀 것은 아닌데, 옛날에 손기정이 일장기를 가슴에 달고 뛰었다는 사실과 황영조가 바르셀로나 올림픽 때 일본 선수와 막판까지 치열한 선두다툼을 벌였다는 사실이 일본에서 벌어지는 마라톤에 대해 묘한 흥미를 불러일으킨 것 같다.

한참 텔레비전을 보고 있노라니까 황영조가 일본 선수와 선두그룹을 형성하고 달리다가 마침내 스퍼트를 하기 시작했는데 심판원들이 탄 선도차가 그 앞을 왔다갔다하면서 달리는 것이 묘하게 마음에 걸렸다. 뒤따라오는 선수는 괜찮겠지만 선도차를 바로 뒤에서 따라가는 황영조가 매연 때문에 기록이 떨어지지나 않을까 하는 걱정이 들었기 때문이다. 황영조가 우승할 것은 틀림없지만 기록은 역시 예상보다 좀 저조한 것 같았다. 그러자 현지에서 중계를 하던 아나운서인가 해설자인가, 심판원이 탄 선도차에서 내뿜는 매연 때문에 황영조 선수의 기록이 나쁘다고 하는 것이다. 나는 속으로 '나쁜 놈들' 하고 욕을 했다.

그런데 이튿날 『한국일보』의 스포츠난을 보니 '최신형 전기자동차 눈길'이라는 제목으로, 그날 경기에서는 선도차로 최신형 전기자동차가 등장했음을 소개하고 "종래에는 수백개의 배터리를 탑재한 대형 배터리 카가 사용됐으나 이번 대회에선 자동차왕국 일본답게 배터리 카가 아닌 콤팩트한 디자인의 전기충전차가 선도차와 보도차로 사용되었다"면서 "마라톤 레이스에선 자동차 매연이 경기력에 영향을 끼치기 때문에 전기자동차를 시설차로 사용하게 되어 있다"는 규칙까지 친절하게 소개하고 있었다.

그 순간 심한 배신감과 함께, 중계방송을 하는 사람들이 마라톤에서 무슨 차를 사용하게 되어 있고 또 어떤 차를 사용하고 있는지도 모르고 방송을 했는지 아니면 알고도 거짓말을 했는지 의아했고 도대체 아직도 우리나라 방송은 이 정도 수준밖에 안되는가 싶어서 한심한 생각이 들었다. 이것은 일본에 대한 오도 정도가 아니라 국민을 바보로 만드는 것이다. 이런 태도는 국민들의 일본 인식을 그르치는 것으로 일본을 극복하는 길이 될 수가 없다. 일제잔재 청산을 주창해오면서 이런 식으로 잘못된 일본관을 퍼뜨린 것은 바로 교육과 언론이다.

삼국 문화의 일본 전파

1985년 귀국하던 해에 H대학 아시아문화연구소 주최로 '동양 고대문헌의 신빙성'이라는 테마로 심포지엄이 개최되어 나는 일본 문헌에 대한 발표자로 참여하게 되었다. 발표를 앞두고 시내 모 호텔에서 주최측과 발표자들이 사전모임을 가졌는데, 당시 나는 혈기가 넘치던 때고 또 한국사의 대가이신 L교수께서도 자리를 같이하셨기 때문에 평소 품고 있던 한국 학계에 대한 불만을 털어놓았다.

"우리나라 중고등학교 국사교과서를 보면 백제·고구려·신라 삼국의 문화가 일본에 전해진 이야기가 나오는데 저는 이 내용이 일본 고대사서인 『일본서기(日本書記)』를 바탕으로 하고 있는 것으로 우리나라 사서에는 없다고 알고 있습니다. 그런데 일본 학자들이 『일본서기』를 바탕으로 고대 일본이 200여 년간 한반도 남부의 가야(일본에서는 '任那'라고 한다) 지역을 지배했다는 '임나일본부설(任那日本部說)'을 주장하면 한국 학계에서는 그것이 씌어 있는 『일본서기』가 믿을 수 없는 책이니까 그 학설은 믿을 수 없다고 주장하고 있습니다. 이와같이 우리에게 유리한 이야기는 『일본서기』를 가지고 이야기하고, 불리한 이야기가 나올 때는 그것이 씌어 있는 『일본서기』가 믿을 수 없는 책이니까 그 이야기도 믿을 수 없다고 하는 것은 명백한 모순이고 이런 태도 때문에 일본 학계가 한국 학계를 우습게 보는 것이 아닙니까?" 하고 좀 당돌한 질문을 했다. 그랬더니 L교수께서는 묵묵부답이시고 옆에 계시던 C교수께서 "자신이 없으니까 그렇지 뭐" 하고 말씀하시는 것이었다.

『일본서기』에는 일본이 '임나일본부'라는 기구를 두고 한반도 남부를 지배하면서 삼국 문화를 가져간 것처럼 되어 있다(임나일본부 문제는 한일 학계의 논란거리이다). 그런데 중고등학교에서는 삼국 문화가 일본에 전파되는 국제관계에 대해서는 아무 설명도 하지 않고 삼국이 일본에 문화를 전해준 사실만 가르침으로써, 학생들이 일본을 객관적으로 이해하지 못하게 하고 무조건적인 대일 우월의식만 조장하는 결과를 가져왔다. 외국에 나간 우리 학생들이 일본측 주장을 그대로 실은 임나일본부설을 보도 듣도 못하다가 처음 접하고 당황하는 것도 무리가 아니다.

일본 천황은 백제 사람?

교육 못지않게 잘못된 일본관을 심어준 것이 언론이다. 몇년 전 모 방송국에서 『잃어버린 왕국』이라는 책을 바탕으로, 백제 사람들이 일본에 가서 활약하는 것을 그린 프로그램을 방영한 일이 있는데 나에게 그 프로그램의 고증위원이 되어달라는 전화가 왔다.

그런데 실은 그전에 저자가 내게 그 책을 보내와 이미 읽은 적이 있었다. 사실로 인정하기 어려운 내용이 많이 있음에도 불구하고 저자는 그 책에서 단순한 픽션이 아니고 역사적 사실을 규명한 것이라고 밝히고 있었다. 거기에다가 언론의 생리도 경험한 적이 있기 때문에 그 프로그램이 대충 어떻게 진행될 것이라는 짐작이 가서 처음에는 점잖게 시간이 없어서 안되겠다고 거절했다. 그랬더니 저쪽에서는 일본 고대사를 전공한 사람이 별로 없어서 그러는지 "선생님이 꼭 좀 수락해주셔야겠다"는 것이었다. 그렇게까지 나오는데 더이상 거절할 방법이 없어서 "그럼 내가 솔직히 말하겠는데 내가 틀렸다고 지적해주는 부분에 대해서는 고치겠느냐"고 물었더니 "그것은 곤란합니다"라는 대답이었다. 자기들 생각대로 다 만들어놓고 일본 역사 전문가가 고증했다고 선전하기 위해서 내 이름만 빌리자는 이야기였다. 그래서 "나는 대단한 학자는 아니지만 그런 데다가 이름을 빌려줄 수는 없다"고 하면서 전화를 끊었다.

그후 방영되는 내용을 보니 예측한 대로 일본의 사이메이 천황 (齊明天皇, 655~661. 이전의 코오고꾸 천황(皇極天皇, 623~642)이 재즉위한 것임)이 백제 의자왕의 누이동생이라는 둥 내가 알기로는 역사적 사실로 인정하기 어려운 내용들이 포함되어 있었다. 극단적인 것은 1867년 메이지 유신(明治維新)이 일어날 때까지 천여년간 일본 조정을 지배한 후지와라(藤原)씨의 조상으로서 645년에 일본 역사상 메이지 유신과 쌍벽을 이루는 다이까 개신(大化改新)

을 주도한 나까또미노 카마따리(中臣鎌足)의 경우로, 그가 한반도 출신이라면 명백히 신라계 인물이고 또 그가 신라계라는 논문이 있는데도 불구하고 백제와 일본의 관계를 강조하다 보니 그를 백제에서 건너간 인물로 묘사하는 것이다.

아나나다를까 나의 전공이 일본 역사라는 것을 아는 사람들은 하나같이 의기양양하게 "텔레비전을 보니까 일본의 사이메이 천황이 백제 의자왕의 누이동생이던데 사실입니까?" 하고 묻는 것이었다. 그 질문 뒤에는 고대에 일본은 사실상 우리가 지배했다는 생각이 깔려 있다.

사실 일본 천황가가 한반도에서 건너간 사람들일 가능성은 없지 않다. 그러나 확실한 근거를 가지고 이야기를 해야지 아무 근거도 없이 말하게 되면 언젠가 그 내용이 사실이 아니라는 것을 알게 됐을 때 거꾸로 불신만 깊어지지 않을까 걱정된다. 하나라도 확실한 자료를 가지고 객관적인 일본상을 심어주는 것이 오히려 낫지 않을까. 그 이전에는 몰라도 7세기 후반에 백제에서 한 여자가 건너가서 천황이 된다는 것은 상식적으로도 불가능한 일이다.

「광개토대왕릉비문」과 일본 문화 탐방

우리나라 신문에 심심치 않게 등장하는 것이 「광개토대왕릉비문」이다. 그런데 이런 기사는 대개 일본이 「광개토대왕릉비문」을 개작한 사실이 밝혀져 임나일본부 문제의 허구성을 밝히는 결정적인 역할을 할 것이라는 데 초점을 맞추고 있다. 얼마 전에도 기아자동차에서 최고의 탁본을 구해다 국내 학계에 기증했다는 기사로 신문이 떠들썩했다.

그러나 이런 일이 연례행사처럼 되풀이되고 있다는 것은 그 이전의 기사들이 별로 신빙성이 없었다는 이야기다. 따라서 국민들은 전에도 결정적인 자료가 나왔다고 했는데 아직까지도 해결이 안됐다는 말인가 하고 의아하게 생각하고 있으며, 사실 「광개토대왕릉비문」이 왜 그렇게 중요하며 무엇이 문제가 되고 있는지도 잘 모르는 경우가 대부분이다. 「광개토대왕릉비문」 문제가 그렇게 많이 언론에 등장하고 있음에도 불구하고 학생들에게 그것이 임나일본부 문제에서 왜 중요하고 어떤 부분이 문제가 되고 있는가 물어보아도 잘 모른다. 그것은 「광개토대왕릉비문」의 본질이 무엇이고 새로 발견된 자료가 어떤 면에서 임나일본부 연구에 결정적인 역할을 할 수 있는가 하는 본질적인 문제에 대한 소개는 하지 않고 비문을 일본측이 개작했다는 전제로 그 사실을 밝힐 수 있는 자료가 나왔다는 데만 초점을 맞추니까 그렇게 된 것 같다.

1985년 초로 생각되는데 우연히 텔레비전을 켰더니 그 전해에 일본 『아사히신문(朝日新聞)』이 개최한 「광개토대왕릉비문」 심포지엄에 대해서 전문가들이 나와 해설하면서 개작설을 주장한 재일교포 학자의 주장을 클로즈업하여 소개하고 있었다. 그런데 정작 일본에서 열린 심포지엄에서는 개작설이 궁지에 몰렸다. 그럼에도 불구하고 우리나라 텔레비전은 그 심포지엄을 전체적으로 방영하지 않고 우리에게 유리한 부분만을 주로 방영함으로써 결과적으로 국민들이 「광개토대왕릉비문」의 사실성 여부와는 관계없이 위조된 것으로만 믿게 만들어버리는 것이었다. 이것은 우리 국민들을 우민화하는 것밖에는 안된다. 그렇게 해서 임나일본부설의 허구성이 밝혀지거나 「광개토대왕릉비문」의 개작이 밝혀지는 것은 아니다.

이런 분위기 속에서 너도나도 앞다투어 하고 있는 '일본 속의 우리 문화 탐방'이라는 것도 바탕없는 우월의식만을 심어주지 않을까 걱정된다. 여러 단체들이 주최하는 일본 속의 문화 탐방 여행에 다녀온 사람들은 하나같이 "이번에 가보니까 일본 고대문화는 전부 우리 것이더라"든가 "고대 일본은 우리나라 사람들이 세운 것 같더라"고 말하는 것이다. 이런 이야기를 들을 때마다 당혹감을 떨칠 수가 없다.

그것들을 둘러보는 참다운 이유는 당시 한국과 일본이 어떠한 관계에 있었는가를 아는 데 있다. 그런데 당시 한국 문화가 어떠한 국제관계 속에서 일본에 전파되었는가 하는 입체적인 검토 없이 일본에 가서 한국관계 문화유적만을 둘러보게 함으로써 일본 문화는 전부 우리 것이라든가, 심지어는 고대 일본을 우리나라 사람들이 세웠다든가, 아니면 우리가 지배했다든가 하는 막연한 생각만을 갖게 하는 것이다. 그렇기 때문에 미국 같은 곳에 가서 공부하던 우리 유학생들이 우리가 일본을 지배한 것이 아니라 거꾸로 일본이 임나일본부라는 기구를 통해서 한반도를 지배한 것이라는 말을 접하고 깜짝 놀라서 전공을 바꾸어 일본 역사를 공부하는 경우까지 생겨나는 것이다. 일본 속의 한국 문화를 관찰해본다는 목적이라면, 당시 한국과 일본이 어떠한 관계에 있었으며 어떤 조건 속에서 그런 유물들이 일본으로 건너가게 되었는가를 학문적으로 연구할 수 있도록 하고 그를 바탕으로 일본에 있는 한국 유적을 이해하도록 해야 할 것이다.

일본의 역사교과서 왜곡

1980년대 후반으로 생각되는데 우리나라 굴지의 모 신문에 '역사교과서 다시 써야 한다'는 특집 씨리즈가 실렸다. 그 내용은 주로 일본 역사교과서의 한국관계 기술이 잘못되었다는 것인데 어느 날 우연히 그 기사를 보니 "모 대학 강사를 하던 사람이 박사학위를 받으러 일본에 유학을 갔는데 학위를 안 주니까 일본 사람들이 주장하는 임나일본부설을 인정해주고 학위를 받아가지고 돌아와서 일류 대학의 교수가 됐다. 이런 사람들이 대학강단에 서 있는 한 일제의 식민지 교육은 성공하고 있는 셈이다"라는 기사가 났다.

그 기사를 읽고 별 미친놈도 다 있다고 생각하면서 그냥 지나쳤다. 그런데 그날 저녁때 여기저기서 아는 사람들이 전화를 걸어 "모 신문에 난 기사가 당신 이야기 아니냐" 하고 물어보는 것이었다. 그 이야기를 듣고 "나는 일본 유학을 가기 전에 대학강사를 한 적도 없고 임나일본부를 인정한 일도 없는데 어째서 그 기사가 나를 가리키느냐"고 했더니 "일본 유학생 중에 박사학위논문에서 임나일본부 문제를 언급한 사람은 당신뿐이지 않느냐"는 것이다. 생각해보니 그럴듯해서 그 기사를 쓴 기자를 불러내 누구를 지칭한 것이냐고 물어보았다.

그 기자는 처음에는 특정인을 가리키는 것이 아니라고 잡아떼더니 다그쳐 물으니까 나중에는 할 수 없이 "사실은 선생님을 가리키는 겁니다" 하는 것이다. 그래서 준비해 간 책과 논문을 보여주면서 "당신이 일본말을 몰라 내가 일본에서 출판한 이 책은 못 읽어봤을지 모르지만 나는 한국에 돌아와서도 이미 임나일본부설을 비판하는 논문을 여러 편 발표했고 사실은 나처럼 임나일본부설을 조직적이고 체계적으로 비판한 사람도 없다. 따라서 국가에서 내게 표창을 해도 시원치 않은데 왜 그렇게 턱도 없는 기사를 썼느냐"고 따졌더니 자기는 내 논문을 읽어본 일은 없고 다른 학자들한테서 들었을 뿐이라는 것이었다.

결국 그 신문에서 정정기사를 냈지만 잘 알아보지도 않고 임나일본부설은 틀리고 일본이 계속 임나일본부설을 호도하려고 한다는 데만 초점을 맞추다 보니 임나일본부설을 비판한 사람들까지도 그 설에 앞장섰다고 떠들어대게 된 것이다. 그런데 국민들은 그 신문기사를 읽고 임나일본부설을 인정해준 대가로 박사학위를 받아가지고 온 사람이 일류 대학의 교수가 되어 있다는 데 대해 얼마나 분통을 터뜨렸을까 생각해보면 한심한 생각이 든다. 이런 식으로 일본을 극복할 수 있다고 생각하면 큰 오산이다.

동양 고대문헌의 신빙성

이런 분위기 속에서 일본 역사를 연구하다 보니 어려움이 한두 가지가 아니다. 앞에서 소개한 '동양 고대문헌의 신빙성'이라는 심포지엄에서 나는 일본 고대사서로 일본이 한반도 남부를 200여 년간 지배했다는 임나일본부설 등의 바탕이 되고 있는 『일본서기』에 대해서 발표했다. 일본 최초의 정사로서 720년에 편찬된 『일본서기』는 그 명칭조차 불분명하고 내용에도 문제점이 많지만 역사적인 사실도 포함되어 있는만큼 무조건 그 책이 위서(僞書)라든가 그 내용을 믿을 수 없다고만 할 것이 아니라 그 기사 하나하나를 검토해서 날조된 것은 버리고 역사적 사실은 받아들여야 할 것이라는 요지의 발표를 했다.

그런데 그 이튿날 모 유력지를 보니 전날 있은 심포지엄을 소개했는데, 대서특필된 그 제목이 내 의도와는 정반대로 '김현구 교수 『일본서기』 허구설 주장'으로 되어 있는 것이었다. 임나 문제의 바탕이 되고 있는 『일본서기』가 정말 어떤 책인지 알아보고 대중들에게 올바로 소개할 생각은 하지 않고 임나 문제가 허구라는 것을 주장하기 위해서 내 이야기의 앞뒤를 잘라내고 자기들이 필요한 부분만을 소개한 것이다. 국민들과 나는 완전히 바보가 돼버린 셈이다.

그렇게 해서는 임나 문제가 해결될 턱이 없다. 어느 날 수업시간에 임나 문제를 이야기하던 중 한 학생이 "선생님, 툭하면 임나 문제의 허구성을 입증할 수 있는 결정적인 유물이 나왔다고 언론에 대서특필되는데, 계속해서 이런 기사가 나오고 있다는 것은 임나의 허구성을 입증할 수 있는 결정적인 유물이 나왔다고 한 이전의 기사들이 거짓말이라는 것을 입증해주는 것 아닙니까?"라고 하던 질문이 좀처럼 지워지지 않는다.

"김교수, 유감이야"

1989년 말경 한일문화교류기금인가 하는 곳에서 역사교과서 서술 문제를 주제로 하여 한일 학자들간의 비공개회의를 열었는데 거기에 토론자로 참석한 일이 있다. 그 회의는, 한국 학자들이 일본 역사교과서가 한국에 관해 왜곡되게 기술하고 있다는 주장을 하고 그 뒤를 이어서 일본 학자들이 한국 학자들의 발표에 동조 발언을 하고 양국 학자들이 교과서의 잘못에 대해서 의견이 일치되었으니 일본 역사교과서를 고쳐야 한다는 식이었다. 이 결과가 사실대로 공표되면 국민들이 어떻게 생각할까는 뻔한 일이다.

그래서 나는 "우리가 아무리 일본 교과서가 잘못되었다고 주장을 해도 그 교과서에 보이는 학설을 주장하는 학자들이 우리들의 주장에 동의를 해야 그 내용이 고쳐지지 우리 의견에 동조하는 학자들만 불러다가 동의를 구하고 박수를 쳐봤자 고쳐지지 않는다. 그러니까 다음부터는 교과서에 나오는 학설을 주장한 학자들을 불러다가 이야기를 들어보고 진지하게 우리들의 주장을 들려주고 객관적인 해답을 찾아야 할 것이다"하고 이야기했다. 그러고는 개인 약속 때문에 회의가 끝난 뒤 파티에는 참석할 수가 없어서 주최측 책임자에게 사정을 이야기하고 나오려 하자 그분이 웃으면서 "김교수, 유감이 있어서 할 이야기가 많지만 그냥 가" 하시는 것이다. 이런 식으로 아무리 토론을 해도 일본의 역사교과서가 고쳐질 리가 없고 그런 회의는 역사교과서를 고치기 위한 것이라기보다는 대국민 선전용이라는 인상을 지워버릴 수가 없었다.

정말로 일본의 역사교과서를 고치게 할 생각이라면 우리 주장에 박수만 치는 사람들이 아니라 우리와 다른 주장을 하는 사람들을 불러다가 서로 이야기를 들어보면서 객관적인 해답을 도출하도록 노력해야 할 것이다. 그리고 합리적인 주장을 그들이 외면할 때에는 논리적으로 그들의 주장을 반박·홍보하고 우리의 생각이 잘못되었을 때에는 우리의 것을 과감히 고쳐나가야만 문제가 해결될 것이다.

세천과 호소까와 전 총리

일본에서 40년 가까이 계속된 자민당 일당지배 체제를 종식시키고 오늘날 일본 정계의 변혁을 가져온 주인공 중 한 사람이 호소까와(細川) 전 총리이다.

옛날 일본에는 조정(朝廷)에 종사하는 귀족인 공가(公家, 귀족 중심의 조정을 일컫는 말)와 막부(幕府, 일종의 군사령부)에 종사하는 무가(武家)가 있었다. 조정에는 1867년 메이지 유신이 일어날 때까지 천황의 섭정과 최고위직인 칸빠구(關白)가 될 수 있는 귀족이 다섯 집안 있었다. 그런데 이 다섯 집안은 전부 메이지 유신과 더불어 일본 역사상 양대 개혁이라고 일컬어지는 645년의 다이까 개신을 주도한 나까또미노 카마따리의 자손인 후지와라의 일족이다. 이 다섯 집안 중에서 종가는 코노에(近衛)가로 일본에서 이 집안의 권위는 절대적이다.

2차대전을 겨냥해서 일제가 국민통합을 위해 내세운 인물은 코노에가의 종가를 이어받은 코노에 후미마로(近衛文磨呂)로, 그는 세 차례나 총리를 역임했다. 그의 외손자가 바로 호소까와 전 총리로 호소까와는 외조부를 많이 닮았다.

한편 호소까와가는 무로마찌 막부(室町幕府, 1336~1573) 이래의 대표적인 무가로 무로마찌 막부 시대에는 막부의 정무를 총괄하는 직책인 '칸레이(管領)'가 될 수 있는 세 집안 중의 하나였다. 에도시대(江戶時代, 1603~1867)에도 지금의 쿠마모또(熊本) 지역을 지배한 영주로 이름을 날린 명가인데 이 집안의 종손이 호소까와 전 총리이다. 만약에 메이지 유신이 일어나지 않았다면 그는 쿠마모또 지역의 유력한 영주가 되었을 인물인 것이다.

지난번에 지도교수가 한국에 오셨을 때 10선 이상을 해야 총리가 될 수 있는 일본 사회에서 초선인 호소까와가 어떻게 일본의 정치변혁을 주도하고 총리까지 될 수 있었느냐고 여쭈어보았더니 그분은 혼자말처럼 "일본 사람들은 역시 다이묘오(大名, 영주)를 좋아하나 봐" 하시는 것이었다. 초선이지만 전통있는 영주의 자손이기 때문에 국민들이 그가 정치개혁을 주도하고 총리가 되는 데 협조했다는 이야기다.

호소까와가 94년인가 우리나라에 왔을 때 한 일간신문의 가십난에 그가 대전 근처에 있는 '세천(細川, 일본말로는 호소까와)'을 둘러보았는데 그 조상의 발원지에 오게 되었다는 생각에 감회가 깊었을 것이라는 뉘앙스의 기사가 실린 것을 보았다. 그 순간 사실은 그 반대가 아닐까 하는 생각이 들어서 좀 당황스러웠다.

'대전'은 우리말 이름으로는 원래 '한밭'이었는데, 일본 사람들이 한일합방을 하고 새로이 도시를 조성한 뒤 이 이름을 일본에 흔해빠진 '大田(일본말로는 오오따)'이라는 한자로 바꾼 것이다. 이런 것으로 보아서 대전 근처에 있는 세천이라는 명칭도 일본 사람들이 붙였을 가능성이 있고, 그 경우에는 호소까와의 조상이 세천에서 건너간 것이 아니라 거꾸로 그 조상이 일제시대에 그곳에 와서 인연을 맺은 뒤 자기의 성을 따서 세천이라고 이름붙인 것이 아닌가 하는 생각이 들었다. 만약 그렇다면 호소까와 전 총리가 세천에 가본 것은 그곳이 조상의 발원지라서가 아니라 오히려 자기 조상이 일제 때에 와서 무엇인가 인연을 만든 곳이기에 간 것이다.

학계・언론・사회의 잘못된 일본 교육이 일본에 대한 잘못된 인식을 낳은 셈이다. 이러한 상황이니 일본에 대해서 알고 있다고 생각하는 것도 피상적 지식에 불과할 뿐이다. 학계나 언론의 삐뚤어진 교육은 결국 학생이나 일반 국민들로 하여금 일본을 잘못 알게 하는 요인이 되고 만다. 미운 것은 미운 것이지만 일본을 잘못 알게 하는 것은 일본을 극복하는 길이 아니라 오히려 후세와 국민들을 일본과의 싸움에서 지게 하는 길로 인도하는 것밖에는 안된다.

 게딱지만한 집, 못사는 일본인?

왜소한 나라 일본

'세계에서 일본을 우습게 아는 나라는 한국밖에 없다'는 이야기가 있다. 뒤집어서 말하면 한국이 일본을 너무 과소평가하거나 잘못 알고 있다는 이야기가 된다. 일본은 여러가지 면에서 세계적인 강국이다. 그러나 우리나라 사람들은 일본이라고 하면 구체적인 수치나 내용은 생각해보지도 않고 우리나라가 문화를 전해주던 조그마한 야만국가가 메이지 유신 뒤에 어찌어찌하여 운좋게 경제발전을 이룩한 졸부의 나라라는 정도의 느낌밖에는 가지고 있지 않다.

이런 생각을 갖게 된 데는 왜소하다는 뜻의 '왜(倭)'라는 명칭과 일본은 우리가 문화를 전해주고 우리나라 사람들이 건너가서 세운 나라라고 막연하게 교육받아온 탓이 아닌가 한다. 따라서 우리나라 사람들은 일본 사람들도 한국을 자기 나라와 대등한 나라로 생각하거나 문화를 전해준 나라 또는 모국으로 생각하는 것으로 착각하기 쉽다.

중국의 『수서(隋書)』에 보면 607년 일본이 수나라에 보낸 "해뜨는 나라의 천자가 해지는 나라의 천자에게 국서를 보낸다……" 하는 유명한 국서가 실려 있다. 이 국서는 일본을 수나라와 대등한 나라로 칭함으로써 수양제를 격노하게 한 것으로 유명하다.

우리나라는 최고의 단위가 '국(國)'이고 그 통치자를 '왕(王)'이라고 부른 데 반해서, 중국에는 '국'이 여러 개 있고 그 '국'들을 다스리는 '천자(天子)'가 있었다. 일본도 전국을 60여 개 '국'으로 나누고 그것을 다스리는 자를 '천황(天皇)'이라고 칭했다. 그래서 일본 고대의 사서나 법령에는 중국에 대해서는 대등한 '인국(隣國)'으로, 우리나라에 대해서는 일본에 조공을 바치는 '번국(蕃國)'으로 표기하여 스스로 대국으로 자처하고 있음을 알 수 있다. 사실 여부는 차치하고라도 아무튼 이런 기록들을 남겼다는 사실은 알고 있어야 할 것이다. 이런 의식이 토요또미 히데요시의 조선 침략이나 35년간 일제의 한국 지배로 나타난 것이다.

우리나라에서는 여러가지로 일본에 대해서 관심이 많고 일본을 꼭 이겨야 하는 라이벌로 생각하고 있다. 그래서 일본도 우리와 마찬가지로 우리나라에 대한 관심이 높을 것이고 우리나라를 라이벌로 여기고 있을 것으로 생각하기 쉽다. 그러나 일본은 우리를 경쟁 상대로 생각하지도 않을 뿐더러 우리나라에 대해서도 거의 무관심하다. 재작년에 모 신문에서 공개한 조사결과에 의하면, 한국에서는 일본을 싫어하는 사람이 조사대상자의 70여 퍼센트인 데 비해서 한국을 싫어하는 일본 사람은 10여 퍼센트 정도였다. 뒤집어서 말하면 한국에서의 일본에 대한 관심은 70여 퍼센트인 데 비해 일본에서의 한국에 대한 관심은 10여 퍼센트로 일본이 한국을 경쟁국가나 대등한 상대로 생각하고 있지 않음을 나타내는 것이라고 볼 수도 있을 것이다.

외형적인 면에서도 일본은 우리가 생각하는 것처럼 왜소한 나라가 아니다. 일본의 넓이는 약 37만 8천 ㎢로 약 10만 ㎢인 남한의 4배에 가깝고, 인구는 남한 인구의 약 3배인 1억 2500만으로 세계 7위이다. 우리나라에서는 일본을 우리와 비슷한 나라로 생각하고 있지만 일본 사람들은 우리나라를 홋까이도오(北海道) 정도로밖에는 생각하지 않는다. 일본은 왜소한 나라이니까 건축물의 규모도 왜소하다고 생각하기 쉬우나, 나라(奈良)에 있는 토오다이지(東大寺) 남문의 크기는 우리나라 최대 건축물 중의 하나인 화엄사 각황전과 거의 맞먹으며 오오사까성(大阪城) 등의 웅대한 규모는 우리의 인식이 얼마나 잘못되었는가를 말해주고 있다.

경제력도 우리가 막연하게 생각하는 것보다는 훨씬 크다. 『95년 세계은행연감』에 의하면 경제규모를 나타내는 국민총생산(GNP)은 3조 9300억 달러로 세계 제2위이며, 이는 3381억 달러로 세계 12위인 우리나라의 약 12배 규모이고, 실질적 부의 수준을 나타내는 1인당 GNP는 3만 1450달러로 한국의 4배가 넘는다. 그리고 개발도상국에 대한 일본 정부 개발원조 누계는 1조 1061억 달러로 세계 최대이고, 무역흑자는 1260억 달러로 세계 최대의 무역흑자국이다. 외면적으로는 우리 경제가 웬만큼 일본을 따라가고 있는 것같이 보이지만 실제로는 엄청난 차이가 있다.

우리는 막연하게 일본은 메이지 유신 이후 어떻게 하다 보니까 갑자기 부자가 되고 남의 것을 모방하는 데 뛰어나지 자기들이 연구해낸 것은 별로 없다고 생각하는 경향이 없지 않다. 모든 발전의 토대는 학문이다. 그런데 학문발전의 세계적 척도라고 할 수 있는 노벨상을 1948년 유까와 히데끼(湯川秀樹)가 양자론으로 처음 수상한 이래 94년 오오에 켄자부로오(大江健三郎)까지 벌써 십여 명이나 수상하고 있다. 이와같은 사실은 일본의 발전이 단순히 모방이나 우연에 의해서 이루어진 것만이 아니고 학문적 바탕 위에서

착실히 이루어진 것임을 의미하는 것이다. 우리가 일본을 잘 모르는 것은 외형적인 면에서만이 아니다.

"일본 사람들 집은 게딱지만하더라"

지금은 정년퇴직한 선배 교수가 어느 날 나를 보시더니 "김교수, 일본 사람들 사는 게 형편없어. 얼마 전에 일본에 갔다 왔는데 잘 아는 토오꾜오대학 교수 집에 초대를 받아서 가봤더니 집이 게딱지만해. 그래서 말이야, 이번에 그 교수가 한국에 왔기에 우리 집에 초대했더니 깜짝 놀라면서 한국에서는 대학교수가 이렇게 잘사느냐고 하지 뭐야" 하면서 의기양양해하셨다. 요는 자기가 토오꾜오대학 교수보다 훨씬 잘산다는 것이다.

또 어느 국영기업체 부장으로 근무하고 있는 후배 한 사람도 어느 날 일본 이야기가 나오자 "나와 같은 부장급인 일본 사람을 하나 알고 있는데 나보다 훨씬 못삽디다"라고 말하면서 우리나라가 오히려 일본보다 잘사는 게 아니냐 하는 것이었다.

일본을 가본 사람들 중 대부분이 토오꾜오의 게딱지만한 주택을 보고 와서 우리가 일본 사람들보다 잘사는 것이 아니냐고 반문하곤 한다. 일리있는 이야기이기도 하다.

내가 일본에 머물 때 신세를 진 분이 있는데 마침 그 부부가 우리나라에 왔기에 우리 집에 초대한 적이 있다. 그런데 부인 되는 사람이 "서울에서 버스를 타보니까 버스비가 굉장히 싼데, 그러면 버스운전수 같은 사람들은 봉급이 굉장히 적지 않겠어요. 이것을 보니까 한국에 빈부의 격차가 심한 것을 알 것 같아요" 하면서 내가 전혀 생각해보지도 못한 측면에서 한국 사회의 문제점을 지적하는 것이었다.

한국은 학력이나 직업 또는 도시와 농촌 간에 빈부의 격차가 큰데 비해서 일본은 격차가 작다. 한국의 상류층은 일본의 같은 층보다 잘산다고 볼 수 있다. 그러나 거꾸로 일본의 중하류층이나 농촌은 우리보다 잘산다. 요컨대 우리나라는 빈부의 격차가 커서 상류층만 잘사는데, 그 사람들이 일본에 갔다 와서는 중하류층은 일본이 더 잘산다는 사실은 생각하지 못하고 자기들 위주로 마치 우리나라 전체가 일본보다 잘사는 것처럼 의기양양하게 이야기하는 경우가 많은 것이다.

 **"정상회담에서 결정합시다"**

내가 대학에서 일본 역사를 가르치고 있으니까 친구나 선후배들은 나를 만나면 으레 일본 문제를 화제로 꺼내서 알은체를 하거나 질문을 해온다.

얼마 전에 모 회사 사장인 친구와 점심식사를 같이 하게 됐다. 그 친구는 회사를 경영하다 보니 일본에서 얻는 힌트가 많고, 따라서 일본에 대한 관심도 커진다고 했다.

그날도 일본 문제가 화제가 됐는데 그 친구는 일본에서는 지도자들이 무슨 일을 결정하고 국민들에게 호소하면 국민들이 군말없이 잘 따르는데 우리나라 사람들은 불평만 많고 도무지 잘 따르지 않아서 힘이 든다고 했다. 그러나 이것은 우리나라의 지도층에 있는 사람들이 흔히 자기 편의적으로 본 피상적인 일본관에 지나지 않는다.

"정상회담에서 결정합시다"

1980년대 초 5공화국 탄생을 전후한 시기의 일이다. 당시 우리 나라 정부는 신정권 탄생을 전후한 시기라 야심찬 경제발전계획을 수립하기 위해서 일본에서 차관을 도입하려고 일본과 교섭을 하고 있었다. 한국 정부는 100억 달러를 요구하고 일본 정부는 40억 달러 정도를 제시했던 것으로 생각된다.

당시 일본 역사를 공부하고 있던 나는 한국 정부가 일본을 얼마나 알고 잘 대처하는가에 대해 비상한 관심을 가지고 이 문제가 어떻게 결정되는가를 예의주시하고 있었다. 그런데 어느 날 신문을 보니 회담이 교착상태에 빠지자 한국 정부에서는 이 문제를 한국의 전두환 대통령과 일본의 나까소네(中曾根) 총리 간의 정상회담에서 담판짓자는 제안을 했다는 기사가 대서특필되어 있는 것이었다.

그 기사를 보고 우리 정부가 일본을 몰라도 너무 모른다는 생각이 들어서 한국관계 연구기관에서 일하고 있는 분에게 이 문제를 어떻게 생각하느냐고 물어보았다. 그분 이야기가, "나도 한국 문제를 전공하는 사람으로서 진심으로 한국이 잘하기를 바라는데, 한국 정부가 하는 일이 답답하고 일본을 몰라도 너무 모른다. 한국에서는 내부에서 80억 달러로 결정되어 있어도 대통령이 회담장에서 100억 달러로 올려줄 수 있지만 일본 총리는 밑에서 검토하여 결정한 것을 시행만 하기 때문에 회담장에서 자기 마음대로 1억 달러도 올려줄 수가 없는데 한국 정부는 일본도 자기들 방식대로인 줄 알고 양국 정상회담에서 차관 문제를 검토하자고 하니 참 답답하다"는 것이었다.

내가 생각하던 것과 어쩌면 그렇게 똑같은 대답을 하는 것일까? 그 정도 일은 일본에 대해서 웬만큼 관심을 가지고 있는 사람이라면 누구나 알 수 있는 일이 아닌가. 그 제안을 받고 일본 정부나 국민들이 한국 외교팀을 어떻게 생각했을까는 불문가지이다. 차관 문제는 결국 일본 사람들 스타일대로 실무 차원에서 완전히 마무리를 짓고 정상회담에서는 모양만 갖추는 형태로 해결되었음은 이를 나위도 없다. 우리나라 사람들은 일본을 우리식의 사고로 생각하고 있는 것이다.

카이후 총리와 와세다대학

1990년 객원연구원으로 미국 UCLA에 가 있을 때 뜻밖에 와세다대학에서 문학부 창설 100주년을 기념해 세계 주요 국가의 와세다대학 출신 학자 몇사람을 초청하여 국제 심포지엄을 열 작정인데 와주지 않겠느냐고 초청을 해왔다. 일본에 가본 지도 오래 됐고 하여 흔쾌히 응해서 그해 9월 와세다대학을 방문했다.

심포지엄이 끝나고 옛날 일본 군부의 대부인 야마가따 아리또모(山縣有朋)의 저택 진산소오(椿山莊)에서 총장초청만찬이 있었다. 사실 진산소오는 와세다대학과 무관하지 않은 곳이다. 군의 대부였던 진산소오의 주인 야마가따 아리또모와의 권력투쟁에서 패배한 오오꾸마 시게노부(大隈重信)가 인재를 길러서 야마가따에게 대항하기 위해서 진산소오 밑에 세운 것이 와세다대학이기 때문이다. 몇만 평에 이르는 진산소오에 비하면 와세다대학의 교수식당이 된 오오꾸마의 집은 초라하기 그지없다. 그러나 진산소오는 오늘날 관광식당이라든가 결혼식장으로 건물만 남아 있지만 오오꾸마가 길러낸 인재들은 사회 각층의 지도자로서 일본을 이끌어가고 있다.

와세다대학 설립과 무관하지 않은 진산소오에서 와세다 출신 외국 학자들과 교수들을 앞에 놓고 총장이 와세다대학의 발전방향에 대해서 이야기했다. 그때 총장이 "현 카이후(海部, 현재의 신진당 당수) 총리는 와세다대학 출신이고 대학시절부터 잘 알고 지내는 사이이기 때문에 총리에게 임기중 와세다대학을 좀 획기적으로 도와달라고 했더니 그의 말이 '내가 머리를 내밀면 내 머리를 때리려고 주위에서 전부 방망이를 들고 기다리고 있는 사람들뿐이라서 나는 꼼짝도 할 수 없으니 문부성장관(전 자민당 간사장인 모리씨가 당시 문부성장관이었다)에게 부탁하는 것이 훨씬 나을 겁니다'라고 했습니다"라면서, "그러나 문부성장관도 와세다대학 출신이고 재무부장관도 와세다대학 출신이니까 잘될 겁니다"라는 요지의 인사말을 했다.

이 말속에 일본의 총리나 지도자의 역할이 잘 담겨 있지 않나 생각된다. 쉽게 말하면 일본의 총리는 밑에서부터 결정되어 올라오는 것을 발표하는 사람이지 우리나라의 대통령처럼 무엇이든지 밑에 지시해서 자기 마음대로 할 수 있는 사람이 아니라는 사실이다. 그러니 국민들이 잘 복종하게 되는 것이다. 총리가 마음대로 명령한 사항이 아니라 자기들이 결정한 사항을 그의 이름으로 발표하는 데 지나지 않으니 잘 따를 수밖에 없다.

일본 총리의 역할은 자민당 내에서의 위치와 총리가 되는 과정을 살펴보면 좀더 분명해진다. 지금은 자민당 단독정권이 무너졌지만 내가 일본에 유학하고 있을 때만 해도 자민당 단독정권 때였다. 당시 자민당에는 5개 파벌이 있었는데 자민당이 총리선출권이 있는 중의원 의석의 과반수를 약간 넘고 있었기 때문에 어느 한 파벌에서라도 반대를 하면 자민당 후보가 총리에 당선될 수 없었다. 5개 파가 완전히 동의하지 않으면 총리가 될 수 없으니까 완전한 합의가 이루어질 때까지 각파는 지루한 줄다리기를 하면서 국민들과는 관계없이 각파간의 최대공약수를 찾기 위해서 밀실에서 타협을 계속하는 것이다.

이와같은 과정으로 선출되었기 때문에 총리는 언제나 국민들의

34

비난을 받으면서도 장관 자리를 각 파벌의 의원 수에 따라서 분배하고 5개 파벌의 눈치를 보면서 정책을 결정하고 수행하지 않으면 안되는 것이다. 5개 파벌도 그들이 참여하고 합의해준 정책이기 때문에 책임을 가지고 총리에게 협력한다. 이와같은 구조는 자민당, 사회당, 공명당, 민사당, 공산당으로 구성된 국회의 정책결정 과정에서도 그대로 적용된다. 우리의 눈에는 일본 국민들이 총리나 지도자에게 무조건 복종하고 잘 따르는 것 같지만 실은 총리나 지도자가 국민, 국회, 자민당의 정점에 서서 옳고 그르고를 떠나 그들의 최대공약수를 시행하는 데 불과한 것이다.

그러므로 일본의 지도자는 그 재량의 폭이 대단히 작다. 독단적으로 결정을 변경한다는 것은 피라미드를 전부 헐고 제일 아래 벽돌부터 다시 고쳐 쌓는 것과 같기 때문에 결정을 임의로 바꾸기란 거의 불가능하다.

이름도 못 읽는 대학생?

내가 대학교를 다닐 당시에 한국 고대사를 담당하시던 L선생이 계셨다. 40대 이상이면 누구나 기억할 수 있는 분으로, 당시 한국 고대사학계의 태두라고 할 수 있는 분인데 사실 L선생은 토오꾜오 제국대학 국사학과(일본사학과)를 졸업하신 분으로 해방 후 한국 대학에 일본사 강좌가 별로 없어서 한국 고대사로 전공을 바꾸었다. 그러니 원래의 전공은 한국에 몇 안되는 정통 일본사였다고 할 수 있다. 그분 덕분에 한국에서 거의 유일하게 고려대학교에만 일본사 강좌가 개설돼 있었다.

L선생은 학생들의 일본사에 대한 지식을 정확히하기 위해서 시험 때에는 항상 사람 이름이나 지명 등 고유명사를 일본말로 쓰면 점수를 올려주겠다고 말씀하셨기 때문에 시험 때만 되면 으레 일본

말로 사람의 이름 등을 외우느라고 애를 먹었다. 그런데 마침 일본에서 대학을 다니다가 온 교포 여학생이 한 사람 있었다. 그래서 시험 때면 늘 그 여학생한테 가서 필기하다 빠뜨린 고유명사의 발음을 물어보곤 했는데 한자로 된 이름을 가져가서 어떻게 읽는지 물어보면 모르는 경우가 허다했다. 그래서 우리들 사이에서는 일본에서 대학까지 다니다가 왔다면서 역사책에 등장하는 사람 이름도 못 읽는 엉터리 대학생이라고 수군거리곤 했다.

그런데 일본에 유학 가서 보니 일반인들은 물론 대학생까지도 명함을 가지고 다니다가 인사를 할 때 건네주는 것이었다. 70년대 중반만 해도 우리나라에서는 아직 명함이 일반화되지 않아서 명함은 상당한 지위에 있는 사람이 아니면 사용하지 않았고, 그래서 일본 대학생들이 명함을 가지고 다니는 것을 보고 속으로 '건방진 녀석들' 하고 욕을 했다. 그러나 시간이 지나면서 생각이 바뀌기 시작했다. 한자를 일본말로 읽는 방법이 워낙 여러가지라서 이름을 한자로만 써놓으면 어떻게 읽는지 도무지 알 도리가 없는 것이다. 그래서 일본에서는 한자와 함께 읽는 법이 씌어진 명함을 가지고 다니다가 다른 사람과 인사를 할 때에는 반드시 건네주는 것이었다.

언젠가 일본 고대사에 대한 심포지엄에 참석했을 때의 일이다. 발표자 중에 이노우에 미스사다(井上光貞)라고 하는 토오꾜오대학 교수가 있었는데, 1876년 강화도조약을 체결할 때 일본측 전권대사였던 이노우에 카오루(井上馨)가 그의 조부이고, 또 소위 '카쯔라(桂)태프트 조약'을 체결할 때의 일본측 대표인 카쯔라가 외조부인 사람으로 학자로서의 명성도 일세를 풍미하던 유명한 인물이었다. 그런데 사회자가 그를 소개하면서 '이노우에 미스사다'라고 하지 않고 '이노우에 코오떼이(井上光貞) 선생'이라고 하는 것이었다. 깜짝 놀라서 팸플릿에 소개되어 있는 그의 이름을 보니 '井上

光貞'이라는 그의 이름 옆에는 분명히 내가 알고 있는 대로 '이노우에 미스사다'라는 발음이 씌어 있는 것이다. 그렇게 저명한 인물인데도 불구하고 사회자는 '이노우에 코오떼이'라고 평소 자기 습관대로 부른 것이다. 그 순간 '아, 이래서 옛날에 교포 여학생이 한자로 된 이름을 못 읽은 것이고, 일본 대학생들이 자기 이름에다가 발음을 적은 명함을 가지고 다니는구나' 하고 이해가 되었다.

 **"아빠는 왜 아빠 일을 나한테 하래"**

더치페이 문화

내가 일본에 간 1970년대 후반만 하더라도 한국에는 아직 '더치페이'라는 것이 일반화되어 있지 않았다.

누구나 마찬가지겠지만 일본에 도착하자 먼저 대학원에서 같이 공부하게 될 일본 친구들과 빨리 사귀어야겠다는 생각이 들었다. 그들도 한국에서 온 유학생에 대해서 궁금한 게 있었던지 어느 날 같이 공부하는 친구 하나가 술 한잔 같이 하지 않겠느냐고 권하는 것이었다. 그날은 마침 돈이 별로 없어 약간 걱정이 안된 것은 아니지만 그 친구가 가자고 권했으니까 돈이 좀 모자라더라도 그 친구가 어떻게 해결을 하겠지 생각하고 별 부담 없이 따라나섰다. 와세다대학에서 멀지 않은 타까다노바바(高田馬場)역 근처에서 한잔하게 되었다.

그런데 술을 다 마시고 그 친구가 일어나서 계산대가 있는 곳으로 걸어가기에 '술값을 자기가 내려는가 보구나. 다음에는 내가 한잔 사야지' 하고 생각하고 있는데, 계산서를 들여다보던 그 친구가 얼마라고 하면서 반에 해당하는 돈만을 꺼내들고서는 나를 빤히 쳐다보는 품이 나보고 반을 내라는 표정 같았다. 순간 당황스럽기도 하고 화가 나기도 했으나 어쩔 수 없이 주머니에 손을 넣어서 돈을 만져보니 천 엔쯤 모자랐다. 할 수 없이 달아오른 얼굴로 돈을 꺼내주면서 "천 엔쯤 모자라는데 좀 꾸어주지 않겠느냐"고 했더니 알았다면서 내가 건네준 돈을 받아서 나머지 계산을 마치는 것이었다.

외국에서 온 친구한테 술 한잔 하자고 권해놓고서는 자기가 계산을 하기는커녕 마지막 계산을 하면서 나를 힐끔 돌아보던 그 친구의 얼굴표정이 돈도 없는 주제에 왜 술을 먹으려고 따라나섰느냐고 말하는 것 같아서 돌아오면서도 영 불쾌하고 뒷맛이 개운치 않았다. 기숙사에 돌아와서 한국 친구들에게 그 이야기를 했더니 여기저기서 자기들도 그런 일을 당했다고 하면서 어떤 친구는 일본놈들이 쩨쩨해서 그렇다고 하고 어떤 친구는 일본 사람들은 경우가 밝아서 그렇다는 등 해석이 구구했다.

어디, 꾼 돈 천 엔을 돌려주면 받는가 봐야겠다고 오기가 생겨서 그 이튿날 학교에 가자마자 어제 미안했다고 하면서 천 엔을 내밀었다. 그랬더니 그 친구는 괜찮다고 하면서 언제 그런 일이 있었느냐는 듯이 천연덕스럽게 돈을 받아서 주머니에 넣는 것이었다. 다음부터는 술 마시러 따라올 때는 돈을 가지고 다니라는 표정이었다. 울화가 치밀어올라 '이런 녀석들과는 다시는 상종을 말아야지' 하고 마음속으로 다짐을 했다. 그러나 나도 곧 더치페이를 하게 되어 그 다짐은 얼마 못 가게 되었다.

내가 유학 초기에 머물던 곳은 일본 정부에서 장학금을 받는 학생들만 들어가는 코마바(駒場)에 있는 유학생회관으로 전체 학생수는 260명 정도였는데 그중에 한국 학생이 4, 50명 정도로 제일 많은 편이었다. 당시 일본 국비유학생은 치밀한 일본인답게 일본의 대외무역량에 비례해서 선발하였는데 한국 학생이 그만큼 많았다는 것은 한국이 그만큼 큰 고객이었다는 이야기가 된다.

지금은 규정이 많이 바뀌었지만 당시에는 국비유학생에 선발될 수 있는 자격이 중고등학교 교사나 대학교 조교수 이상인 사람으로 제한되어 있었기 때문에 그 유학생회관의 한국 유학생 대부분이 대학교 조교수를 하던 사람들이었다.

유학 초기에는 누구나 마찬가지겠지만 나도 모든 것에 새롭게 적응해나가야 한다는 불안감과 외로움 때문에 자주 그들과 어울려서 술을 마셨다. 그런데 이상한 점을 발견했다. 술값을 계산해야 할 때쯤 되면 꼭 없어지는 친구들이 있는 것이다. 처음에는 우연한 일이겠거니 생각했는데 그 다음에도 그런 일이 계속해서 반복되었다. 가만히 보니 술값을 내지 않으려고 술좌석이 끝날 때쯤 되면 일찌감치 자리를 빠져나가는 것이었다. 그래도 다 명색이 대학의 조교수로 한국에서도 봉급이 나오고 장학금도 받기 때문에 나보다는 형편도 몇배 나은 친구들이었다.

한국에 있을 때에는 친구들과 술을 마시면 돈 있는 친구나 술 마시러 가자고 권한 친구가 계산을 하고 다음에는 다른 친구가 한잔 사는 게 보통이었다. 그게 인정이고 사실 결과적으로는 비슷하게 계산을 하는 셈이 되기 때문에 나는 그렇게 하는 것이 당연하고 또 누구나 다 그렇게 하는 것이라고 생각하고 있었는데 그게 아니었다. 세상 사람들이 다 나와 똑같이 생각하는 줄로만 알았던 나는 나와 다른 생각을 하는 사람들이 많이 있다는 사실을 그때 처음 알았다.

그래서 그 다음부터는 그 친구들과 술을 마시게 될 때에는 여기는 일본이니까 일본식으로 더치페이로 하자고 미리 약속을 하고 술을 마셨다. 그렇게 되니까 '아, 더치페이라는 것이 참 편리한 것이구나' 하는 생각과 함께 일본 사람들이 쩨쩨하거나 경우가 밝아서

가 아니고 더치페이라는 것은 합리적인 사회로 넘어가면서 나타나는 자연스런 현상이로구나 하는 생각이 들었다.

"아빠는 왜 아빠 일을 나한테 하래"

1970년대만 해도 한국에서는 당연히 자식이 부모를 모시고 사는 것으로 생각했다. 일본에서 살다 보니까 주변에 노인 혼자나 노인 부부만이 사는 경우가 눈에 많이 띄었다. 특히 노인이 혼자 사는 경우에는 적막하게 보이고 비라도 오는 날이면 정원이 딸린 그 집에서 귀신이라도 나올 것 같은 기분이 들었다. 자식이 없는 것도 아닌지 가끔 젊은이들이 드나들기도 했다. '이상하기도 하다. 일본 놈들이 상놈이라고 하더니 역시 그런가 보다' 하고 생각했다.

그런데 가만히 보니까 일본 사회만이 아니고 일본 학생들도 좀 이상했다. 대학원의 지도교수라고 하면 적어도 10년 동안 일주일에 한번 이상씩 만나서 지도를 받아야 하는 분으로, 옛날처럼 군사부일체는 아니더라도 절대로 가볍게 생각할 수가 없다. 내 지도교수는 학문적으로도 대단히 훌륭한 분일 뿐만 아니라 인격적으로도 흠잡을 데가 없었다. 그런데 학생들이 존경심은 고사하고 선생에게 존칭도 쓰지 않을 뿐만 아니라 험담을 예사로 하고 선생님의 연구실에서 담배를 마구 피워대는 등 도대체 예의라든가 버릇이라고는 조금도 없는 것이었다.

내가 한국에서처럼, 연구실에 앉아 있다가 선생님이 들어오시면 일어서서 인사를 하고 앉는다든가 술집에서 선생님에게 먼저 술을 따라드린 뒤에 마시는 등 일상적인 습관대로 했더니 내가 아부를 한다고 수군대기까지 하는 것이었다. '상놈의 자식들이라 할 수가 없구나' 하고 생각했다.

하지만 일본 역사를 전공하고 있던 내게는 단지 일본 사람들의 행위를 잘 이해하기 어렵다는 차원을 떠나서 왜 일본 사람들이 이렇게 행동하는가, 그리고 이런 행동은 일본에서만 일어나는 행위인가 하는 의문 때문에 그들의 행동이 좀처럼 내 머리 속을 떠나지 않고 맴돌고 있었다.

농업공동체 사회에서는 농사를 공동으로 짓기 때문에 대가족이 집단을 이루어 살게 되고 그 공동체를 이끌어갈 권위를 가진 지도자가 필요하며, 수확물도 당연히 그 지도자의 책임하에 처분된다. 이러한 가부장제하에서는 그 지도자인 가장이 절대적인 권위를 가지게 된다.

그런데 산업사회에서는 가족 각자가 직장에 가서 자기 책임하에서 일을 하기 때문에 자기가 벌어온 돈을 아버지에게 위임하는 것이 아니고 자기 책임하에 사용하게 된다. 따라서 산업사회에서는 대가족을 이루고 살 필요가 없고 각자가 자기 책임하에서 가정을 이루고 사는 핵가족제가 출현하게 된다. 이 핵가족제 사회에서는 공동체보다는 부부 중심으로 가정이 운영되기 때문에 부부가 즐기는 방향으로 나가고 공동체에 대한 맹목적인 희생 같은 것은 상상할 수가 없는 것이다. 그리고 부모도 자녀가 가족공동체에서 벗어나서 부부 중심으로 살아가므로 자녀를 위해서 맹목적으로 희생하기보다는 자기 인생을 살아간다.

결국 농업사회가 산업사회로 변하면서 자녀가 부모와 별거를 하는 현상이 나타난다. 그러니 산업화가 우리보다 일찍 진행된 일본에서 그 현상이 우리보다 빨리 나타났을 따름인 것이다. 사실 요즈음에는 우리나라에서도 부모와 자식 간의 별거가 보편화되고 있고 부모 쪽에서도 오히려 그것을 편하게 생각하기까지 한다. 부모와 자식의 관계가 이러하니 학생들도 선생들을 맹목적으로 존경할 턱이 없고 선생들 역시 학생들을 위해서 정을 쏟을 리가 없다. 선생과 학생들의 관계도 부모와 자식의 관계와 마찬가지로 산업사회에

합당한 관계로 바뀌어가고 있는 것이다.

요즈음은 대부분 자동차를 몰고 다니기 때문에 어렵게 됐지만 자동차가 보편화되기 전만 해도 오랜 외국생활에서 돌아왔기 때문에 동료교수들과 어울려서 한잔하는 경우가 많았다. 이야기를 하다 보면 요즈음 한국도 급격히 산업화가 이루어지면서 그들도 역시 내가 일본에서 부딪혔던 것과 유사한 문제에 부딪히고 있음을 알 수 있다. 나는 일찍이 고민을 해보았던 덕택에 고지식하던 내가 오히려 그 친구들에게 다음에 올 시대에 대해서 설명하고 설득하는 경우까지 생겼다.

합리적이고 똑똑한 동료교수 하나가 하루는 술을 마시다가 "요즈음 대학원 애들은 싸가지가 없단 말이야. 시험감독을 좀 하라고 하면 '약속이 있어서 안되겠습니다' 하고 거절해. 옛날에 우리는 선생님께 무슨 일이 있으면 만사를 다 제쳐놓고 가서 도와드리고 자진해서 온갖 궂은일을 다 해드렸는데"라고 자조적으로 말하면서 학생들에게 정이 안 간다는 것이었다. 그래서 내가 "나는 말이야 어쩌다 집에서 공부를 하다가 저녁때쯤 돼서 궁금한 문제가 있어 국민학교에 다니는 아이한테 지하철역에 가서 석간신문을 좀 사오라고 하면 그 녀석이 '아빠! 아빠는 왜 아빠 일을 나보고 하래' 하고 따질 때가 있어. 그렇다고 내가 너 밥 먹여주고 학교에 보내주니까 그 대신 너는 아빠 심부름을 해야 하는 거야'라고 말할 수는 없지 않아. 자식들이 그런데 학생들이 선생이 하라고 한다고 무조건 하겠어. 오히려 무조건 하는 학생이 이상하지. 이제 합리적인 시대가 시작되는 거야" 하고 설명했더니 그 친구는 나를 물끄러미 쳐다보더니 가만히 있는 것이었다. 그리고 더 이야기를 해줄 수는 없지만 마음속으로는 '학생은 선생 일이라고 무조건 쫓아다니면서 해주고 선생은 그놈이 말 잘 듣는다고 봐주던 시대는 지나간 거야. 무슨 대가를 바라서가 아니고 자식이나 제자에게는 그냥 주는 거야'

라고 덧붙여주었다. 학생과 선생 간의 관계도 합리적인 방향으로
나가고 있는 것이다. 합리적인 사회가 꼭 행복한 사회는 아니지
만.

일본식 음주법

일본에서 대학원에 들어간 지 얼마 안돼서 일본 친구들이 소위
환영회 비슷한 것을 해주었다. 학교 근처에 술집을 예약하고 회비
를 얼마씩 걷어가지고 술을 마시게 되었다. 당시만 해도 한국에서
는 술을 섞어 마시면 빨리 취한다고 해서 대개 처음부터 끝까지 한
가지 술만 마셨는데, 그 친구들은 먼저 맥주를 한잔씩 들고 그 다
음부터 마시고 싶은 술을 들기 시작하는 것이었다.

일본 친구들과 처음 하는 술이라 그들은 어떻게 술을 마시는가
가만히 보고 있었는데, 우리처럼 자기가 마신 술잔을 상대편에게
권하는 것이 아니라, 상대편이 술을 조금 마시고 나면 옆의 사람이
그 사람이 마신 만큼만 그 사람 잔에 더 채워주고 서로 자기 잔을
권하는 법이 없었다. 한국에서는 죽은 사람에게나 첨잔을 하는 법
이기 때문에 좀 꺼림칙했고 그 친구들과 처음 하는 술자리이니 정
답게 하고 싶은 생각도 들어서 좀 망설이다가 한국적인 예의로 한
잔씩 권하려고 옆에 있는 친구에게 내가 마신 술잔을 내밀었다. 그
랬더니 그 친구는 그 잔을 내 쪽으로 가만히 밀면서 술을 채워주는
것이었다.

은근히 화가 났다. 내가 입을 댄 술잔에는 입을 안 댄다는 이야
기인데 같은 술잔에다가 입을 대기가 싫다면 왜 술자리는 같이 한
다는 말인가. 그 당시에는 심한 모욕감까지도 들었다.

그런데 일본 생활을 오래 하다 보니 가끔 볼일이 있어서 귀국했
다가 친구들과 술을 마시게 되는 경우에 친구가 자기가 마시던 잔

으로 술을 권하면 일본에 가 있더니 일본놈 다 됐다고 할까 봐 할 수 없이 그냥 잔을 받으면서도 어쩐지 좀 불결한 생각이 드는 때가 있었다. 특히 전에는 별로 못 느꼈는데 여자들이 자리를 함께 한 경우에는 한국식으로 하는 것이 어쩐지 좀 쑥스럽고 어색하기만 한 것이었다.

그러나 귀국한 뒤에는 어느덧 옛날식으로 돌아가서 또 주거니받거니 하게 되었다. 그런데 당시 일본에서 간염에 전염될까 봐 그랬는지 모르지만, 근래에 우리나라에서도 에이즈가 어떻게 전염된다 간염이 어떻다 하고 떠들어대서인지 전에는 안 그러던 친구들이 요즈음에는 자기 잔으로 권하지 않고 일본 사람들이 하는 것처럼 상대편 잔에다가 채워만 주거나 자기 잔으로 권할 때에는 입 댄 자리를 닦아서 권하는 경우가 많아졌다. 그렇게 하니까 억지로 주거니받거니 하다가 약한 사람이 먼저 나가떨어져 판이 깨지는 일도 없고 편한 점도 있다. 인정미는 없지만 상대편 잔만 채워주는 주법은 일본에만 있는 현상이 아니라 합리화로 가는 과정에서 나타나는 현상인 것 같다는 생각이 들었다.

 '야만의 나라' 일본, '더러운 나라' 조선

일본에 대한 책은 수없이 많은데 그 대부분은 일본의 어떤 특징을 분석한 것이거나 설명한 것들뿐이다. 그러나 이것은 마치 특정 시험의 답안을 외워가지고 시험장에 들어가는 것과 마찬가지로 어떤 시험에나 대응할 수 있는 응용능력을 길러주지는 못한다. 응용력을 기르기 위해서는 기본적이고 근본적인 사실들에 대한 원리를 이해해야 한다. 그 경우 일본을 근본적으로 이해하기 위한 원리에

해당하는 것이 일본의 문화나 역사에 대한 이해라고 할 수 있을 것이다.

일본 사람들에게 '한국' 하면 먼저 떠오르는 생각은 '키따나이(더럽다)'라는 것이고, 한국 사람들에게 일본 하면 먼저 떠오르는 생각은 '야만인'이라는 이미지가 아닌가 생각된다. 이런 고정관념들은 어떻게 해서 생겨났는가 살펴보기로 한다.

'더러운 나라' 조선

일본은 남북으로 길게 뻗어 있는 열도인데, 태평양 연안 쪽에는 북상하는 따뜻한 일본 해류(일명 쿠로시오)와 남하하는 차가운 센지마 해류(일명 오야시오)가, 서해안(우리의 동해 쪽)에는 북상하는 따뜻한 쓰시마 해류와 남하하는 차가운 리만 해류가 서로 교차하면서 지나가고 있어서 그 한가운데에 있는 일본열도는 마치 한증탕 속에 있는 것과 같다. 그래서 겨울에도 온난한 날씨이지만 특히 여름에는 습기가 많은 무더위로 유명하다.

이 찜찜한 무더위 때문에 일본에서는 낮에 땀을 흘리면 옷이 몸에 척척 감길 뿐만 아니라, 저녁때가 되어도 땀이 증발하지 않고 그대로 몸에 남아 있어서 샤워를 하지 않고 그대로 이불 속에 들어가면 이불이 몸에 쩍쩍 들러붙어서 그대로는 도저히 잠을 잘 수가 없을 만큼 기분이 나쁘다. 그래서 일본 사람들은 날마다 목욕을 하고 날만 개면 습해진 이불이나 옷가지들을 꺼내서 햇볕에 말리느라 집집마다 내다 건 옷가지나 이불로 난리가 나는 것이다. 에도시대에 이미 공중목욕탕이 생긴 것도 이런 이유 때문이다.

요즈음에는 우리나라에도 아파트가 많이 생겨서 사람들이 매일 샤워를 하고 목욕을 하지만, 내가 어렸을 때만 해도 일제시대에 생겨난 공중목욕탕에 일주일에 한번이나 두 주일에 한번 정도 가는 것이 고작이었다. 그전에는 공중목욕탕이라는 게 따로 없고 여름에는 시원한 냇가에 가서 목욕을 하고 겨울에는 목욕 한번 안하고 지내는 것이 예사였다. 양반들은 백태라고 해서 겨울에 수건으로 마른 때를 밀었다. 그리고 우리나라에서는 기후가 습하지 않으니까 이불이나 옷가지를 매일 말릴 필요도 없다.

그런데 한일합방 후에 매일 목욕을 하고 옷이나 이불을 말리면서 생활하는 습관을 가진 일본 사람들이 대거 한국에 몰려왔다. 그들이 겨울 내내 목욕 한번 하지 않고 일년 내내 옷이나 이불 한번 말리지 않고 지내는 한국 사람들을 보고 더럽다고 생각하지 않았다면 그것이 오히려 이상한 일이었을 터이다. 그러니 '한국 사람' 하면 '더럽다'는 인상이 꽉 박여버리게 된 것이다.

언젠가 지도교수와 한국과 일본의 자연환경에 대해서 이야기하다가 이런 이야기가 나왔는데, 한국에 와본 적이 있는 그분이 "한국은 대륙성 기후라서 낮에 땀을 흘리더라도 저녁때 시원한 바람이 불면 땀이 전부 증발하여 목욕을 하지 않고 그대로 이불 속에 들어가도 뭐 별로 몸이 끈끈하지도 않고 기분이 과히 나쁘지도 않아. 그런데 일본 사람들은 바보라서 한국의 기후를 잘 모르고 일본식으로 한국 사람들은 지저분해서 목욕도 잘 하지 않고 옷이나 이부자리도 자주 말리지 않는다고 욕을 해" 하시던 기억이 난다.

나는 등산을 좋아하는데 땀을 줄줄 흘리면서 산에 오를 때에는 빨리 내려가서 샤워를 하고 맥주라도 한잔 해야겠다는 생각이 절로 난다. 그러나 하산하다 보면 어느 틈엔가 땀은 다 증발되어버리고 또 같이 등산한 친구와 그냥 헤어질 수가 없어서 한잔하고 취해서 집에 돌아오는 경우가 많다. 그러면 귀찮아서 샤워도 하지 않고 그냥 쓰러져 자는 경우가 대부분이다. 사실 샤워를 하지 않고 자도 그동안에 땀이 다 증발해버려 일본에서처럼 이불이 몸에 붙어서 감긴다든가 하는 일도 없고 별문제없이 잠을 잘 수가 있다.

'야만의 나라' 일본

일본에서는 습기 때문에 여름에 옷을 입으면 몸에 척척 감겨서 귀찮기 짝이 없다. 거기다가 서민들에게는 천이 비싸서 옷 한벌 해 입기도 쉬운 일이 아니었다. 그렇다고 해서 옷을 벗고 다닐 수도 없는 일이었던만큼 남자들은 다 벗어제치고 훈도시나 하나 차고 돌아다닌 것이다. 돈도 안 들고 그렇게 편리하고 시원할 수가 없었다. 여자들도 가릴 곳을 안 가릴 수는 없으니까 옷은 입되 시원하도록 속옷은 안 입었다.

이 사람들이 일제시대에 한국에 와서, 남자들은 훈도시 하나만 차고 게따를 신고 거리를 활보하고 여자들은 속옷도 입지 않고 돌아다니다가 논두렁에서 겉옷을 훌렁 걷어올리고 시원하게 일을 봤으니 아무리 더워도 의관 정제하고 양반행세를 하던 유교의 나라 한국 사람들이 그들을 뭐라고 했을까는 불문가지다.

일본 사람들은 습기가 많고 무덥다 보니 몸을 안 가리게 되고, 몸을 안 가리다 보니 남에게 알몸을 보이는 것도 그렇게 부끄럽게 생각하지 않는다. 센또오(錢湯, 일본의 공중목욕탕)에 가보면 남탕에 여자 종업원들이 들어와서 돌아다니는 것은 물론이고 여탕에 남자 종업원들이 들어와서 돌아다니는 것도 보통이다. 한국에서는 남탕과 여탕은 관리하는 사람이 남녀 각각 따로 있는 데 반해서 일본에서는 보통 남탕과 여탕 가운데에 한 사람이 앉아서 양쪽 일을 다 하고 있어서 어떤 때는 남자가 앉아서 여자들이 탕에 들락거리는 것을 다 보고 있다. 이러니 한국 유학생이나 상사원의 부인들이 처음으로 센또오에 갔다 기절초풍을 하는 것도 당연하다.

사실 원래 에도시대의 공중목욕탕이 남녀 혼탕이었다는 사실을 알면 남자들이 여자들의 알몸을 보는 것쯤은 별로 이상한 일도 아니다. 혼탕은 아직도 도처에 남아 있고 '로뗀부로(露天風呂)'라고 해서 흐르는 온천수에서 남녀가 함께 목욕을 하는 것도 별로 이상한 일이 아니다.

유학 시절 정치학을 전공하는 여장부 후배가 있었다. 어쩌다가 일본의 혼탕 이야기가 나오자 그 여학생이 "선배님 저도 혼탕 한번 했심더" 하는 것이었다. "네가 여장부인 줄은 알지만 어떻게 혼탕에를 다 가봤느냐?" 하고 물었더니 "그런 게 아니고 이번 여행중에 투숙하고 있는 호텔에서 목욕을 하려고 일층에 있는 공중탕에 들어갔더니 아 글쎄 남자들만 우글우글한 거예요. 깜짝 놀라 되돌아 나와서 입구의 글씨를 암만 봐도 틀림없이 '여탕'이라고 씌어 있는데도 말이에요. 그래서 잘 생각해보니까 서로 반대편 입구에만 '여탕' '남탕'이라고 따로 써놓았지 탕은 하나더라고요. 뭐 남들 다 하는데 저만 못할 것도 없어서 같이 했심더" 하는 것이었다.

코마바에 있는 유학생회관에 있을 때, 일본 여자와 같이 사는 재일교포 형을 둔 한국 유학생이 옆방에 있었다. 그는 일요일이면 가끔 형 집에 간다고 외출을 하곤 했다. 그런데 하루는 그 친구가 얼굴이 벌게져 찾아와서 "오늘 형 집에 갔더니 형이 아직 안 돌아왔기에 샤워나 좀 하려고 하는데, 글쎄 형수가 문을 열고 등을 밀어줄까 물어보는 거예요. 일본 사람들은 그런 겁니까?" 하고 흥분하는 것이었다. 그러자 옆에 있던 다른 유학생이 "일본놈들은 사촌끼리도 결혼을 하는데 뭐. 야만인은 야만인들이야" 하고 거들었다.

아무리 더워도 의관을 정제하고 남녀가 7세가 되면 같이 앉지도 않고 동성동본은 혼인도 안하는 한국 사람들이 훈도시 하나만 차고 거리를 활보하고, 여자가 남자에게 알몸을 드러낸 채 혼욕을 하며, 심지어 사촌간에도 결혼을 하는 일본 사람들을 보고 그들을 야만인이라고 생각하지 않았다면 그것은 참으로 이상한 일이었을 것이다.

그리고 사람들이 남에게 자기 몸을 보이는 것을 부끄럽게 생각하

48

지 않는데다가 날씨는 무덥고 습기가 많기 때문에 가옥구조도 벽이 얇게 되어 있어서 옆집 아파트——일본에서 말하는 아파트는 우리나라의 연립주택과 같은 것이고 우리나라의 아파트는 일본에서는 맨션이라고 한다——나 옆방에서 속삭이는 소리까지도 다 들린다. 따라서 아이들도 어려서부터 알몸을 보거나 옆방에서 부모들의 성생활을 다 듣고 자란다. 그러니까 근친결혼이 생기고 사촌까지도 자연스럽게 결혼을 하며 한국에서는 대중 속에 뿌리를 내린 유교적 가치가 일본에서는 뿌리를 못 내리게 된 것이다. 그런데 우리는 우리나라의 기후조건이나 거기에서 생겨난 가치관을 가지고 일본 사람들을 야만인이라고 생각하고 평가하는 것이다.

일본 사람들은 일본적인 자연환경과 거기서 파생된 가치관을 가지고 한국 사람들을 평가하지만, 우리는 현상만 가지고 판단할 것이 아니라 그 바탕이 되는 일본의 자연환경이나 역사에서부터 접근해나가야 할 것이다. 그것이 곧 일본을 극복하는 지름길이다.

그러면 다음 장부터는, 우리가 일본을 잘못 인식하고 있는 동안 일본은 우리나라에 대해 어떻게 하고 있는지를 살펴보도록 하겠다.

2. 새로이 대륙을 향하여

 "옛날 친구들이 없어서 재미가 없습니다"

　1945년 광복 이후 우리나라에 대한 미국의 영향력은 절대적이었다. 이승만이 대통령이 될 수 있었던 것도 그의 활동무대가 미국이었다는 점과 무관하지 않으며 1950년대나 60년대에는 미국에서 유학을 하거나 영어를 할 줄 안다고 해서 장관이 된 사람들도 허다했다.

　미국이 한국에 대해서 어느 정도 영향력이 있었나를 잘 보여주는 일화를 하나 소개할까 한다. 전 미국 대통령인 닉슨은 입지전적인 인물이라고 할 수 있다. 그는 아이젠하워 대통령 밑에서 부통령을 지낸 다음 대통령에 출마했다가 낙선했다. 그 다음 캘리포니아 주지사 선거에서도 낙선하여 한때 정치적 재기가 불가능해 보였다. 우리나라 정부에서도 그렇게 판단하였던지 그가 주지사 선거에서 낙선한 후에 사적으로 우리나라를 방문했을 때 공항으로 아무도 마중 나가지 않아 그가 대단히 섭섭해했다고 한다.

　그런데 닉슨이 그후에 대통령에 당선되어 우리나라를 방문하게 되었다. 우리나라에서는 깜짝 놀라서 어떻게 하면 그의 비위를 맞출까 고심을 하고 있었는데, 양국 정상회담 때 박대통령과 이야기를 하던 닉슨 대통령이 우연히 미스터 S는 잘 있느냐고 물었다. S씨는 닉슨이 개인적으로 잘 아는 유일한 한국 사람이었다. 박대통령이 S라는 사람을 알 리가 없었다. 그러나 닉슨의 환심을 사기 위해서 고심하던 중이라 박대통령은 즉시 S씨에 대해서 알아보도록 지시했다. 알아보니 닉슨이 캘리포니아 주지사 선거에서 떨어진 뒤 LA에서 변호사를 할 당시 모든 것을 잊기 위해 조기축구에 열중했던 적이 있는데 S씨는 그때 조기축구회 멤버 중 한 사람으로 친하게 지내던 한국 유학생이라는 것이었다. 박대통령은 즉각 S씨를 장관에 임명했다.

우리나라에 대한 미국의 절대적인 영향력은 지금도 거의 변함이 없지만 1965년 한일간의 국교가 재개되고 일본에서 막대한 차관이 들어오기 시작하면서 일본의 영향력이 서서히 증대하기 시작했다. 돈을 빌려 쓰게 되면 빚쟁이의 영향력이 나타나게 마련이다. 차관을 허가해주면서 사업가들로부터는 정치자금을 받고, 차관을 주선해준 일본 정치가들에게는 일정한 리베이트를 제공하는 관계가 구조화되지 않을 수 없게 됐다. 그리고 일본 기술이 들어오고 산업설비가 일본화됨에 따라서 그 구조는 더욱 심화되고 있다.

나의 유학 초기인 1970년대 말 일본 국회에서는 일본이 한국에 차관을 제공해주고 받은 리베이트를 누가 먹었는가 하는 문제가 큰 쟁점이 되었다. 한국이 일본에서 차관을 들여다 서울 지하철 1호선을 건설하면서 대당 3500만 엔인가 하는 전동차를 1억 2천만 엔씩인가에 백여 대 도입했는데 그 차액을 누가 먹었는가 하는 것이 문제였다. 그 리베이트에 관한 메모에 당시 공화당 재정위원장이던 K씨의 이름이 등장한다는 등 일본 정계가 떠들썩했다. 그리고 당시 재일교포 실업가 모씨가 일본에서 우리나라 돈으로 5백억원을 대출받는데 한국외환은행이 담보물도 없이 보증을 서주었다가 그가 부도를 내는 바람에 변제를 하게 된 사건도 논란이 되었다. 언론에서는 재일교포 실업가는 하수인에 불과하고, 은행은 짜여진 각본에 의해서 돈을 일본으로 빼돌리기 위해서 그에게 보증을 서주고 부도를 내게 한 것이 아니냐 하는 의혹을 제기하고 있었다. 언론이 통제되고 있던 한국에서는 전혀 보지도 듣지도 못하던 이야기였다. 하여튼 이런 이야기를 접하면서 '아, 한일관계의 유착이라는 것이 바로 이런 것이로구나' 하고 생각하게 되었다.

5공이 들어선 1980년대 초에도 일본에서 100억 달러를 빌려오기 위해 한일 양국간에 교섭이 진행된 적이 있다. 그때 교착상태에 빠진 차관 문제를 해결하기 위한 한일 각료회담이 서울에서 개최되어 일본의 각료와 정계의 거물들이 대거 서울로 몰려왔다. 일본 신문에서 보니, 그중에서 당시 오오꾸라쇼오 대신(大藏省大臣, 우리나라의 재무부장관)이면서 일본 정계의 거물이던 와따나베(渡邊)가 청와대를 방문한 자리에서 전대통령에게 "이번에 와보니 옛날 친구들이 없어서 재미가 없습니다" 하면서 "공적으로 등용을 못하면 사적으로라도 활용을 좀 해주십시오" 했다는 기사가 있었다. 와따나베는 얼마 전에 "한일합방은 원만히 체결된 것으로 무력에 의한 것이 아니다"라는 망언을 한 장본인이다. 오비이락인지, 와따나베의 발언이 있은 지 얼마 안되어 그때까지 연금상태이던 3김씨 중 공화당 시절의 중진이던 한 사람이 연금에서 해제되어 도미했다는 기사가 났다. 만약에 와따나베의 발언과 김씨의 연금해제 및 도미가 관계가 있다면 차관을 미끼로 한 일본의 한국에 대한 정치적 영향력이 이미 만만치 않은 단계에 와 있었음을 보여주는 사건이 아닌가 싶다.

한국과 일본의 정치 이면사에 대해서 재미있는 이야기를 많이 들려주던 선배가 한 분 있었다. 토오꾜오대학에서 정치학을 공부하던 선배였는데 어느 날 그 선배와 한국에 대한 일본의 영향력에 대해 이야기를 하게 되었다. 한국 이야기가 나오자 그 선배가 "토오꾜오대학에 일본의 대한(對韓)정책에 중대한 영향을 끼치는 E라는 교수가 있는데, 정치를 지망하는 한국 유학생들이 그 교수 밑에 들어가기 위해 문전성시를 이루고 있어. 학문적으로 더 저명한 S라는 교수가 있는데 학문적 명성만 믿고 S교수 밑으로 들어갔던 학생들조차 지도교수를 E교수로 바꾸는 실정이야. 일본에서 지도교수를 바꾸는 것이 어떤 일인지 알잖아" 하면서 "앞으로는 한국에서 여당 국회의원 공천을 받거나 장관이 되기 위해서 일본에 와서 운동을 하는 일이 생기지 않았으면 좋겠어" 하는 것이었다.

한국에 대한 일본의 정치적인 영향력이 갈수록 커질 가능성은 매우 높다. 최근 주일대사나 외무부장관이 앞장서서 일본 대중문화 수용을 주장하고 있는 것은 그 좋은 예가 될 것이다.

 수출이 늘수록 불어나는 대일 무역적자

오늘날 한국 경제에서 무역의존도는 절대적이며, 수출의 주축을 이루는 것은 자동차와 전자 산업이라고 해도 과언이 아니다. 자동차의 경우 수출 100만 대 돌파를 눈앞에 두고 있다. 사실 외국에 나갔을 때 한국 자동차가 다니는 모습을 보면 가슴이 뿌듯해진다. 한국이 어디에 있는 나라인지도 모르던 사람들이 88서울올림픽과 한국 차를 보고 한국이라는 나라를 알게 된 경우가 허다하다. 몇년 전에 들었기 때문에 정확한 기억인지 모르겠는데, 이렇게 국위를 빛내고 있는 우리나라 자동차의 앞유리에 부착된 와이퍼에 들어가는 고무처럼 보이는 연성 플라스틱을 우리나라에서는 아직 못 만들

기 때문에 대부분 일본에서 수입해온다는 말을 들은 적이 있다. 그 말이 사실이라면 일본이 와이퍼에 들어가는 고무 수출을 중단하면 우리나라 자동차 수출은 어렵게 된다는 이야기가 된다.

내가 아는 사람 중에 전자관계로 일본에서 학위를 받고 와서 모 기업 연구소의 책임연구원으로 있는 사람이 있다. 어느 날 이야기를 하다가 전자관계에서는 우리가 일본과 경쟁을 할 만한 단계에 와 있느냐고 물어보았다. "솔직히 말씀드려서 새로운 것을 만들어 내는 것은 엄두도 못 내고 일본에서 나오는 제품을 분석해서 보고 하기도 벅찹니다"라는 대답이었다. 일본 기술에 의존하지 않고서는 전자제품 수출도 어렵다는 이야기다.

자동차와 전자제품뿐만 아니라 주요 수출품 생산공장의 기계설비도 일본 제품임은 말할 필요가 없다. 구체적인 수치를 제시하면 전자제품은 40%, 기계류는 45%, 자동차는 50%의 부품을 일본에서 들여오고 있다. 그리고 수입하는 부품의 94%가 산업구조상 불가피하게 수입되는 기계류 부품이라는 것이다. 따라서 구조적으로 한국의 수출이 증가하면 할수록 대일 무역적자는 늘어나게 되어 있다. 내가 기억하기로는 한국의 수출이 100억 달러씩 증가할 때마다 대일 수입은 자동적으로 10억 달러씩 늘어난다는 것이다.

옛날 일본에서 유학하고 있을 때 한국의 유명한 경제학자 한 분이 오셨기에 "한국 경제와 일본 경제의 관계를 어떻게 생각하십니까?" 하고 물어본 적이 있다. 그분 말씀이 "돈의 흐름이라는 것은 파이프 속에 흐르는 수돗물의 흐름과 같은데 지금 일본 자금의 흐름을 3일만 막아놓는다면 한국 경제는 마비될 것입니다. 수돗물이 3일 동안 안 나온다고 상상해보십시오" 하는 것이었다.

이와같이 한국 경제가 구조적으로 일본에 묶여 있기 때문에, 외국 학자들이 서슴없이 한국이 경제적으로 일본에 발목을 잡혀 있다는 지적을 하게 되고, 한국이 대일 무역적자 해소를 요구할 때마다 일본측이 "당신들이 필요하니까 수입하지 않느냐. 필요없으면 수입하지 않으면 될 것 아니냐"고 오만한 답변을 되풀이하는 것이다. 일본 덕분에 한국이 수출을 할 수 있지 않느냐는 고자세이다.

일본에 발목을 잡혀 있는 나라는 한국뿐만이 아니다. 지난 연말 일본 정부가 발표한 바에 따르면 1994년 1월부터 11월까지 중국을 제외한 아시아 지역 22개국에 대한 무역흑자는 626억 달러로 북미 유럽 등 33개국에 대한 무역흑자 614억 달러를 상회하고 있다. 일본의 아시아에 대한 무역흑자가 사상 처음으로 대(對)선진국 무역 흑자를 능가하게 된 것이다. 그런데 아시아에 대한 무역흑자가 선진국에 대한 무역흑자를 능가하게 된 이유가 한국과 마찬가지로 생산설비와 중간재의 수출 증가, 아시아 경제의 급격한 발전에 따른 소비재 수출 확대 때문이라는 것이다. 구조적으로 아시아 국가들은 경제가 발전되면 될수록 일본으로부터의 수입이 늘어나게 되어 있는 것이다.

 "아빠, 택배가 뭐예요?"

군사교련 반대 데모

일본에서 유학을 할 때에는 장기적으로 공부를 해야 했기 때문에 독일의 칸트를 흉내내면서 철저하게 규칙적인 생활을 해나갔다. 9시면 어김없이 도서관에 도착하여 5층 서고에서 논문을 쓰다가 오후 1시가 되면 오오꾸마회관(大隈會館)의 교수식당에 가서 식사를 했다.

오오꾸마회관 교수식당은 와세다대학 설립자인 오오꾸마가 자기가 살던 집을 회사한 곳으로 전통적인 일본 정원이 딸려 있는 아담하고 음식값도 싼 식당이다. 식사 후에는 커피까지 나오기 때문에 푸르고 아름다운 정원을 보면서 식사를 하고 느긋하게 커피 한잔을 마시고 있노라면 내가 복잡한 도심에 있다는 사실도, 오전중의 피로도 말끔하게 잊히고 새로운 힘이 솟구친다. 내가 오오꾸마회관 교수식당에 가는 시간이 정해져 있다고 소문이 나자, 나를 만나려는 사람은 그 시간에 맞춰서 오오꾸마회관으로 왔다. 그들과 담소하는 것도 점심시간에 갖는 즐거움이었다.

식사가 끝나면 산보를 겸해서 도서관 1층에 있는 신문열람실에 가서 대충 제목만 보면서 신문들을 일별하다가 눈에 띄는 기사가 있으면 읽어보고 정확히 2시가 되면 5층에 있는 서고로 올라갔다. 그리고 다시 공부를 하다가 7시가 되면 서고를 나서서 집으로 돌아갔다.

그날도 신문 제목을 보면서 신문열람실을 한바퀴 돌고 있는데 '군사교련 반대 데모'라는 『토오꾜오신문(東京新聞)』의 대문짝만한 기사가 눈에 확 띄었다. 그걸 보는 순간, '아, 한국에서 또 대학생들이 군사교련 반대 데모를 했나 보다' 생각되어 긴장된 마음에서 그 기사를 자세히 읽어보았다. 그런데 한국에 대한 기사가 아니라 당시에 나까소네 수상이 등장하여 일본열도를 난공불락의 요새로 만들겠다는 '일본열도 불침 항공모함'설 등 군국주의를 지향하는 발언을 계속하자, 군국주의가 등장하려는 움직임을 견제하기 위해서 토오꾜오신문이 패전 전에 찍었다가 정부당국에 의해 배포를 중단당했던 와세다대학생들의 군사교련 반대 데모 기사를 다시 게재한 것이었다. 그 내용을 보는 순간, 어쩌면 '군사교련'이라는 제도나 말까지 4, 50년 전 일본에 있던 것을 그대로 모방했는가 싶어서 양다리에서 힘이 쭉 빠지는 것을 느꼈다. 우리 사회가 너무나 일본을 닮은 것이다.

"일본에 있던 것과 똑같네"

고려대학교와 와세다대학 사이에는 교수를 상호 교환하는 제도가 있어서 상대편에서 온 교수에 대한 모든 비용은 그 교수를 받아들인 쪽에서 부담하게 되어 있다. 그런데 고려대학교에서는 매년 와세다대학에 교수를 보내는데 와세다대학에서 오는 교수는 거의 없는 실정이다. 고려대학교에서는 와세다대학에 가려는 교수가 많아서 문제인데 와세다대학에서는 고려대학교에 오려는 희망자가 없다. 그러니까 고려대학교에서 일방적으로 신세를 지는 셈이다. 와세다대학에 있는 고려대학교 사람이라면 직접 관계가 없더라도 그 사실을 알고 나면 왠지 찜찜하고 기분이 좋지가 않다. 금전적인 면에서 일방적으로 계속 신세를 지는 것도 그렇지만 고려대학교에 오려는 사람이 없다는 것은 와서 배울 분야가 없다는 이야기니 자존심이 몹시 상하기 때문이다.

유학중 잠시 귀국했다가 옛날에 와세다대학에 교환교수로 와 계셨던 S교수에게 인사를 갔는데 우연히 그 문제가 화제에 올랐다. 그분도 그 문제점을 잘 알고 계셨던지 "이 제도를 계속하게 하려면 와세다대학에서도 사람이 오게 해야 하는데 사실 한국에 와서 공부할 만한 분야가 많지 않네. 그래도 일본 고대사 분야는 한국과 관계가 없지 않으니까 미즈노(水野) 교수를 고려대학에 오시도록 한번 권해보는 것이 어떤가?" 하시는 것이었다. 그래서 "미즈노 교수는 바로 제 지도교수입니다" 했더니 "그럼 참 잘됐네. 적극적으로 한번 권해보지" 하셨다.

일본에 돌아가자마자 지도교수에게 고려대학교에 한번 가보시도록 적극적으로 권했다. 나의 권유가 주효했던지 얼마 후 미즈노 선생이 수업시간에 들어오시더니, "2학기에 6개월 정도 고려대학교에 가볼 작정이다" 하고 말씀하시는 것이었다. 잘됐다고 생각하고 있었는데 그때 마침 한국에서 광주민주화운동이 벌어지고 일본 텔레비전에 그 장면들이 생생하게 보도되었다. 그러자 다음 수업에 들어오신 지도교수가 "한국에 가는 것이 위험해서 9월에 교환교수로 가는 것을 취소했다"고 하시면서 "텔레비전을 보니까 시민들이 총을 가졌던데 한국에서는 어떻게 시민들이 총을 가질 수가 있느냐?"고 물으시는 것이었다. 그래서 한국의 향토예비군제도에 대해서 설명해드렸더니 "아, 옛날에 일본에 있던 것과 이름도 똑같네" 하고는 민방위훈련, 반상회 등등으로 화제를 옮겨가시면서 과거에 일본에 있던 이런 제도들이 지금 한국에 있느냐고 물어보셨다. 그러고는 "하기는 박대통령이 일본 육군사관학교에서 공부를 했으니까 그런 제도에 대해서 잘 알고 있었을 거야" 하시는 것이었다. 나는 그 말씀에 창피해서 쥐구멍에라도 들어가고 싶은 심정이었다.

향토예비군, 민방위훈련, 반상회 등이 우리나라에서 만들어진 것으로만 알고 있었는데 4, 50년 전에 일본에 있던 제도를 그대로 도입한 것이 아닌가. 일본의 제도를 도입하더라도 이름이나 좀 바꿔서 도입했더라면 좋았을걸 하는 생각과 함께, 사회의 바탕이 다르면 단순히 이름이나 제도만 도입될 수는 없는데 우리 사회가 이만큼 일본을 구조적으로 닮았다는 말인가 하는 생각에 맥이 탁 풀렸다.

"아빠, 택배가 뭐예요?"

일본에 오래 살다 보니 복잡한 전철 같은 곳에서 한국말 소리가 들려와도 잘 의식하지 못하는 때가 많았다. 일본말과 한국말이 별 구분 없이 자연스럽게 들려오기 때문에 일부러 한국말과 일본말을 구분해보려고 의식하지 않으면 잘 못하게 되는 것이다.

귀국한 뒤에는 한국에 일본 것과 같은 것이 너무나 많아서, 의식적으로 비교해보려고 하지 않으면 그것이 일본에서 온 것인가 아닌가를 의식하지 못하고 넘어가는 경우가 대부분이다. 지하철역에 가서 표를 사려고 하면 옆에 보이는 '정산소'라는 말이나, 택시를 타면 앞에 보이는 '할증', 고속도로를 달리다 보면 보이는 '노견', 공공기관의 이름 등등 일본 용어를 그대로 사용하는 것이 헤아릴 수 없을 만큼 많아서 거의 의식을 못하고 지난다.

그런데 어느 날 고등학교에 다니는 큰애가 나를 빤히 쳐다보면서 알 수 없다는 표정으로 "아빠 택배가 뭐예요?" 하고 물어보는 것이었다. 나도 갑작스런 질문에 금방 이해가 되지 않아서 "택배라니?" 하고 되물었더니 요즈음에 한자로 '택배(宅配)'라고 써붙이고 다니는 자동차들이 있는데 학교에서 배운 한자 실력을 발휘하여 글자는 읽을 수가 있어도 그 뜻은 알 수가 없다는 것이다. 듣고 보니 우리 애가 물어볼 만도 했다. 아마 우리 애뿐 아니라 어른들 중에도 그것이 무엇을 하는 차인지 잘 모르는 사람이 많았으리라고 생각한다.

일본에서는 화물 운송을 부탁하면 받을 사람의 집까지 물건을 직접 배달해주는 회사가 있는데 '집〔宅〕'까지 화물을 '배달〔配〕'해준다고 해서 '택배회사'라고 한다는 설명과 함께 아마도 우리나라의 택배는 일본말을 그대로 붙인 이름일 것이라고 이야기해주었다. 그랬더니 큰애는 고개를 갸우뚱하면서 "우리나라 사람이 알아볼 수 있는 이름으로 하면 안돼요?" 하고 반문하는 것이었다. 우리나라에서 뜻이 통하든 않든, 우리나라 사람들이 알든 모르든 무엇인가 일본 것을 본뜬 다음 일본 이름을 그대로 갖다 붙이고 보는 것이다. 그러는 사이에 우리 사회는 구조적으로 일본화되고 있는 것이다.

폭력배들의 의식까지도

한때 텔레비전 드라마 「모래시계」 등을 위시해 폭력배가 등장하는 드라마가 선풍적인 인기를 끌었다. 복잡하고 답답한 현대사회에 식상해 있는 사람들에게 무엇인가 후련함을 느끼게 해주기 때문이 아닌가 생각한다. 그런데 드라마에 나오는 폭력배들을 보면 보스가 출입을 할 때 부하들이 양쪽에 쭉 도열해 있다가 허리를 90도로 굽혀서 인사를 한다든가 방안에서 질서있게 도열해 앉아 있다가 고개를 깊숙이 숙여 인사를 하는 광경을 심심치 않게 볼 수가 있다. 백화점에서 종업원들이 도열해 있다가 허리를 90도로 굽혀서 인사를 하는 것도 비슷한 예다. 일본의 폭력배나 백화점에서 하는 행동과 너무도 닮아서 좀 역겨움을 느끼게 한다.

우리나라에서는 '예가 지나치면 예가 아니다'는 말에서도 알 수 있듯이 노인이나 어른들에게는 몰라도 윗사람이나 일반 고객에게 허리를 90도로까지 굽혀서 인사를 하지는 않았다고 생각한다. 그런데 일본은 사무라이들의 경우처럼 집단의식이 강하고, 따라서 집단 속에 위계질서가 있고 그것이 의식화되어 있어서 우리가 일본의 폭력물에서 보는 것과 흡사한 일들이 옛날부터 벌어지고 있다. 사실 드라마 속의 폭력배들의 태도는 뭔가 좀 우리 감정에 잘 와닿지 않으며 백화점 종업원들의 지나치게 친절한 인사도 오히려 우리들을 좀 역겹게 한다. 오히려 이런 드라마를 보고 우리나라의 폭력배들이 그런 의식을 모방하지 않을까 걱정된다. 폭력배 세계의 의식까지도 일본을 모방해가고 있는 것이다.

누구나 가는 노래방

'노래방'만큼 단시일에 한국 사회를 휩쓴 것도 없을 것이다. 노래방은 일본이 전자업계의 불황을 타개하기 위해 고안해낸 것으로 한국이나 동남아에서 공전의 인기를 누리고 있다. 사실 회사원을 중심으로, 국민학생에서 대학생 그리고 주부에서 노인에 이르기까지, 도시와 농촌을 불문하고 한번쯤 노래방에 안 가본 사람이 거의 없을 정도다. 가족끼리건 친구끼리건 무슨 모임이 있어서 한잔하고 나면 한번쯤 갈 만큼 노래방은 큰 인기다.

나는 원래 세상일에 좀 둔한 편이다. 그래서 대학에 다닐 때도 나에겐 '19세기 사람'이라는 별명이 있었다. 한 세기쯤 늦게 간다는 뜻이었던 것 같다. 그래서인지 그 흔한 노래방에 한번 가볼 기회가 없었다. 노래와는 거리가 멀어서 노래방이라는 것이 뭔가 노래를 할 수 있는 장치를 해놓고 사람들로 하여금 나가서 노래를 부르게 하는 곳이려니 지레 짐작하고, 누가 노래방에 가자고 권하면 이 핑계 저 핑계를 대면서 잘 피해왔다. 그러다가 어느 날 반 강제로 동네 노래방에 끌려가게 되었다. 같은 아파트에 살면서 등산도 같이 다니는 가까운 후배 교수가 한 사람 있는데, 그의 가족들과 저녁식사를 같이 하고 돌아오던 길이었다. 처음에는 못 부르는 노래를 남 앞에서 부르려니까 좀 어색하기도 했지만 박자를 맞춰주고 화면에 가사가 나오니까 내 솜씨로도 그럭저럭 따라할 만했다. 몇 번 따라 부르다 보니 나중에는 열도 다소 나고 스트레스도 해소되는 기분이었다. 노래방을 나올 때쯤에는 좀 후련한 느낌까지 들어, '노래방에 오기를 잘했네. 아, 이래서 노래방이 인기가 있구나!' 하는 생각이 들었다.

그런데 돌아오면서 생각해보니 좀 이상했다. 한국에서는 나 같은 사람도 갈 정도로 일본 사람들이 만든 노래방이 유행하는데 구미(歐美)에서는 왜 노래방에 대해 전혀 반응이 없을까 하는 생각 때문이었다. 우리 민족이 원래부터 모여서 노래하기를 좋아하는 면도 있을지 모르지만, 우리 사회의 정서가 얼마나 일본화되어 있기에 일본에서 만들어진 노래방이 금방 우리나라에서 받아들여질까 하는 것이었다.

쪽발이에서 환영객으로

잘 아는 학교 후배 중 모 신문사 기자가 있다. 몇년 전 일인데, 가족을 데리고 일본에 가서 일년쯤 근무하다가 돌아왔다고 전화를 했기에 저녁이나 같이 하려고 만났다. 역시 일본 이야기가 주로 화제가 되어 소주잔을 기울이면서 일본과 한국에서의 이야기로 꽃을 피웠다.

그 후배는 무척 유능하고 패기만만한 사람인데, 부전자전인지 국민학교에 다니는 그의 아들도 일본에서 학교를 다니는 동안 태권도 실력으로 일본 애들을 휘어잡았던 것 같다. 그런데 내가 귀국할 때만 해도 일본에서 살다가 귀국한 사람들의 제일 큰 고민이, 아이들이 친구들한테 '쪽발이'라고 놀림받는 것이었다. 영어권에서 있다가 돌아온 아이들은 부러움을 사는데 일본에서 살다가 온 애들은 쪽발이라고 놀림을 받고 심하면 얻어맞기까지 했다. 그래서 일본에서 살다 온 사람들끼리 만나면 아이들의 학교생활이 화젯거리가 되곤 했다.

그 후배의 아들은 성격이 드센 편이기는 하지만 그래도 좀 시달림을 받았겠지 싶어서 아이 학교생활은 별문제가 없느냐고 물어보았다. 후배는 내 말뜻을 눈치채고 싱긋 웃으면서 "그런 일 없습니다" 하는 것이다. '아마 이 후배의 아이는 워낙 대가 세서 다른 아이들이 건드리지 못하는가 보다' 생각하고 "아! 그래" 하고 혼자말처럼 중얼거렸더니 그 후배가 다시 웃으면서 "요즈음엔 전자게임 기계를 안 가진 아이가 없는데, 그 게임이 일본말로 되어 있기 때문에 일본어를 읽을 수 있는 아이는 친구들한테 대단히 인기가 있어 이 집 저 집 초대까지 받습니다" 하는 것이었다.

그 이야기를 들으니, 그 사이 우리 사회가 일본에서 공부하다 온 아이들이 '쪽발이'라고 놀림받던 사회에서 환영받는 사회로 변했나 하는 생각이 들면서 무언가 뒷맛이 개운치 않음을 느꼈다. 우리 사회에 대한 일본의 위력이 나타나기 시작하고 있는 것이다.

 뜻도 모르면서 부르는 일본 노래

1994년 12월 초 『토오꾜오신문』의 사와다(澤田) 기자가 전후 50주년 특집을 만들기 위해서 인터뷰를 요청해왔다. 그와 여러 이야기를 나누다가 "한국에서 일본 문화 수입개방 문제를 둘러싸고 논란이 있는데 이를 어떻게 생각하느냐"는 질문을 받았다. 나는 "들어올 만한 일본 문화는 이미 다 들어와 있어서 한국인들의 정서가 일본의 대중문화를 받아들인 것과 거의 다름없다. 따라서 일본 문화 수입 문제를 놓고 논쟁을 벌이는 것은 별 의미가 없다고 생각한다. 누구보다도 그같은 사실을 잘 알고 있을 당신이 그런 질문을 하는 것은 좀 우습지 않느냐"고 하면서 다음과 같은 몇가지 예를 들려주었다.

*

와세다대학 쇼오껜(商研, 상과대학 대학원)에서 공부하던 후배 L이 있었다. 그가 아르바이트를 한다기에 무엇을 하느냐고 물었더니, 일본 책방에 가보면 무슨 만화책이 언제 나온다는 광고가 있는데 그것을 보고 책이 나오는 날짜를 기다렸다가 즉시 그 책을 사서 재빨리 비행기 편으로 한국으로 우송해주고 권당 얼마씩의 수고료

를 받는 일이라고 했다. "우편으로 천천히 부쳐도 될 텐데 비싼 송
료를 내면서 비행기로 부칠 필요가 있느냐"고 물어보았다. 그 대답
은 이러했다. 당시 한국에서 만화를 한 권 그려 출판하는 데는 약
200만원이 들지만 일본에서 만화를 사다가 대사만 한국말로 바꿔
서 출판하면 많은 돈이 절약되므로 다른 사람보다 빨리 입수하여
먼저 출판해야 하기 때문에 비행기로 빨리 부쳐야만 한다는 것이었
다. 더구나 씨리즈로 나오는 경우에는 첫 권을 먼저 출판하는 사람
이 주인이기 때문에 촌각을 다투어 빨리 보내야만 한다는 것이었
다.

*

나는 남매를 두고 있는데 큰애는 일본에서 유치원 2년 과정과 국
민학교 1학년을 마치고 귀국했다. 집사람은 우리 아이가 일본 애
들한테 뒤떨어질까 봐 열심히 쫓아다니면서 보살피고 숙제 같은 것
도 빠짐없이 잘 챙겼다. 그래서 일본 유치원에서 사용하는 교재에
대해서는 선생 못지않게 훤하게 잘 알고 있었다.

작은아이는 귀국해서 처음부터 한국에서 유치원에 다니게 됐다.
그 유치원은 동네에서 비교적 크고 시설이 좋은 편이었는데, 아이
가 우리말이 서툴러서 걱정이 되는지 집사람은 이번에도 숙제는 제
대로 했는가 부족한 것은 없는가 열심히 챙겨서 보내는 것이었다.
그런데 어느 날 집사람이 "서영이(작은애)가 지금 유치원에서 배우
는 교재가 재영이(큰애)가 일본에서 배우던 것하고 똑같아요" 하는
것이다. 알고 보니 그 교재도 만화책과 마찬가지로 일본 책을 그대
로 들여다가 그림은 그대로 두고 일본말만 우리말로 바꿔서 출판한
것이었다.

국내 굴지의 출판사에 전무로 있는 친구가 하나 있다. 5, 6년 전이라고 생각되는데, 그 친구가 자기 회사에서 중고등학교 교과서를 출판하려고 하니 영어교과서를 집필할 교수를 좀 소개해달라는 것이었다. 그래서 잘 아는 P교수에게 부탁을 했더니 그분은 "몇년 전에도 교과서 집필을 의뢰받아서, 미국인 교수까지 동원해서 정성껏 준비했는데도 문교부 심사에 떨어졌어요. 그래서 대체 심사에 합격되어 출판된 교과서는 어떻게 썼는가 싶어서 그 내용을 살펴보았더니 일본의 영어교과서를 모방한 것이 대부분이어서 깜짝놀란 적이 있습니다. 그런데 어디 나처럼 써서 되겠어요?" 하시는 것이다. 영어권에서 공부한 사람들이 영어교과서를 집필하면서도 일본 사람들이 쓴 것을 모방한다면 다른 교과서는 미루어 짐작할수 있지 않을까?

*

오늘날 대중들에게 가장 영향력이 큰 것이 텔레비전이나 신문임은 말할 나위가 없다. 그런데 텔레비전 프로그램이 내용이나 구성에서 일본 것을 많이 모방하고 있는 것은 널리 알려진 사실이다. 특정 프로그램이 일본의 것을 모방했다는 지적은 프로그램 개편이 단행될 때마다 누누이 지적되곤 한다. 소재, 포맷은 물론 제목, 스튜디오 구성까지 일본에서 방송중인 프로그램을 그대로 복사한 것이 버젓이 방송되는 예도 있다 한다.

『중앙일보』의 1996년 3월 13일자 기사에 따르면, 96년 봄철에 신설된 「정보특급 금요베스트 10」이라는 프로그램은 일본 NTV에서 지난해 11월부터 방송중인 「빛난다! 소문의 텐 베스트 쇼」를 거의 그대로 베껴 '세트까지 표절했다'는 비판을 받았으며, 연예인이 세계의 진기한 풍물, 오지를 직접 체험하는 「도전 지구탐험대」

라는 프로그램도 일본 NTV의 「감동 익스프레스」와 유사하다고 한다.

언젠가 함께 공부하는 학생들과 언론매체들의 일본 모방에 대해서 이야기했는데 그때 한 학생이 "선생님 모 방송의 「역사의 라이벌」이 참 참신하다고 생각하고 있었는데, 알고 보니 일본에서도 똑같은 프로를 하고 있대요" 하는 것이다. 그러자 여기저기서 "「풍물기행 세계를 가다」도 그래요" 하면서 비슷한 지적들이 연달아 쏟아져나와 이야기가 한없이 계속될 것 같았다. 그래서 내가 "텔레비전도 문제지만 신문은 더 문제라고 생각한다. 예를 들면 요즈음 신문들이 너나없이 'YS 가신(家臣) 그룹' 어쩌고 하는 표현을 쓰는데 이는 일본말이고 그것도 봉건제사회에서 쓰던 말이다. 그런데 신문들이 입만 뻥긋하면 일제잔재 청산 어쩌고 하면서 도대체 어떻게 이런 표현을 쓸 수 있으며, 더욱 한심한 것은 의식있는 국민들이 성금을 모아 만들어준 모 신문까지도 이런 표현을 서슴없이 쓰고 있으니 더이상 말할 필요가 있겠느냐" 하면서 그 이야기의 끝을 맺었다.

*

유치원에서 대학에 이르기까지 일본 교과서나 다름없는 교과서로 공부하고 만화나 텔레비전, 신문까지도 일본적 사고로 된 것을 읽고 보고 있다면 이미 정신구조가 일본화되었다고 할 수 있을 것이다. 그런데 새삼스럽게 일본의 어떤 문화를 수입할 것인가가 왜 논란이 되는지 나는 잘 납득할 수가 없다. 일본 만화, 영화, 음반 등 주로 일본의 대중문화 개방 문제가 논란이 되는 것 같은데 정신은 이미 다 들어와 있는 상태에서 그 껍데기만을 가지고 논쟁을 하고 있는 것이다.

한국에서 두려워하는 점은 우리들의 눈에 금방 띄는 가벼운 일본 대중문화가 한국에 상륙하자마자 한국의 대중문화를 압도하지 않을까 하는 것이다. 사실 이 두려움은 우리의 일본화된 정서나 정신·문화 구조 때문에 느끼지 못하는 사이에 아무 저항도 받지 않고 일본 문화가 들어와서 자리를 잡아왔던 보이지 않는 경험에서 생긴 것이다.

문화의 바탕이 이질적이거나 감정에 맞지 않으면 문호를 개방해도 다른 문화가 들어와서 뿌리를 내리지 못하는 것은 자명한 이치이다. 따라서 본색을 드러내고 들어오는 일본 문화의 개방 여부를 논하기 전에, 먼저 우리의 정신구조가 얼마만큼 일본화되어 있는가를 점검해보는 것이 올바른 순서일 것이다. 우리의 문화가 어디까지 우리 것이고 어디까지가 일본적인 것인가를 먼저 점검해보자는 이야기이다. 이러한 작업이 이루어지지 않고 일본 대중문화 수입 여부를 놓고 논쟁을 벌이는 것은 양옥에 살면서 피자를 먹어도 될지 어떨지, 양주를 마시면서 치즈를 먹어도 좋을지 어떨지 논쟁을 벌이는 것과 같다.

재작년 대입 면접시험에서 한 학생에게 "학교교육의 문제점이 무엇이고, 문제점이 있다면 그 이유를 말해보라"는 질문을 했더니 다소 엉뚱한 대답이 나왔다. "학생들 사이에 급속히 일본 문화가 확산되어 뜻도 모르면서 일본 노래를 부르는 현상이 나타나고 있는 것입니다." 왜 뜻도 모르면서 학생들이 일본 노래를 부르게 되었을까. 왜 일본에서 생긴 노래방이 서구에서는 먹혀들어가지 않는데 우리나라에서는 순식간에 전국을 휩쓸고 있을까 하는 의문이 다시 한번 들었다.

내 말을 듣고 있던 사와다 기자는 말없이 고개만 끄덕이는 것이었다. 인터뷰를 마치면서 나는 문득 일본에 유학 온 지 얼마 안된 한 여학생이 내게 들려준 이야기가 새삼스럽게 떠올랐다.

1980년대 초였던 것 같은데, 서울대 국문과를 졸업한 후 외국어대 동시통역대학원을 마치고 유학을 와서 와세다대학 어학연구소에서 공부를 하고 있던 여학생이었다. 그 여학생은, 내게 평소에 많은 도움을 주셨던 고려대학교 영문과 K교수가 일본에 가면 나를 한번 찾아가 도움을 받으라고 하셔서 연락하는 것이라며 전화를 걸어왔다. 그래서 나는 오오꾸마회관의 교수식당에서 식사를 대접하면서 일본에 와서 느낀 것을 물어보았다.

나는 원래 감각이 좀 둔한 사람인데도 유학생활을 오래 하다 보니 한국에서 유학생이 오면 성공할 수 있는 사람과 없는 사람을 구별할 수 있게 되었다. 유학 온 사람들 중 자기의 고정된 잣대를 가지고 모든 것을 재려는 학생은 대부분 실패하고, 고정관념을 버리고 백지상태에서 그림을 그리려는 학생은 대부분 성공한다. 그래서 후배가 찾아오면 먼저 그의 이야기를 들어보고 한국에서의 고정관념을 버리고 모든 것을 겸허하게 생각하고 받아들이도록 충고해주곤 했다.

그런데 그 여학생은 "한일합방을 전후한 시기에는 일본의 배후조종에 의한 단발령이나 일본 정부의 강요에 의한 일어 사용 등이 우리 것과는 너무나 이질적이어서 거부감을 가지고라도 저항했을 겁니다. 그런데 토오꾜오에 와서 보니 서울이 너무나 토오꾜오를 모방해서 이국에 왔다는 생각이 전혀 안 듭니다. 지금은 저항할 생각도 안 드니 큰일났습니다" 하는 것이다. 대부분의 사람들에게 토오꾜오에 와서 보고 느낀 소감이 어떠냐고 물어보면 서울과 별로 다른 게 없다고 시큰둥하게 말하는 게 보통인데 이 여학생은 대번에 우리나라가 일본화되어 있음을 간파해버린 것이었다. 나는 이 학생은 아무런 충고를 안해줘도 유학에 성공하겠구나 싶어 말없이 고개만 끄덕여주었다.

"적을 알고 나를 알면 백번 싸워 백번 이긴다"는 한신(韓信)의

금언을 새삼 되새길 필요도 없이, 일본에 대한 근본적이고 객관적인 인식이야말로 일본을 극복하는 길이 될 것이다. 다음 장부터는 그 바탕이 될 일본의 자연환경과 역사에 대해 자세히 얘기해보겠다.

제 2 부

●

역사를 알면 일본이 보인다

1. 일본의 자연환경과 민족성

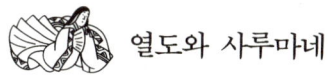 열도와 사루마네

일본은 동북아시아 해상에 자리잡고 있는 좁고 긴 열도로 되어 있다. 일본은 기원을 전후로 한 시기부터 동양문화의 중심지인 중국에서 선진문물을 받아들이면서 그들의 문화를 발전시켜나갔다. 일본열도는 중국이나 대륙의 문명지대로부터 그렇게 멀리 떨어져 있지 않았으므로 그 선진문화를 받아들여 야요이 문화(彌生文化, 한국의 영향을 받은 벼농사 중심의 농경문화로 BC 3세기에서 AD 3세기 사이에 꽃을 피운 문화), 아스까 문화(飛鳥文化, 백제의 영향을 받은 7세기 전반의 불교문화), 나라 문화(奈良文化, 8세기 당나라 영향을 받아 성립된 문화) 등을 차례로 발전시켜나갔다.

한편 한국 등은 중국과 이웃해 있었기 때문에 중국의 직접적인 영향에서 벗어나기 어려웠다. 그러나 일본의 경우는 당시 세계 최강이던 몽고의 두 차례에 걸친 침입이 실패한 사실에서도 알 수 있는 바와 같이 대륙과 적당한 거리를 두고 있었기 때문에 외부세계의 직접적인 영향이나 침략을 받지 않고 막번체제(幕藩體制) 등 독자성을 유지하면서 그들의 독특한 문화를 창출·보존해나갈 수 있었다.

일본은 이미 기원을 전후한 시기부터 한반도를 거쳐서 중국에 사절단을 파견하기 시작하였다. 우리나라의 삼국시대에 이르러서는 한반도 삼국과의 빈번한 관계는 말할 것도 없고 중국과도 본격적인 교류를 시작하였다. 그리하여 당나라시대에는 630년에서 894년까지 약 15년 간격으로 19회에 걸쳐 적게는 150명에서 많게는 500명에 이르는 유학생 중심의 '견당사(遣唐使)'를 파견하였다. 이 과정에서 일본은 외국의 선진문물을 자기 나라에 앉아서 소극적으로 받아들이는 것이 아니라 적극적으로 외국에 나가서 필요한 선진문물을 가지고 돌아오는 외국문물의 수입 패턴이 정착되었다.

근대화 과정에서 중국이나 일본은 다같이 철강산업을 일으키는 것이 근대화의 지름길이라고 생각하였다. 그래서 중국의 리훙장(李鴻章)이나 일본의 메이지 정부는 양무운동과 메이지 유신을 통해서 철강산업을 일으키는 데 모두 온 힘을 기울였다. 그런데 중국의 리훙장은 영국에는 가보지도 않고 중국에 앉아서 거금을 들여 용광로 두 개를 사왔는데 들여놓고 보니 중국의 실정에 맞지 않아서 할 수 없이 버렸다고 한다. 이에 반해서 일본은 영국에 미리 유학생을 보내 그들이 공부를 하고 돌아오는 길에 일본에 맞는 용광로를 사오게 하여 훌륭하게 근대화에 성공했다는 일화가 있다.

이 일화는 중국은 근대화에 실패하고 일본은 근대화에 성공할 수 있었던 데 대한 상징적인 이야기인데, 리훙장이 머리가 나빠서 실패를 하고 메이지 정부는 머리가 좋아서 성공한 것이 아니다. 중국은 적극적으로 남의 문화를 받아들여본 적이 없어 자기 나라에 가만히 앉아서 선진문물을 들여오려고 했기 때문에 실패한 것이고, 일본은 남의 문화를 받아들이는 데 익숙해져 있었으므로 습관적으로 사람을 보내서 공부를 시킨 뒤에 필요한 선진문물을 가지고 돌아오게 했기 때문에 성공한 것이다.

벌써 몇년 전의 일이다. 와세다대학에서 같이 공부하던 후배가 자기와 함께 대학을 졸업한 후 외무고시에 합격하여 주한일본대사관에 발령을 받고 내한한 일본인 친구를 데리고 인사를 왔다. 이런 저런 이야기를 하다가 그 일본인 친구가 고려대학교 대학원에 입학할 수 없느냐고 물었다. 그래서 근무를 하면서 어떻게 대학원 공부가 가능하겠느냐고 물어봤더니 자기는 처음 발령을 받았기 때문에 1, 2년 동안은 특정한 직무가 없고 자유롭게 현지 문물을 익힌다는 것이었다.

현지사정을 파악하고 익힐 때까지는 시간을 주고 기다린다는 이야기인데 가만히 생각해보니 1년이나 2년분 봉급이 아까운 생각도 들지만 한편으로는 그 사람이 현지사정을 잘못 파악하여 일을 그르치는 경우가 생기면 그 손해는 2년치 봉급보다도 훨씬 더 클 것 같았다. 일본 회사들이 아프리카나 여러 낯선 곳에 사원을 파견하면 현지사정을 파악하고 이해할 때까지 특정한 직무를 맡기지 않고 자유스럽게 현지사정을 익힐 수 있도록 하는 것과 같은 원리이다. 남의 문화에 대한 수용방법이 여기까지 응용되고 있는 것이다.

하나의 문화만 접하게 되면 응용해서 제3의 것을 창조해내지 못하고 그 문화를 그대로 따라가기가 쉽다. 그런데 옛날부터 일본에서 중국에 파견되는 유학생들이나 사절들은 큐우슈우(九州) 남쪽에서 양쯔 강 입구로 직행하는 남로(南路)와 한반도를 거쳐서 가는 북로(北路), 그리고 우리나라의 동해 쪽에서 발해를 거쳐서 가는 발해로(渤海路) 등을 이용했으므로, 그 과정에서 접촉하게 되는 다양한 문화들을 상호 비교하여 우수한 문화를 모방하거나 아니면 그보다 더 우수한 제2, 제3의 문화를 만들어낼 수 있었다.

일본에서 가장 인기있는 스포츠 중의 하나가 스모오(일본 씨름)이다. 스모오와 비슷한 씨름은 몽고나 한국에도 있는데 몽고 씨름을 보면 자유형 레슬링처럼 샅바를 매지 않기 때문에 자유롭기는 하지만 잡을 곳이 없어서 힘쓰기가 어려워 여간 애를 먹는 것이 아니다. 반면 한국 씨름은 샅바를 맨 채 처음부터 붙잡고 시작하기 때문에 힘을 쓸 곳이 있어서 편리하기는 하지만 기술이 한정돼 있고 좀 답답한 느낌이 든다.

따라서 웬만한 사람이 몽고 씨름과 한국 씨름을 보게 되면 몽고 씨름은 잡을 곳이 없어서 힘쓰기가 어려우니까 한국 씨름처럼 샅바를 매도록 해야겠다는 생각이 들고, 한국 씨름은 처음부터 붙잡고 시작하니까 답답하고 기술이 많지 않으므로 몽고 씨름처럼 떨어져서 시작하는 게 좋겠다는 생각을 하게 된다. 샅바는 매되 시작은 떨어져서 하는 씨름을 만들어내면 잡을 곳이 있어서 힘쓰기가 쉬운 데다가 시작과 동시에 달려들면서 샅바를 잡는 방법이 여러가지 있을 수 있고, 또 샅바를 잡은 다음부터는 한국 씨름만큼 여러가지 방법이 있어서 다양하고 동적인 씨름이 될 것이다. 일본 사람들이 대륙에 들락거리면서 몽고나 한국 씨름을 보고 만들어낸 것이 바로 이러한 스모오이다.

바둑은 일찍이 중국에서 발생하여 한국을 거쳐 일본으로 들어갔다. 한국의 순장바둑이 미리 여러 점을 놓고 시작하는 것으로 보아서 중국에서도 장점(丈點) 같은 곳에다가 미리 몇 점을 놓고 시작하지 않았나 생각된다. 따라서 웬만한 사람이 중국 바둑과 한국 바둑을 비교해보면 미리 두는 바둑돌이 많으면 많을수록 그만큼 수가 적어지고 더불어 재미도 줄어든다는 사실을 금방 알 수 있다. 중국 바둑과 한국 바둑을 본 일본 사람들이 바둑돌을 미리 장점에다 놓지 않고 처음부터 자유롭게 두기 시작한 것은 그 때문이었다. 그러니까 일본 바둑이 중국 바둑이나 한국 바둑보다 훨씬 재미있고 수가 무궁무진해진 것이다. 결국 중국이나 한국이 자기들 바둑을 제쳐놓고 일본 바둑을 따라 두게 되어 오늘날은 일본이 중국이나 한국을 제치고 마치 바둑의 종주국처럼 되어버렸다.

남의 것을 비교해보고 제3의 것을 만들어내다 보니까 남의 장단점을 빨리 파악하는 능력이 생기고 마침내 모방을 창조에 가까운 수준으로까지 끌어올릴 수 있게 되었다.

1970년대에 미국이 무역역조를 개선하기 위해서 수입을 강요한 것 중에 금속 야구방망이가 있다. 금속 야구방망이는 미국이 인공위성을 개발하는 과정에서 만든 재료를 사용한 것으로 당시 일본에서는 생산이 어려웠다.

일본의 야구 열기는 대단해서 예를 들면 매년 5월에 열리는 '코오시엔(甲子園) 고교야구대회'에서 우승한 투수는 국민적인 영웅이 되다시피 하고 1980년대 중반만 해도 프로팀에서는 당시에 7천만 엔쯤 주고 그 투수를 스카웃하는 것이 보통이었다. 사실 그런 선수 치고 빛을 보는 선수가 별로 없지만 그 선수를 스카웃함에 따라서 팀의 인기가 급상승하기 때문에 거금을 들여서 스카웃을 하는 것이다. 요즈음 우리나라 농구장의 오빠부대라는 것을 상상해보면 이해가 갈 것이다. 그 오빠부대를 동원하기 위해서 거금을 들여 코오시엔 우승투수를 스카웃한다. 그러니까 일본에서는 야구를 하는 고교생이라면 각 지역을 대표한 49개 팀이 출전하는 코오시엔 본선에 출전해보는 것이 꿈이다. 따라서 코오시엔 예선에 출전하는 학교 수만 해도 2천 개 이상이다. 일본의 야구 열기가 이 정도니 대일 무역적자에 시달리던 미국이 야구방망이라도 수출하려고 했던 것은 당연한 일이었는지도 모른다. 그런데 미국이 여러가지 구실을 붙여서 수입을 거부하던 일본을 굴복시키고 일본 시장에 상륙해보니 그 사이 일본에서는 더 훌륭한 금속방망이를 개발해서 시장에 내놓았더라는 것이다.

1980년대 초반에 미국이 일본에 대해서 끈질기게 수입자유화를 요구하던 품목이 쇠고기였다. 당시 미국산 쇠고기 값은 일본산 쇠고기 값의 3분의 1 정도였기 때문에 만약 미국산 쇠고기 수입이 자유화되면 일본 축산농가의 기반이 붕괴될 위험성이 있었다. 나 역시 농촌 출신인데다 언젠가는 한국에도 저런 압력이 밀어닥치겠지 싶어서 일본이 어떻게 대응하는가 예의 주시하고 있었다. 이것저것 핑계를 대며 그 수입을 기피하던 일본도 결국은 1984년경 미국의 압력에 굴복하여 할 수 없이 연간 5만 톤씩인가의 쇠고기 수입을 허용하게 되었다. '일본도 별 수 없구나' 하고 생각했는데 얼마 후 재미있는 일이 일어났다.

쇠고기 수입을 허용하고 나서 얼마 지나지 않아 우연히 텔레비전을 켰더니 목장이 많기로 유명한 홋까이도오에서 소를 지금보다 세 배나 빨리 성장시키는 사료를 개발했다는 뉴스를 내보내고 있는 것이었다. 이렇게 되면 일본산 쇠고기도 현재 가격의 3분의 1로 떨어진다는 이야기이고 따라서 일본산 쇠고기는 값으로도 미국산 쇠고기와 경쟁할 수 있다는 이야기이다. '역시 일본답다' 하는 생각에서 나도 모르게 무릎을 탁 쳤다.

세계를 휩쓸던 독일 카메라 '라이카'가 일본의 '캐논'이나 '니콘'에 밀려서 문을 닫은 지 오래다. 오늘날 일본 카메라가 세계를 휩쓸어 '카메라' 하면 일본이 연상될 정도다. 오늘날 일본이 미국한테 배운 기술을 가지고 미국 자동차시장을 석권하고 있는 것도 좋은 예가 될 것이다.

일본의 외국문물 수입은 이미 그 패턴이 체질화되었고, 외국문물끼리도 서로 비교해보아 제3의 것을 만들어내며, 마침내 종주국을 능가하는 단계에 와 있다. 일본의 이런 모방문화에 대해서 우리나라에서는 어쩐지 남의 것을 슬쩍하는 것 같아 좋지 않게 생각하거나 심지어는 멸시하는 것이 사실이다. 그러나 일본에서는 워낙 모방문화가 발달하다 보니까 오히려 모방을 능력있는 것으로 생각하는 경향이 있다.

‘사루마네(さるまね)’라는 말이 있는데 ‘사루’는 우리말로는 ‘원숭이’이고 ‘마네’는 ‘흉내를 낸다’는 뜻이니 원숭이처럼 흉내를 잘 낸다는 말로 생각하기 쉽다. 그러나 원래 ‘사루마네’라는 말은 오다 노부나가(織田信長)의 부하였던 토요또미 히데요시(豊臣秀吉)가 원숭이처럼 생겨서 오다 노부나가가 그를 부를 때에 ‘사루’라고 불렀는데, 그가 워낙 모방을 잘했기 때문에 생긴 말이다. 일본에서의 사루마네는 남의 것을 슬쩍하거나 멸시받는 사람이 아니라 능력있고 남의 것을 잘 모방하는 사람을 가리키는 것이다.

 지역성과 타협·공존

　좁고 긴 일본열도의 자연·지리적 성격은 복잡성과 지역성을 동시에 가지고 있다. 좁고 긴 섬나라인 일본열도는 해안선이 들쭉날쭉하고 산지와 고원과 평야가 뒤엉켜 있는데다가 급류가 무수히 많고 적지 않은 호수가 산재해 있어서 각 지역마다 지형도 성격도 다르다. 이러한 요인들이 국토 전반의 생활자원 분포에 고도의 복잡성을 주고 각 지역의 생활에 편차를 만들어낸다. 게다가 일본열도는 각 지역이 산과 강과 바다로 나뉘어 있기 때문에 각각 지역성을 달리하게 된다. 따라서 어떤 지역은 다른 지역과 분리·독립되어 나름대로의 한계 속에서 생활자원을 획득하며 독자적인 생활권을 지켜나갈 수밖에 없다.

　어느 나라나 그 나라의 역사를 시대로 구분할 때에는 보통 고대, 중세, 근대로 나눌 수 있는데 중세 봉건제사회의 중요한 특징은 타협과 균형 속에서 상호 공존하는 지방분권에 있다. 그런데 일부 서구나 일본 학자들 중에 일본은 지방분권적인 중세 봉건제사회를 거치는 동안 타협과 균형 속에서 상호간에 공존하는 훈련을 받았기 때문에 다양한 가치가 공존하는 근대 시민사회로의 이행이 순조롭게 진행되었지만, 중국이나 한국은 중세 봉건제사회를 거치지 않았기 때문에 근대 시민사회로의 이행이 어려웠다고 주장하는 사람들이 있다. 일본은 민주주의가 성립될 수 있는데 한국에서는 민주주의가 꽃피기 어렵다는 이야기이다.

이에 대해서 그들의 그러한 주장은 일본의 역사 발전은 미화시키고 중국이나 한국의 역사 발전은 왜곡시키기 위한 것이라며 일본에도 중세 봉건제사회가 존재하지 않았다고 주장하는 분들이 있었다. 대학시절에 나도 그런 내용을 읽고 자기 역사를 미화시키기 위해 어떻게 이렇게 있지도 않은 중세 봉건제사회를 있다고 할 수 있는가 하고 흥분했었다.

그런데 일본 역사를 공부하다 보니 한국에 중세 봉건제사회가 존재했는지, 그리고 또 근대 시민사회로 이행하기 위해서는 반드시 중세 봉건제사회를 거쳐야 하는지 어떤지는 한마디로 단정하기 어렵지만, 일본에 거의 서구와 같은 지방분권적 봉건제사회가 존재했던 것만은 분명하다는 것을 알게 되었다. 카마꾸라 막부 시대(鎌倉幕府時代, 1185~1333)나 무로마찌 막부 시대는 물론이고 에도시대도 전국이 약 300명의 영주에 의해서 분할통치되던 지방분권 시대였음이 틀림없다.

그리스에 일찍부터 수백 개의 독립된 폴리스가 공존하던 도시국가 체제가 발달할 수 있었던 것도 동서남북으로 달리는 산들이 그리스 국토를 바둑판 모양으로 나누어놓아 고립된 각 지역들이 독자적인 생활을 지켜나갈 수 있었기 때문이다. 일본에서도 각 지역이 독립하여 독자적인 생활권을 지켜나가는 봉건적인 지방분권 시대가 전개될 수 있었던 중요한 요인은 각 지역이 산과 강과 바다로 나뉘어 있고 그 성격도 각각 달랐기 때문이었다고 생각한다. 오늘날 일본 사람들이 때로는 이해가 상반되는 문제에 대해서 서로 타협하며 상호 공존해나가는 근본적인 힘은 각 지역의 독립성과 그에 바탕을 둔 지방분권 사회에서 오랫동안 훈련을 받아온 결과인 것이다.

 ## "5천만 명분은 밖에서 벌어와야 한다구"

일본 민족은 쌀을 주식으로 한다. 그런데 일본은 땅이 협소한데다가 높고 험준한 산이 많아 2천 미터 이상 되는 산만 해도 72개나 된다. 때문에 골짜기가 깊고 하천은 급류라서 농사를 지을 수 있는 땅이 아주 적다. 예를 들면 '산의 나라'라고 일컬어지는 스위스의 경우 국토의 총면적 중 농사를 지을 수 있는 땅이 26%인 데 비해 일본의 경우는 20%도 채 안된다.

일본 민족은 그들의 부족한 식량을 찾아서 대외진출을 시도했다. 대외진출이 평화적인 방법으로 이루어질 때에는 무역이라는 형태를 띠게 되지만 그것이 여의치 못할 때에는 침략이라는 형태로 나타나게 되는 것이다. 그 대상은 자연히 가까운 한반도가 되지 않을 수 없었다.

『삼국사기』에 의하면 왜가 50여 차례 이상 신라에 침입한 것으로 되어 있는데 그 노략질이 하도 심하여 문무왕(661~680)이 "내가 죽으면 나라를 지키는 용이 되어 왜적을 막겠으니 바다에 묻어달라"는 유언을 남길 정도였다. 왜구의 발호는 고려 말기부터 시작되어 임진왜란에 이르러서는 더욱 심해졌다. 왜구들은 100척 이상의 규모로 경상도, 전라도, 충청도, 경기도를 거쳐 황해도와 평안도까지 출몰하여 지방에서 조세를 거두어 서울로 올라가는 곡물운반

선을 노략질하였다. 조선시대에는 3포라는 무역창구를 개설하여 왜구의 약탈행위를 막아보려고 하였다. 그러나 그들에 대한 통제는 임진왜란의 한 원인이 되기도 했다. 왜구는 우리나라에만 나타난 것이 아니고 멀리 중국 연안에까지 나타나서 명나라의 멸망 원인이 되기도 하였다.

귀국을 앞둔 어느 날 가족들을 데리고 인사차 지도교수 댁을 방문한 적이 있다. 오랜 지도를 받았을 뿐만 아니라 내 학문을 만들어주시고 많은 감화를 주신 분이기 때문에 내게는 부모와 다를 바 없는 분이셨다. 그분도 근 10년 가까이 지도했던 제자의 귀국에 감회가 새로웠던지 밤늦도록 여러가지 말씀을 해주셨다. 그중 가장 기억에 남는 것은 "일본의 인구는 약 1억 2천만 명쯤 되는데 일본은 땅덩어리가 작아서 잘해야 7천만 명분밖에는 생산할 수 없기 때문에 결국 5천만 명분은 밖에서 벌어와야 한다. 그런데 모든 것이 순조로운 지금은 구미에서 벌어오지만 어느 땐가 그것이 여의치 않게 되면 결국 아시아 쪽으로 눈을 돌릴 것이고 그 경우에 제일의 타깃은 한국이 될 수밖에 없을 것이다. 어떻게 하다가 김군과 내가 사제지간이 되었는데 다 같이 역사를 공부하는 사람으로서 양국간에 불행한 일이 일어나지 않도록 노력해야 할 것이다" 하는 말씀이다.

일본 사람들은 좀처럼 자기 속에 있는 말을 하지 않는다. 역사 발전에서 인간의 의지를 도외시한 면은 있지만 이 말씀은 평생을 역사연구에 바쳐오신 분으로서 일본 역사를 자연환경과의 관계에서 거시적으로 보신 혜안이고 그분이 나에게 마지막으로 주신 '혼네'의 선물이었다.

2. 고대 씨성제사회와 직업의식

 중도 세습하는 나라

씨성제사회와 직업의식

일본열도는 기원 전후 시기에 약 100여 개로 분립돼 있던 소국가들이 3세기에 이르러 30여 개로 통합되면서 히미꼬(卑彌呼)라는 여왕이 통치하는 야마따이국(邪馬臺國)을 중심으로 한 지역연합국가의 색채를 띠게 된다. 그러다 5, 6세기경 이 야마따이국이 중심이 된 지역연합국가를 대신해서 야마또 조정(大和朝廷)을 중심으로 하는 통일국가가 야마또 지역에 들어서게 되는 것이다.

야마또 조정의 조직은 당시 고구려, 백제, 신라 3국처럼 관료기구가 정비되어 직무가 분장(分掌)되어 있는 것이 아니라 소가(蘇我)씨, 모노노베(物部)씨, 오오또모(大伴)씨, 나까또미(中臣)씨 등 유력한 호족들이 막대한 사유지와 사유민을 소유하고 조정에서 직무를 분담하는 연합정권 형태를 취하고 있었다. 이들 호족들은 세습적으로 야마또 조정의 직무를 분담했는데 그들은 혈연과 세습

적인 직무를 나타내는 '씨(氏)' 이외에 야마또 조정에서의 정치적
지위를 나타내는 '성(姓)'이라는 것을 따로 가지고 있었다. 645년
다이까 개신에 의해서 대륙과 같은 율령국가가 등장할 때까지 존재
한 것으로 생각되는 이와같은 조직을 일반적으로 '씨성제(氏姓制)'
라고 부른다.

예를 들면 이 '씨성제'하에서 국가재정을 담당하던 소가씨는 '오
미(臣)'라는 성을 가지고 있었고, 군사를 담당하던 모노노베씨는
'무라지(連)'라는 성을 가지고 있었다. 그들의 직무가 그 자손들에
게 대대로 세습됨에 따라 그들의 직업도 자연히 세습되었다. 씨성
제사회가 무너진 뒤에도 직무 세습의 전통은 여러가지 형태로 전해
져 내려왔다.

무로마찌 막부 시대에는 3관 4직(三管四職)이라는 말이 있었는
데, 이는 막부의 정무를 총괄하는 최고직인 칸레이는 '시바(斯波)
씨' '호소까와씨' '하따께야마(畠山)씨'의 3씨족만이, 사무라이(侍)
를 관장하는 사무라이도꼬로(侍所)의 장관은 '아까마쯔(赤松)씨'
'잇시끼(一色)씨' '야마나(山名)씨' '쿄오고꾸(京極)씨' 등 4씨족만
이 세습한다는 뜻이다. 에도시대의 직무 분화와 세습도 그와같은
맥락이라고 할 수 있을 것이다. 오늘날 일본에서 한가지 직업을 수
백년 또는 수십대씩 세습하고 있는 것도 바로 이런 데서 비롯된 것
이다.

이와같이 직업이 세습되는 사회에서 가문을 빛내는 길은 출세가
아니라 자기 직업에 성실하여 그 분야에서 일본 제일이 되는 것이
며, 직업을 이어받는 사람이 자연히 재산도 물려받는다. 자식이
그 직업에 적합하지 않거나 이어받기를 거부하면 사위나 양자에게
자기의 직업과 '씨(氏)'와 재산을 물려준다. 일본에 일찍부터 양자
제도가 발달한 것은 이 직업 세습과 무관하지 않다.

이미 돌아가셨지만 일본에서 대학을 나오신 은사 한 분이 일본에

오신 적이 있다. 일본에 대해 이런저런 이야기를 하다가 화제가 자연스럽게 일본인들의 직업의식으로 옮겨졌다. 내가 일본인의 직업 세습의 역사성과 양자제도에 대해서 말씀드렸더니 "내 친구 중에 자기 집에서 사진관을 하던 사람이 있는데 메이지 천황의 처음 사진을 자기 집에서 찍었다고 하면서 그것을 대단한 자랑거리로 생각했지. 그 친구는 문학을 좋아해서 그 많은 재산과 사진관은 양자로 들어온 자기 매부에게 주고 자기는 문학을 한답시고 평생 꾀죄죄하게 살았어. 그러면서도 그 친구는 자기가 사진관을 물려받았으면 지금처럼 사진관이 번창하지 못했을 것이라고 하면서 자기 매부가 물려받은 것을 천만다행으로 생각하고 있는 거야" 하시면서 동감을 표시하시는 것이었다.

럭비 스타가 유리가게 주인으로

럭비는 일본에서 대단한 인기를 누리고 있는 운동으로, 정초에 열리는 전국 선수권대회에는 6, 7만 명 이상의 관중이 몰려든다. 내 지도교수는 일본을 대표하는 학자이신데 당신이 와세다대학 럭비부 부장을 맡고 계실 때 와세다대학이 우승한 것을 항상 자랑스럽게 이야기하실 정도였다.

유학 초기인 1970년대 후반으로 기억되는데, 우연히 텔레비전을 켜니까 지금은 이름을 잘 기억할 수 없지만 당시 신닛떼쯔(新日鐵) 팀의 주장이면서 동시에 일본 대표팀 주장으로 국민적 인기를 누리고 있던 마쯔모또인가 하는 선수의 은퇴기념 경기를 하고 있었다. 중계내용을 들어보니까 그 선수 아버지가 후꾸오까에서 유리가게를 하는데 이제 나이가 많아서 유리 배달을 할 수가 없어 그 선수가 내려가서 직업을 이어받기 위해 은퇴를 한다는 것이었다.

당시 나는 그 선수가 왜 일류기업의 과장 자리와 국민적 인기를 팽개치고 돈과 명예에서 비교도 안되는 구멍가게를 하기 위해 낙향을 하는지 잘 이해가 되지 않았다. 그러나 씨성제사회의 전통 등 일본 역사에 대한 공부가 깊어지고 일본 실정에 익숙해지자 그의 심정을 점차 이해할 수 있게 되었다.

귀국을 얼마 안 남겨둔 시기로 기억되는데, 일본 최고 명문인 후지와라씨 일족으로 천황에게 시가(詩歌)를 가르치는 것을 업으로 하고 있던 레이제이(冷泉)가에서 천황에게 시가를 가르치면서 남긴 400년분의 일기가 발견됐다고 해서 매스컴이 난리를 친 적이 있다. 그 집안도 천황에게 시가를 가르칠 수 있는 가인이 400년 동안 계속해서 나온 것이 아니라 끊임없이 양자를 들이면서 그 전통을 이어온 것이다. 당시에도 중학교 선생님인 딸밖에 없어서 사위가 대를 잇고 있었다.

중도 세습하는 나라

일본에 간 직후였다. 모 의과대학에서 성적이 많이 모자라는 학생을 기부금을 받고 입학시킨 사건이 발생하여 매스컴이 떠들썩했다. 마음속으로 '나쁜 놈들' 하고 욕을 하면서 우리나라에서 일어나는 일이 여기서도 일어나는구나 생각하고 처음엔 대수롭게 여기지 않았다. 그런데 신문들이 며칠을 두고 계속해서 떠드는 것이었다.

대관절 그까짓 일을 가지고 왜들 이렇게 떠드는가 싶어서 신문 내용을 자세히 읽어보니, 기부금을 받고 학생을 입학시킨 데 대해서 신문의 논조가 둘로 갈라져 있어서 그렇게 소란스러운 것이었다. 비판적인 기사는 우리들이 흔히 생각할 수 있는 것으로 성적이 그렇게 모자라는 학생을 돈을 냈다고 해서 입학시킬 수 있느냐는 내용이라서 금방 이해가 갔다.

그런데 두둔하는 쪽의 내용이 재미있었다. 가만히 보니까 기부금을 내고 입학한 학생은 의사의 아들인데 그 학생의 입학을 두둔하는 신문들의 논조는 그 학생이 성적은 다른 사람보다 모자라지만 의사의 가정에서 자라났기 때문에 몇점의 성적보다도 더 값진 의사로서의 소양을 가지고 있을 수 있다는 것이었다. 거기다가 학교 발전을 위해서 막대한 기부금까지 냈는데 그런 학생을 받아들인 것이 무엇이 나쁘냐는 것이다. 당시에는 도저히 이해가 되지 않았다. 그래서 일본놈들은 이상하다고 하더니 정말 그렇구나 하고 생각하면서 지나쳤다.

일본에서는 사적인 직업의 세습은 말할 나위가 없고 공적인 직업도 사회적인 묵인 속에서 세습되는 일이 많다. 일본에는 2세 국회의원이 많다. 근래에만 해도 하또야마(鳩山) 전 총리의 뒤를 이은 그의 아들, 키시(岸) 전 총리의 후계자가 된 사위 아베 신따로오(安倍新太郞), 타나까(中田) 전 총리의 뒤를 이어서 당선된 그의 딸, 후꾸다(福田) 전 총리의 후계가 된 그의 아들 등 헤아릴 수 없을 만큼 많다. 그리고 활약이 돋보이는 사람들로는 미야자와(宮澤)·하따(羽田)·호소가와 전 총리, 코노(河野) 전 자민당 총재, 일본 정계개편의 주역인 오자와(小澤), 현 총리인 하시모또(橋本) 등을 들 수 있다. 1990년 총선에서 중의원에 당선된 자민당 의원 227명 중 40%가 넘는 91명이 2세 의원이었다. 이것은 본인의 의사 못지않게 선거구민들이 그것을 인정해주고 있음을 의미하는 것이다.

일본적인 경영의 대명사처럼 되어 있는 것이 종신고용제와 더불어 본인이 퇴직한 뒤에 원한다면 그 자녀를 그 사람 대신으로 채용해주는 제도이다. 이 자녀채용 제도도 결국은 직업의 세습과 같은 맥락이라고 볼 수 있다.

시꼬꾸(四國) 출신으로 대학원에서 같이 공부하던 친구가 있는

데 헌칠하게 잘생겼을 뿐만 아니라 학문적인 재능도 있었다. 여학생한테도 인기가 있어서, 본 일은 없지만 사귀고 있는 여학생도 같은 과 출신의 미인이라고 소문이 나 있었다. 그런데 그 친구가 얼마 동안 학교에 보이지 않더니 어느 날 갑자기 머리를 빡빡 깎고 나타났다. 일본 학생들이 머리를 빡빡 깎고 다니는 일이 드물지는 않지만 이상한 생각이 들어서 옆에 있는 친구에게 어떻게 된 일이냐고 물어보았다. 그랬더니 그 친구 대답이, 그의 아버지는 시꼬꾸에서 주지승으로 있는데 아버지 뒤를 이어서 중이 되기 위해서 이번에 연수를 받느라고 머리를 깎고 왔다는 것이었다. "그러면 사귀는 여학생도 중의 부인이 되어서 시꼬꾸로 따라간다는 말이냐"고 다시 물었더니 "물론"이라고 대답하는 것이다. 중도 세습하는 나라가 일본이다.

 **"아무 보람도 없는 교수를 왜 합니까"**

20년을 기다린 출판사

직업을 세습하고 직업에 성실한 것이 가문을 빛내는 일이 되니 일본인은 자기 일에 긍지를 가지고 전력을 다하지 않을 수가 없다.

『모로바시 대한화사전(諸橋大漢和辭典)』이라는 13권짜리 한자사전이 있다. 이 책은 한자에 대해서 모든 뜻과 용례를 제시하고 있는 가장 완벽한 사전으로 우리 돈으로 100만원 이상 가지만 우리 나라에서도 한문과 관련된 공부를 하는 학자라면 누구나 한 질은 가지고 있다. 오늘날에는 한자의 본고장인 중국에서도 이 사전을 수입해다 쓰는 정도이다. 이 『모로바시 대한화사전』은 모로바시

(諸橋)라는 사람이 일생을 걸쳐서 만들다가 너무 열중한 나머지 눈이 멀게 되어 나중에는 자기가 구술한 것을 아들에게 기록하게 하여 만든 책으로 유명하다. 눈이 멀면서까지도 자기 일에 전력을 다하는 이런 생각이 바로 직업의식일 것이다.

1980년대 전반이라고 생각되는데, 40대 후반에 공부를 시작해 80세가 넘어서 동양의 모든 한방을 번역·해설하여 다섯 권으로 된 최고의 한방서를 편찬한 사람이 있었다. 그 노인은 사관학교 출신으로 일본 패망 당시 40대로 대좌였는데 할 일이 없어진데다가 인생을 새로 출발할 수 있는 나이도 지났기 때문에 '내 나이 50이 다 돼가는데 지금부터 무엇을 할 것인가'를 생각해봤다는 것이다. 그 결과 동양의 모든 한방을 모아서 번역·해설하기로 결심을 했다고 한다.

그러나 한방을 번역하기 위해서는 한약에 대한 지식뿐만 아니라 한문에 대한 지식도 필요하기 때문에 그때부터 한약 공부를 하면서 한문도 공부하기 시작했다. 그래서 40여 년간의 각고의 노력 끝에 마침내 불후의 대저를 출판한 것이다.

나도 잘 알고 있는 히라노 쿠니오(平野邦雄)라는 유명한 일본 고대사학자는 일본 고대사 관계로 유명한 요시까와꼬오분깐(吉川 弘文館)이라는 출판사에서 전7권으로 된 『일본 고대인명 사전』이라는 유명한 사전을 출판했다. 그 서문을 보면, 그 책을 출판하기 20여 년 전인 대학원시절에 고서를 다루던 중 고대인명 사전 출판의 필요성을 느끼고 요시까와꼬오분깐에 신청하여 연구비를 받았다고 한다. 그런데 작업을 하다 보니 어느덧 20여 년이 지나 이제야 출판을 하게 되었는데 그 사이에 출판사가 한번도 독촉을 한 일이 없다고 밝히면서 감사의 뜻을 표하고 있다. 20여 년간에 걸쳐 사전을 만들어낸 학자의 직업의식도 훌륭하지만 훌륭한 책을 내기 위해서 20여 년간이나 말없이 기다려준 출판사의 직업의식도 칭찬

할 만하다. 이런 직업의식들이 훌륭한 상품과 작품을 만들어내는 것이다.

일본에 야하따(八幡)라는 세계적인 제철소가 있다. 이딸리아측의 요청으로 일본 기술진이 이딸리아에 그와 똑같은 제철소를 세워준 일이 있다. 그런데 일본 것과 마찬가지로 완전히 컴퓨터로 작동되고 거기에다가 새것인데도 불구하고 이딸리아 제철소는 적자가 계속되었다. 할 수 없이 이딸리아측이 80여 명의 일본 기술자들을 초빙해 운영을 맡겼더니 1년 만에 도처에 쌓여 있던 철광석 찌꺼기──이 표현이 맞는지 모르겠는데 철광석에서 철을 빼고 난 뒤의 찌꺼기를 이렇게 표현한 것이다──가 없어지고 흑자로 돌아섰다. 그래서 이딸리아측에서 일본 기술진에게 1년 더 있어줄 것을 요청하였다. 결국 컴퓨터로 움직여도 그것을 조작하고 운영하는 사람들의 성의와 노력에 따라서 같은 철광석에서도 철을 많이 뺄 수도 있고 적게 뺄 수도 있다는 이야기이다.

"아무 보람도 없는 교수를 왜 합니까"

와세다대학 본교 캠퍼스와 문학부 캠퍼스 사이 네거리의 한 모퉁이에는 '산죠안(三朝庵)'이라는 조그만 음식점이 있다. 그 집 아주머니는 큐우슈우 출신으로 좀 수다스러웠는데, 내가 가면 자기 인척 중에 누군가가 일제시대에 한국 사람과 결혼한 적이 있다고 친한 척하며 수다스럽게 말을 걸어오곤 했다.

그 아주머니는 산죠안이 그 자리에서만 100년 이상 장사를 해오고 있으며 산죠안이라는 간판으로 장사한 지는 300년이 넘었다고 하면서, 자기 집 소바(메밀국수)가 일본에서 제일 맛이 있다고 언제나 자랑을 늘어놓는다. 그 아주머니의 시아버지는 70이 넘었는데도 아직 건강하게 일을 하고 계신데 그 집 벽에는 그 할아버지가 어렸을 때 오오꾸마 시게노부의 집에 소바를 배달하던 사진이 걸려 있다. 자기 집 소바가 맛이 있어서 와세다대학 설립자이고 총리를 지낸 오오꾸마 시게노부도 시켜 먹었다는 것이다.

그 아주머니는 케이오오대학과 와세다대학에 다니는 두 아들이 있는데 아무도 이 소바집을 물려받으려 하지 않는다고 불평을 늘어 놓으면서, 자기도 이 노렌(상점 앞 입구에 옥호를 써 걸어놓은 천. 이 경우에는 직업을 의미한다)의 중요성을 40이 넘어서야 깨달았는데 저 아이들이 지금 알겠느냐며 자기는 그들이 노렌의 중요성을 깨닫고 돌아오기를 기다리고 있다고 했다. 그러면서 자기는 누구든지 이 소바집을 이어받는 사람에게 이 집과 재산을 물려주겠다고 분명히 선언했다는 것이었다.

나는 그 이야기를 듣고 케이오오대학이나 와세다대학 같은 명문 대학을 다니는 아들을 소바 장사를 시키는 것이 아까운 생각이 들어서 엉겁결에 "자제들이 정 소바집을 하기 싫어하면 다른 일을 시키면 되지 않겠습니까?" 했더니 그 아주머니가 눈이 둥그래지면서 "그러면 무엇을 시키면 좋겠어요?" 하고 묻기에 "대학교수 같은 것을 시키면 좋지 않겠습니까" 하고 대답하니 그 아주머니가 다시 정색을 하면서 "말이나 소처럼 일이나 하고 아무 보람도 없는 교수를 왜 합니까?" 하는 것이다.

기가 막혀서 "그러면 소바집은 무슨 보람이 있습니까?" 하고 되물었더니 "소바집이 왜 보람이 없어요. 와세다대학을 졸업한 사람이 수만명인데 옛날 생각이 나서 이 근처에 왔다가 옛날에 먹던 소바 생각이 나서 우리 집을 찾아오거나, 시골에서 일이 있어 토오꾜오에 왔다가 소바 생각에 우리 집을 찾았다가 없으면 얼마나 섭섭하겠어요. 그뿐만이 아니에요. 와세다에서 공부한 다른 나라 사람들도 찾아와요. 한국에서 국무총리까지 하신 분인데 그분도 일본에 오시면 꼭 우리 집에 들러 옛날 이야기를 하다 가셨습니다. 그리고 우리 집 앞에 있는 아나하찌만(穴八幡) 신사는 장사가 잘되게 해달라고 비는 신사라서 1년 내내 참배객이 끊이지 않는데, 그중 어떤 사람은 할아버지나 아버지가 '내가 옛날에 아나하찌만 신사에 참배하러 갔다가 그 앞에 있는 산죠안에서 소바를 먹은 적이 있는데 이번에 네가 가면 그 집이 그대로 있는지 보고 오너라' 해서 왔다는 사람들도 많아요. 그런 사람들이 왔다가 우리 산죠안이 없으면 얼마나 섭섭하겠어요. 나는 그 사람들을 기다리고 있는 것입니다. 그런데 사실 요즈음에는 소바보다는 햄버거를 좋아하는 학생들이 늘어서 어떤 사람이 자기가 이 집을 헐고 양옥 3층집을 지어서 1, 2층은 자기가 영업을 하고 3층은 우리가 살게 해주고서 월세 200만 엔씩을 내겠다고 제안을 해왔어요. 이 집에서 내가 한 달에 버는 돈은 200만 엔에 턱없이 못 미치지만 거절했습니다"라고 대답하는 것이다. 그 아주머니의 이야기를 들으니 바로 이런 것이 직업의식이로구나 하는 생각과 함께 뭐라 꼬집을 수는 없지만 이 아주머니가 자기 직업에 대한 확고한 사명감 같은 것을 가지고 있다는 것을 느낄 수 있었다.

어느 날 날씨도 덥고 해서 소바나 먹을까 하고 점심을 먹으러 산죠안에 갔다. 사람들이 웅성거리고 있기에 무슨 일이 일어났는가 싶어서 안쪽을 들여다보니 방송국에서 그 집 할아버지와 인터뷰를 하고 있는 것이었다. 내가 엉거주춤하니 문간에 서 있으니까 그 집 아주머니가 나를 알아보고 빨리 들어오라고 손짓을 했다. 안으로 들어가 한쪽 귀퉁이에 서서 무슨 인터뷰를 하는가 싶어서 들어보니 그해가 와세다대학 설립 100주년이 되는 해라서 와세다대학에서 기념사업을 하기 위해 사회와 동문들로부터 200억 엔을 목표로 모금을 하고 있는데 산죠안에서 500만 엔을 헌금한 것이었다. 조그마한 소바집에서 500만 엔이라는 거금을 희사했기 때문에 깜짝 놀란 방송국에서 취재를 나온 것이었다.

그러나 내가 놀란 것은 500만 엔이라는 액수가 아니고 그 할아버지의 인터뷰 내용이었다. 기자가 "어떻게 이렇게 조그마한 소바집에서 500만 엔이라는 거금을 희사하게 되었느냐"고 물으니까 평소에 말이 없고 일자무식인 것 같던 그 할아버지가 "우리 산죠안은 이 이름으로 300년간 장사를 했고 이 자리에서만 100년을 장사했다. 이 자리에서 100년 동안 장사를 하면서 잘살 수 있었던 것은 순전히 와세다대학 덕분이다. 그러니까 와세다대학이 잘되는 길이 곧 우리 산죠안이 잘되는 길이다. 와세다대학이 잘되기 위해서 모금을 하는데 어떻게 우리 집에서 가만히 있을 수 있겠는가. 그래서 내가 가지고 있는 돈 500만 엔을 전부 희사하게 된 것"이라고 당당한 태도로 대답하는 것이었다. 직업의식이 뚜렷하면 이런 생각까지도 할 수 있는 것이로구나 하는 생각이 들었다.

나는 그 인터뷰 내용을 들으면서 문득 옛날에 내가 알고 지내던 조각가 한 분의 말이 떠올랐다. 그분은 국전에서 대통령상까지 받은 꽤 유명한 분인데 "삼국시대의 불상을 보면 기법은 뛰어나지 않을지 모르지만 거기에는 작가의 혼이 깃들여 있다. 삼국시대에 불상을 조각한 사람은 불교신자였기 때문에, 그들은 단순히 불상을 조각한 것이 아니라 자신의 신앙의 대상을 조각했다. 그러니 거기에는 조각가의 혼이 들어 있는 것이다. 그런데 현대의 조각품은 조각가가 단순히 하나의 상품으로만 조각을 한 것이기 때문에 기법은 뛰어날지 모르지만 작가의 혼이 들어 있지 않다"면서 현대의 상품화된 작품들을 비판한 적이 있다. 산죠안도 불상을 조각하는 삼국시대 조각가의 심정으로 소바를 만드는 것이 아닐까 하는 생각과 함께 일본 사람들은 상품을 단순히 상품으로만 만드는 것이 아니라 직업의식을 가지고 만들기 때문에 거기에는 그 사람의 정신이 들어 있고 그래서 일본 상품이 세계를 석권할 수 있는 것이 아닐까 하는 생각이 들었다.

5천 엔짜리 가죽창 구두

이런 의식을 가지고 장사를 하고 물건을 만들게 되면 자기 상점을 찾아주거나 자기 물건을 알아주는 고객을 어떻게 대할 것인가는 능히 짐작할 수 있다. 자기 집을 찾아주는 고객은 자기가 만든 상품을 일본 제일이라고 알아주는 사람인 것이다. 그러니 '고객은 왕이다'라는 말이 나올 만하다.

일본에 간 지 얼마 안됐을 때인데 신쥬꾸에 있는 오다뀨우(小田急) 백화점에 들렀다가 마침 창이 가죽으로 된 구두가 눈에 띄었다. 가볍고 모양이 좋아 보여서 별 생각 없이 얼른 샀다. 신어보니 가볍고 좋기는 한데 일주일쯤 지난 어느 날 비가 내리자 물이 새는 것이 아닌가. 뒤에 안 사실이지만 가죽창 구두는 비가 올 때는 물이 스며들기 쉬워서 자가용을 타는 사람 정도나 신는 구두이지 나 같은 학생이 신는 것이 아니었다.

일본 친구에게 "이 구두가 산 지 일주일밖에 안됐는데 비가 새" 하고 불평을 했더니 그 친구는 "백화점에 가져가서 이야기를 하면 바꿔줄 거야" 하면서 백화점에 가보자는 것이었다. 벌써 일주일이나 신었기 때문에 설마 하고 망설이고 있었더니 그 친구가 끝다시피 해 할 수 없이 못 이기는 체하고 따라나섰다.

백화점에 가서 나는 미안해서 말을 못하고 그냥 서 있는데 그 친구가 전후 사정을 이야기하니까 담당직원이 서너 번이나 허리를 굽혀 절을 하면서 미안하다고 사과를 하고서는 다른 구두로 바꿔줄까 현금으로 돌려줄까 물어보는 것이다. 다른 신발을 준비해 가지 못하기도 했지만 현금으로 무르기도 미안해서 다른 구두로 바꿔 신었다. 그 순간, 이런 것이 바로 신용이고 이렇게 해야 손님이 믿고 찾아오겠구나 하는 생각이 들었다.

돌아오는 전철 안에서 이런 신용이 어디서 비롯되었을까 곰곰이 생각해보았다. 역시 철저한 직업의식에서 오는 것이 아닐까. 그 일이 있은 뒤에 한국에서 아는 사람이 와서 쇼핑을 하겠다고 하면 무조건 오다뀨우 백화점으로 안내를 했다. 아마 10년 가까이 일본에 있으면서 내가 그 백화점에 소개해서 팔아준 상품이 수백만엔 어치는 될 것이다. 오다뀨우 백화점은 내게 5천 엔짜리 가죽창 구두 한 켤레를 물러주고 수백만엔 어치의 물건을 판 것이다.

 대미 무역흑자 천억 달러의 비결

최근 10여 년간 미국의 연간 대일 무역적자는 600억 달러에서 천억 달러 사이를 왔다갔다하고 있다. 대미 무역흑자 폭이 커지는 것이 양국관계에서 바람직하지 않다고 본 일본이 대미수출을 상당히 자제하고 있는데다 10여 년 동안에 일본의 엔이 미국의 달러에 대해서 세 배 가까이 강해졌는데도 불구하고 이 정도다. 그래서 미국이 슈퍼 301조다 무엇이다 하면서 일본에 압력을 가하고 있지만 속수무책이다.

1990년 기준으로 미국의 기술개발력을 100으로 했을 때 일본은 55.08, 독일은 38.71이다. 기술력으로는 미국의 절반 수준밖에 안 되는 일본이 거꾸로 미국에 대해서 연간 천억 달러 가까운 무역흑자를 내고 있는 것이다. 결국 미국과 중복되는 기술인 경우 일본이 완전히 미국을 압도하고 있다는 이야기다.

대나무밭에 버린 1억 엔

대학 후배 중에 와세다대학에서 같이 공부하던 사람이 있다. 집안형편이 넉넉한데도 불구하고 열심히 아르바이트를 해서 스스로 학비를 조달했기 때문에 유학생들의 귀감이 되던 사람이다. 요즘과는 달리 당시는 형편이 넉넉해도 고학을 하여 공부하는 것이 미덕이었다.

그 후배는 유학 초기에는 자동차로 싣고 온 맥주 박스를 받아서 창고에 쌓는 아르바이트를 했다. 그런데 그가 하루는 "일본놈들 참 지독합디다. 일본 친구 한 사람과 같이 아르바이트를 하는데, 일을 하다가 힘이 들어서 담배 한 대만 피우고 하자고 해도 못 들은 척하고 남이 보나 안 보나 정해진 휴식시간 외에는 쉬지 않고 계속 일을 하는 거예요. 도저히 같이 따라할 수가 없어요. 같은 돈을 받기가 미안하더라고요" 하더니 결국은 그 일을 그만두고 말았다. 일본 학생을 도저히 따라잡을 수가 없었던 것이다.

요즈음 우리나라에서 외국인 노동견습생 문제가 심심치 않게 거론되고 있다. 그런데 당시에는 우리나라 사람들이 일본에서 노동견습생으로 일을 하는 경우가 많았다. 나는 일본에 오래 살다 보니 그런 사람들을 많이 만났다. 요즈음 외국인들이 우리나라에 노동견습생으로 오는 것을 보면 격세지감을 느낌과 동시에 우리나라에 와 있는 외국 노동자들의 가슴에 못을 박는 일이 없었으면 하는 마음 간절하다.

일본의 시골을 여행하다가 우연히 김해가 고향인 사람으로 양돈단지에서 일하고 있다는 건장한 청년을 만났다. 그 청년은 새마을 지도자인가에 뽑힌 사람으로, 돌아가서 최신 양돈장을 경영할 꿈을 가지고 기숙사생활을 하면서 의욕에 차서 일을 하면서 배우고 있었다. 자연히 일본 사람들이 일하는 모습에 대한 이야기가 나왔는데, 그 청년이 "일본 여자 한 사람이 같이 일을 하고 있는데 돼지들에게 사료를 줄 때 어깨에 20kg짜리 사료를 두 포대씩 메고 계속 뛰어다니는데 내가 따라가지 못할 정도입니다. 그 여자를 따라

하다가 처음 한 보름간은 코피를 다 흘렸어요. 일본 사람들 지독합디다" 하면서 혀를 끌끌 차던 생각이 난다. 일본 사람들이 일벌레라고 일컬어지고 1년에 과로로 쓰러지는 사람이 3만여 명이라는 신문보도가 이해가 갈 만하다.

1989년 일본에서 타께따(竹田)라는 사람이 현금 1억 엔인가 2억 엔을 대나무밭에 버린 사건이 일어나서 한국 신문에까지 난 적이 있다. 대나무밭에서 그렇게 큰 돈이 발견됐기 때문에 긴장한 경찰은 마약이나 범죄에 관련된 돈이 아닌가 싶어 수사에 착수했다.

조사해보니 마약이나 범죄에 관련된 돈이 아니고 중소기업을 경영하는 타께따라는 사람이 돈을 벌었는데 어디 적당히 쓸 곳은 없고 가지고 있자니 불안하여 대나무밭에다 버린 것이다. 돈을 쓸 곳은 생각해보지도 않고 일만 열심히 하다 보니 돈은 벌었는데 어디다가 쓸지는 모르겠고 기부를 하거나 가지고 있자니 돈이 많다고 소문이라도 나게 되면 혹시 누가 자기를 노리지나 않을까 하는 불안감에서 돈을 갖다 버린 것이다. 무슨 목적을 가지고 돈을 번 것이 아니라 일만 열심히 하다 보니 그 돈을 어떻게 써야 할지 잘 모르는 사람들이 일본 사람들이다.

1990년 1년 동안 LA의 UCLA에 가서 연구할 수 있는 기회가 있었다. 미국에 가면 무엇보다도 급한 것이 운전면허증을 취득하는 일이다. 면허를 취급하는 DMV(Department of Motor Vehicles)에 가서 수속을 밟기 위해 기다리고 있는데 간단한 서류인데도 불구하고 길게 늘어선 줄이 도무지 줄지 않는 것이었다. 왜 그런가 하고 보니 마음씨 좋게 생긴 담당자 아주머니가 관계서류를 타이핑하고 있는데, 긴 인공손톱을 붙이고 있어 타이핑을 할 수 없으니까 볼펜을 거꾸로 들고 그 볼펜머리를 가지고서 타이핑을 하는 것이 아닌가. 거기에다가 4시 반쯤 되니 일을 벼락같이 걷어치우고 퇴근 준비를 하는 것이다. 여유있어 좋아 보였지만 일의 능률은 어떨까 싶었다.

나는 남매를 두고 있는데, 큰애는 일본에서 성장해서 일본에서 유치원 과정 2년, 국민학교 과정 1년을 마쳤기 때문에 일본말을 잘하는 편이다. 그런데 귀국한 뒤에는 거의 일본말을 사용할 기회가 없어 완전히 잊어버렸다. 일본에서 귀국한 지 몇년 만에 이번에는 영어를 사용하는 미국에 간 셈인데 미국에서는 6학년에 편입시켰다. 처음에는 좀 고생을 했는데 한 6개월쯤 지나니 친구들과의 사소통도 어지간히 되고 별문제가 없었다.

그런데 어느 날 큰애가 헐레벌떡 집으로 뛰어들어와서는 "엄마! 엄마! 사또오(佐藤)라는 일본 애가 우리 반에 편입해왔는데 내가 통역을 해줬어" 하는 것이었다. 영어를 못하는 사또오군은 미국 애들이 뭐라고 하니까 답답해서 일본말로 몇마디 한 것 같은데 우리 애가 그애의 말뜻을 이해하고서는 미국 애들한테 통역을 해준 모양이었다. 사또오군은 구세주를 만난 기분이었고 알고 보니 집도 바로 우리 옆집이어서 자연히 친해졌다.

사또오군의 아버지는 한 가구회사 과장인데 LA지점으로 부임해왔다고 했다. 사또오군의 어머니와 나의 아내도 서로 친해졌기 때문에 언제 한번 만나 부부가 함께 식사라도 하자고 했더니 사또오군의 아버지가 회사에서 매일 밤 10시나 11시가 돼야 돌아오기 때문에 그럴 시간이 없다는 것이다. 일본 사람들은 역시 일벌레라는 생각과 함께 볼펜으로 타이핑을 하다가 4시 반만 되면 퇴근 준비를 하던 DMV의 아주머니 생각이 났다. 거기에 일본의 대미 천억 달러 무역흑자의 비밀이 숨겨져 있는 것이다.

교수보다 많은 교사의 봉급

애들을 일본 학교에 다니게 했다가 귀국한 뒤에는 한국 학교에 다니게 하고 이번에는 다시 미국 학교에 넣었기 때문에 애들이 학교생활에 잘 적응하는지 어떤지 궁금해서 아무래도 학교에 관심을 가지고 자주 가보게 되었다. 그런데 내가 갈 때만 그런지 선생은 발을 책상 위에다 올려놓고 반쯤 누워서 책을 보고 있고 애들은 애들대로 떠들고 있는 모습이 자주 눈에 띄었다. 공부 분위기가 자유롭고 창의적이라고 할 수 있을지는 모르지만 도대체 성의나 사명감 같은 것은 찾아볼 수가 없다. 그래서 미국 친구에게 왜 미국 선생들은 이렇게 성의가 없느냐고 불평을 했더니 국민학교 선생님은 방학 때는 봉급이 없기 때문에 아르바이트를 해야 할 만큼 대우가 나쁘고 따라서 성의도 없고 우수한 사람이 선생이 되려고 하지도 않는다는 것이었다. 그래도 옛날에는 여성들이 직장을 얻기가 어려워서 우수한 여성들이 교직으로 많이 몰려 그런대로 교사들의 수준이 괜찮았는데 지금은 여성들의 직장 진출이 쉬워져서 그마저 기대하기 어렵게 됐다는 것이다.

와세다대학에서 같이 공부하던 친구 중에 지방의 국립대학 교수로 근무하고 있는 친구가 있는데 그가 몇년 전에 국민학교 교사인 부인과 함께 한국에 여행을 왔다. 내가 자동차를 가지고 그 친구 부부가 묵고 있는 호텔에 갔더니 그 친구가 한국에서는 대학교수가 자동차를 굴릴 수 있느냐고 물으면서 자기 집에서는 자기 부인만 차를 가지고 있고 자기는 없다는 것이었다. 이상하게 생각돼서 "왜 대학교수인 당신은 차가 없고 국민학교 교사인 부인만 차를 가지고 있느냐"고 물었더니 자기는 국가공무원이기 때문에 봉급이 많지 않은데 자기가 살고 있는 현은 비교적 재정이 괜찮아서 지방공무원인 부인은 자기보다 많은 봉급을 받으니까 자동차를 사서 타고 다니고 자기는 자전거를 타고 다닌다는 것이었다.

일본의 초중등학교 교사들은 비교적 보수도 괜찮은데다가, 오늘날 일본 기업체들이 밤 9시나 10시가 돼야 일이 끝나기 일쑤인 데 비해 교사들은 5시만 되면 퇴근할 수가 있고 방학도 있고 퇴직 후에도 연금이 보장되어 있어서 교사는 가장 인기있는 직업의 하나이다. 일본에서는 교사들에 대해서 그만큼 배려를 하고 있는 것이다. 그러니까 우수한 사람들이 교직을 찾고 사명감을 가지고 아이들을 돌본다. 미국과 일본은 인간을 기르는 교육에 대한 투자가 서로 다른 것이다. 여기에 일본 경제가 미국 경제를 압도해가는 비결 하나가 숨겨져 있다.

3. 중세 무가사회의 전통

 사무라이란 무엇인가

　'사무라이'라고 불리는 무사(武士)는 우리가 일반적으로 생각하는 것과는 그 의미가 좀 다르다. 일본에서 사무라이가 생겨나기 시작한 것은 10세기경으로 생각된다.

　원래 인민과 토지를 호족이 사유(私有)한 고대 '씨성제'하에서는 호족들간에 서로 더 많은 인민과 토지를 차지하기 위하여 싸움이 끊이지 않았다. 이 호족들간의 싸움을 종식시킬 수 있는 방법은 강력한 왕권이 출현하여 호족을 억누르고 인민과 토지를 국가가 보유하는 '율령제(律令制)'밖에는 없었다. 당시 율령제는 당나라나 한반도 삼국에서 시행되고 있었기 때문에 호족세력을 누르고 율령제로 개혁을 단행할 수 있는 세력은 거기서 공부하고 돌아온 유학생이나 유학승들밖에는 없었다.

　이럴 때에 당과 신라에서 돌아온 유학생들이 중심이 되어 당시 조정의 실권을 장악하고 있던 소가씨를 타도하고 씨성제사회를 율령제사회로 전환시키는 개혁을 단행했다. 이것이 메이지 유신과 더불어 일본 역사상 2대 개혁의 하나라고 일컬어지는 645년의 '다이까 개신'이다.

그러나 모든 토지를 국가가 소유하고 관료나 일정한 연령에 오른 사람들에게 토지를 균등하게 분배했다가 죽을 때 국가가 그 토지를 환수하는 율령제도 시간이 지남에 따라서 토지를 지급받아야 할 관료나 인민의 수는 늘어나는데 나누어줄 토지는 부족해 결국 8세기 후반에 들어가면서 더이상 시행될 수 없게 되었다. 지급할 토지가 부족하자 국가가 토지 회수나 분배를 포기했기 때문이다.

이에 몰락한 농민들은 토지를 버리고 유랑하게 되고, 힘이 있는 신사(神社)나 사원, 그리고 귀족이나 지방호족들은 유랑농민들을 모아 토지를 개간하거나 방치된 토지를 모아 방대한 장원을 형성하게 되었다. 다시 토지의 사유가 인정되는 장원제가 나타나게 된 것이다. 장원의 소유자인 영주는 국가 공권력이나 다른 세력으로부터 스스로를 보호하기 위하여 자기의 장원을 명목상으로는 중앙의 유력한 귀족에게 기증하고 자신은 실질적인 재지영주(在地領主)로서 그 토지를 계속해서 소유·관리해나갔다. 당시 가장 유력한 귀족인 후지와라씨는 기증받은 토지가 한때 전국 장원의 12분의 1이나 되었다.

율령제하에서는 국가가 인민에게 토지를 분배하는 대신에 인민에게 병역의무를 지웠으나 율령제가 무너지고 장원제가 시행됨으로써 인민에게 병역의무를 지울 수 없게 되자 조정은 각 지방의 치안을 그 지방 호족들에게 일임했다. 이에 재지영주들은 장원의 치안유지나 외부로부터의 침입 또는 국가의 간섭을 배제하기 위하여 무장하기 시작했다. 그리하여 전국적으로 개인적 무력집단 즉 무사계급이 발생하게 된 것이다. 무사층은 내부적으로 일족이나 추종자, 하인, 예속농민 등을 무장시킨 소집단이었다. 그들은 그 지방에서는 낭도들을 거느린 소집단의 왕자이지만 중앙에 올라가면 귀족들을 호위하는 사람에 지나지 않았다. 존귀한 사람을 호위한다는 의미의 '사부라우(侍)'라는 말이 명사화되어 '사무라이(侍)'라는 말이 생기고 한자 표현도 '侍'에서 '武士'로 바뀌기 시작한 것이다. 따라서 당시에는 사무라이라고 하면 우리가 일반적으로 생각하는 것처럼 단순히 칼을 차고 다니는 무사라기보다는 낭도를 거느린 우리나라의 장군과 같은 존재였다.

당시 각지에서 발생한 소(小)무사단의 결합에 중심적인 역할을 한 것이 미나모또(源)씨, 타이라(平)씨, 후지와라(藤原)씨 등이었다. 이들은 군사력을 갖지 못한 조정을 대신해서 변방의 난을 평정해나가는 동안 그 세력을 확대하면서 일족 내 또는 다른 무사들과의 결속을 다져나갔다. 그 과정에서 자연히 무사단 사이 또는 무사단 내부에 세습적인 주종관계가 생겨나게 되었다.

12세기가 되면 이들은 중앙귀족의 요청으로 권력투쟁에 개입하고 마침내 타이라씨와의 싸움에서 승리한 미나모또 요리또모(源賴朝)가 무가의 패권을 장악한 다음에 1185년 토오꾜오 근처의 카마꾸라(鎌倉)에 독자적으로 막부를 설치하여 쇼오군에 취임하였다. 이것이 일본 최초의 사무라이 정권인 카마꾸라 막부이다.

카마꾸라 막부는 주종관계를 맺고 있는 사무라이들을 각지의 군사나 경찰 또는 토지관리의 책임자로 임명함으로써, 일본열도에는 귀족과 천황을 중심으로 한 쿄오또의 조정과, 사무라이들을 중심으로 한 카마꾸라의 막부라는 두 개의 정권이 병존하는 시대가 왔다.

그러나 조정과 막부의 대립도 1221년 조정과 무가(武家)와의 싸움에서 무가가 승리함으로써 공가(公家)에 대한 무가의 우위가 확립되고 카마꾸라 막부의 지배권은 전 일본열도에 미치게 되어 일본열도에는 무가사회가 형성되기 시작했다.

한편 막부에 의해서 각 지역의 책임자로 임명된 사무라이들은 그 지위가 세습됨에 따라 카마꾸라 막부와의 관계는 점차 약해지고 그 지역에서 영주로서 독자적인 세력을 형성해나가기 시작하였다. 이렇게 해서 일본열도에는 무가를 중심으로 지방분권적인 봉건사회가 자리를 잡아나갔다.

카마꾸라 막부에 이은 무로마찌 막부 시대에는 지방분권화가 더욱 촉진되어 무로마찌 막부는 각지의 유력한 영주들에 의한 연합정권의 성격을 띠었다. '다이묘오'라고 불리던 영주들은 각자 독자적인 가신단을 조직하고 분국법(分國法)을 제정하여 독자적인 지배권을 확립해나갔다. 한 지역의 왕과 같은 존재인 다이묘오들의 독자성이 강화됨에 따라 그들에 대한 막부의 통제권이 약화되고 마침내 100여 명의 다이묘오들이 100여 년간 할거하면서 서로 싸우는 전국시대(戰國時代, 1467~1568)가 왔다.

전국시대 말기가 되면 전국을 제패하기 위한 다이묘오들의 대립이 극에 달하게 된다. 그 대표적인 것이 스루가와(駿河)의 이마가와(今川)씨, 미까와(三河)의 토꾸가와(德川)씨, 카이(甲斐)의 타께따(武田)씨, 에찌젠(越前)의 아사꾸라(朝倉)씨, 에찌고(越後)의 우에스기(上杉)씨, 오와리(尾張)의 오다(織田)씨, 미노(美濃)의 사이또오(齊藤)씨, 쮸우고꾸(中國)의 모오리(毛利)씨, 오다와라(小田原)의 호죠오(北條)씨 등으로 이들을 통일하여 100여 년간의 대립을 종결시킨 인물이 오다 노부나가, 토요또미 히데요시, 토꾸가와 이에야스(德川家康)이다.

먼저 오다 노부나가가 기내(畿內) 지역을 대충 통일해놓고 죽자 그 뒤를 이은 토요또미 히데요시가 천하통일을 달성(1590)하였다. 그러나 토요또미 히데요시가 임진왜란중에 병사하자 토꾸가와 이에야스는 그 뒤를 이어 천하를 통일한 다음 지금의 토오꾜오에 에도 막부를 세웠다. 에도 막부는 전국을 약 300명의 다이묘오들에게 분배함으로써 지방분권적인 봉건사회를 제도화시켰다. 다이묘

오늘은 큰 성을 중심으로 죠오까마찌(城下町, 도시)를 조성한 다음 거기에는 사무라이나 상인과 공인들만 거주하게 하고 농민은 농촌에서만 살게 함으로써 철저한 직업분화와 병농분리를 실시했다. 1867년 메이지 유신이 일어날 때까지 계속된 이 막번체제하에서는 지금까지와는 달리 사무라이들이 호족으로서 농촌에 거주하는 것이 금지되고 영주에게 봉공하는 가신(家臣)으로서 시내에 거주하면서 공무를 담당하게 되었다.

우리가 일반적으로 생각하는, 칼을 차고 시내를 활보하는 사무라이가 여기서 생겨난 것이다. 그러나 이때의 사무라이는 단순한 칼잡이가 아니라 문무를 겸비하여 공무를 담당하는 사람으로 우리나라의 양반과 같은 존재였다.

 동생을 이혼시켜 시집보낸 히데요시

동생을 이혼시켜 시집보낸 히데요시

일본말에 '이끼노꼬루(生殘)'라는 말이 있다. 이 말은 '살아남는다'는 뜻으로 100여 명의 영주들이 100여 년간 서로 살아남기 위하여 발버둥치던 전국시대의 모습을 생생하게 전해주고 있다. 100여 개의 지방으로 나뉘어서 100여 년간 싸우던 당시는 살아남는 것만이 최대의 가치였다. 절대 강자가 없는 속에서 살아남기 위해서는 서로 타협하면서 공존하는 길밖에 없었다.

100년간 계속된 전국시대의 혼란을 종식시킨 오다 노부나가, 토요또미 히데요시, 토꾸가와 이에야스 이 세 사람은 일본 역사상 최대의 인물로 시대에 따라 일본의 상징적인 인물로 부각되면서 국민적인 사랑을 받고 있다. 세 사람은 일본의 각 특성을 대표하는 성격을 가지고 태어났다.

오다 노부나가는 성격이 불같이 급하고 결단력이 있는 반면에, 토요또미 히데요시는 대단히 꾀가 많은 인물이고, 토꾸가와 이에야스는 여섯살 때부터 13년간이나 인질생활을 한 탓에 대단히 신중하고 인내심이 강한 인물이다. 세 사람을 상징적으로 비교하는 이야기가 있다. 당시에 좀처럼 울지 않는 새가 있었는데 세 사람에게 이 새를 울리게 하면 오다 노부나가는 새에게 울라고 명령을 한 다음 그래도 울지 않으면 그 자리에서 칼로 목을 베어버리고, 토요또미 히데요시는 무슨 수를 써서라도 울리고, 토꾸가와 이에야스는 언젠가는 울겠지 하고 새장 밑에 드러누워 기다린다는 것이다. 우리말로 표현하면 오다 노부나가는 용장, 토요또미 히데요시는 지장, 토꾸가와 이에야스는 덕장이라고 할 수 있을 것이다.

최종적으로 일본을 통일하여 에도 막부 260년의 기업(基業)을 닦은 사람은 때를 기다리는 토꾸가와 이에야스였지만, 난마와 같이 뒤엉킨 전국시대를 대충 통일하여 가닥을 잡아놓은 인물은 역시 불 같은 성격에 결단력 있던 오다 노부나가였다. 그러나 오다 노부나가는 그 불 같은 성격 때문에 결국 부하인 아께찌 미쯔히데(明智光秀)에게 살해되고 같은 부하였던 토요또미 히데요시가 아께찌 미쯔히데를 제압하고 오다 노부나가의 기반을 이어받게 되었다. 기반을 이어받은 토요또미 히데요시는 거의 천하를 통일하고 오직 동쪽의 강자인 토꾸가와 이에야스만 남겨놓게 되었다.

토꾸가와 이에야스는 인내의 천재였다. 그는 이마가와 요시모또(今川義元)의 인질로 있을 때 그의 조카사위가 되었는데 그가 오다 노부나가에게 죽은 뒤에는 오다 노부나가와 동맹관계를 맺고 그것을 공고히하기 위해 이번에는 오다 노부나가의 딸을 며느리로 맞이했다. 토꾸가와 이에야스의 부인 입장에서 보면 원수의 딸을 며느리로 맞아들인 셈이었다. 이런 관계로 이에야스의 부인과 그녀의 영향을 받은 아들 토꾸가와 노부야스(德川信康)는 며느리와 그 친정아버지인 오다 노부나가를 못마땅하게 여겼다.

이런저런 것이 이유가 되어 오다 노부나가는 토꾸가와 이에야스에게 자기의 사위인 토꾸가와 노부야스와 그 생모를 할복시킬 것을 명령했다. 토꾸가와 이에야스는 오다 노부나가의 요구를 받아들일 것인가 저항할 것인가를 놓고 고민하다가 아직은 때가 아니라고 판단하고 그의 요구를 받아들여 아들과 부인을 할복시키고 오다 노부나가와 동맹관계를 유지해나갔다. 이것이 '이끼노꼬루'인 것이다.

오다 노부나가가 죽은 뒤에 그 기반을 이어받은 토요또미 히데요시는 거의 천하를 통일해놓고 최종적으로 동쪽의 강자인 토꾸가와 이에야스만을 남겨놓고 있었다. 꾀보였던 토요또미 히데요시는 만약 토꾸가와 이에야스와 싸워서 이기면 다행이지만 승리하지 못하면 천하의 패자(覇者)로서의 위신에 결정적인 타격을 입게 되는만큼 어떻게든 싸우지 않고 꾀로써 토꾸가와 이에야스를 굴복시킬 궁리를 했다.

그래서 생각해낸 것이 여동생인 아사히히메(朝日姬)를 토꾸가와 이에야스에게 출가시키면 토꾸가와 이에야스가 자기의 손아래 매제가 되므로 자기와의 사이에는 자연히 상하관계가 확정되고 천하의 패업이 완성된다는 묘수였다. 그런데 마침 토꾸가와 이에야스는 상처를 하여 그의 정실 자리가 비어 있었다. 그러나 불행하게도 하나밖에 없는 여동생인 아사히히메는 이미 나이가 40이 넘었고 거기에다가 결혼해서 금실 좋게 잘살고 있었다. 할 수 없이 그는 여동생을 이혼시킨 다음 토꾸가와 이에야스에게 시집을 보내기로 결심하고 아사히히메를 불러 설득을 했다. 동생이 그 말을 들을 턱이 없었고 어머니를 위시해 가족들이 펄펄 뛰며 난리가 났다.

그러나 토요또미 히데요시는 동생에게 "네가 만약 토꾸가와 이에야스에게 시집을 가지 않으면 나와 토꾸가와 이에야스가 결전을 하지 않을 수 없다. 이기더라도 수만명의 사람이 죽게 된다. 만약에 지게 된다면 어머니와 우리 가족은 물론 너와 네 남편까지도 전부 죽는다. 너 한 사람만 희생하면 우리 가족과 네 남편은 물론 수만명의 생명을 구할 수 있는데 그들을 위해서 희생할 수 없다는 말이냐. 사실은 희생도 아니다. 지금의 네 남편은 이름도 없는 존재지만 토꾸가와 이에야스는 일국의 왕이다"라고 설득했다. 결국 아사히히메는 설득되었다.

토요또미 히데요시가 겨우 아사히히메의 승낙을 받아 토꾸가와 이에야스에게 혼인을 제안하자, 그냥 복종을 하자니 면목을 잃어 다음을 기약할 수 없고 그렇다고 대항해서 싸우자니 이길 자신이 없어서 무엇인가 타협책을 생각하고 있던 토꾸가와 이에야스도 선뜻 아사히히메를 정실로 맞아들였다. 이렇게 하여 두 사람간에는 자연스럽게 상하관계가 이루어짐으로써 토요또미 히데요시는 천하통일을 달성할 수 있게 되었고, 토꾸가와 이에야스는 체면을 손상시키지 않고 위기를 모면함으로써 후일을 기약할 수 있게 되었던 것이다. 이와같이 적과도 타협하고 웃으면서 공존하던 시대가 전국시대였다. 당시에는 살아남는 것만이 가치의 전부였다.

굴욕을 참고 기회를 기다리고 있던 토꾸가와 이에야스는 토요또미 히데요시가 임진왜란중에 병사하자, 드디어 칼을 빼어 1600년 세끼가하라(關ヶ原) 싸움에서 히데요시의 아들인 히데요리(秀賴)를 격파하고 대망의 천하를 차지했다. 그후 토꾸가와 이에야스는 토꾸가와 일족과 가신 그리고 1600년 세끼가하라 싸움 이후에 복속한 다이묘오들에게 전국을 나누어주었다.

카마꾸라 막부 이래 다이묘오는 독자적으로 일족과 가신을 거느리고 있었다. 뿐만 아니라 그들도 부하를 형성하고 일정한 지역과 농민을 지배하는 피라미드 형태의 지배구조를 형성하고 있었으므로 오다 노부나가나 토요또미 히데요시 그리고 토꾸가와 이에야스가 비록 천하를 통일했다고는 해도 그렇게 간단하게 다이묘오를 교체할 수 있는 것은 아니었다. 그렇기 때문에 오다 노부나가나 토요또미 히데요시도 마찬가지였지만 토꾸가와 이에야스도 천하를 통일한 뒤에 자기 일족이나 가신뿐만 아니라 1600년 세끼가하라 싸움 이후에 복속한 다이묘오들에게도 땅을 나누어주고 자기 일족이나 가신 출신 다이묘오들로 하여금 그들을 철저히 감시하게 하였던 것이다. 적과도 타협하고 공존하는 것이 당시의 일본 사회였다.

"후보자 이름을 한번도 꺼내지 않았어"

적까지도 끌어들여 타협하고 공존하는 자세는 오늘날에도 유지되고 있다. 일본 국회는 참의원과 중의원으로 구성되어 있고, 총리는 500명으로 구성된 중의원에서 선출하게 되어 있다. 자민당은 1955년 창당 이래 최근까지 40년 가까이 500명의 중의원 의원의 과반수를 약간 웃도는 의원을 당선시킴으로써 여당의 지위를 유지해오고 있다. 자민당이 40년 가까이 정권을 장악할 수 있었던 것은 교묘한 파벌정치에 그 원인이 있었다. 파벌정치의 대명사로 불리는 자민당에는 내가 유학하고 있던 10년 가까운 기간에 타나까파, 후꾸다파, 오오히라(大平)파, 나까소네(中曾根)파, 코오모또(河本)파 등 5개 파벌이 연합과 대립을 되풀이하고 있었다. 이런 구도는 그 전과 후에도 기본적으로는 변함이 없었다. 각파는 대략 총리를 선거하는 중의원 의원을 30~80명 정도 확보하고 있고, 5개 파벌로 된 자민당은 중의원 의원의 과반수를 약간 넘는 의원을 확보하고 있어서 5개 파벌 중의 어느 한 파벌만 이탈해도 자민당이 정권을 장악할 수 없게 되어 있었다.

그러나 어쨌건 총리선출권을 가지고 있는 중의원의 과반수를 점한 자민당 당수가 곧 총리가 될 수 있기 때문에 자민당의 당수선거는 곧 총리선거라고 할 수 있다. 그런데 자민당 당수에 선출되더라도 국회의 총리선거에서 당수선거에 불만을 품고 5개 파벌 중 한 개 파벌만이라도 이탈하면 총리가 될 수 없으므로, 자민당 당수 선거에서는 무조건 다수결 원칙만으로 선출하는 게 아니라 결과에 불만이 생기지 않도록 선거에 앞서 5개 파벌의 영수들이 모여서 사전 조정을 한다. 만약 합의가 이루어지지 않으면 할 수 없이 선거를 하게 되는데 그 경우에는 총리선거에서 이탈세력이 나올 수 있으므로 불만세력이 생기지 않도록 완전합의에 이를 때까지 협의를 계속한다. 이 과정에서 각파별로 장관직이라든가 당직 등이 철저히 안배된다. 자민당 당수 선출은 사실상 정권의 향방을 결정하는 과정이므로 일본의 전 매스컴이 떠들썩하고 텔레비전에서는 거의 중계하다시피 한다.

내가 유학하는 동안 '카꾸·후꾸(타나까 카꾸에이 전 총리와 후꾸다 타께오 전 총리를 지칭하는 말이다) 전쟁'이다 '원한'이다 하고 싸우면서도 합의가 안되어 선거를 실시한 것은 두 번밖에 없었던 것으로 기억한다. 선거를 하면 서로 원한이 생기므로 선거를 하지 말고 타협으로 당수를 선출해야 한다는 것이다. 이런 당수선출 과정이 바로 국민들이나 매스컴에서 비판하는 '밀실정치'이다.

1970년대 말 타나까 카꾸에이(田中角榮) 전 총리와 후꾸다 타께오(福田赳夫) 전 총리 간의 대립이 절정에 달해서 타나까·오오히라·나까소네 3파 연합세력이 지지하는 외교에 능한 나까소네와 후꾸다·코오모또 양파 연합세력이 지지하는 경제전문가 코오모또를 놓고 양 진영간에 협상이 난항을 겪고 있었다. 조정이 이루어지지 않아 결국은 선거에 의해서 선출할 수밖에 없게 되었다. 그러나 이렇게 되면 앞에서 말했듯이 당내에 불만이 남게 된다. 그래서 선거공고 마감시간을 14시간 남겨두고 각파에서는 후보가 속해 있는 나까소네파와 코오모또파를 제외하고, 타나까파를 대표한 니까이도오(二階黨), 오오히라파를 대표한 스즈끼(鈴木) 전 총리, 후꾸다파를 대표한 후꾸다 타께오 전 총리 등 70대의 3인에게 전권을 위임한 뒤에 호텔에다 집어넣고 마지막 협상에 임하도록 했다. 협상은 역시 난항을 거듭하다가 결국 선거공고 제한시간인 그날 자정을 넘기고 호텔에 들어가서 협상을 시작한 지 14시간 만에 결렬된 채로 끝이 났다. 70대 노인 세 사람이 호텔방에서 14시간 동안 초인적인 협상을 계속했던 것이다.

그동안 거의 중계방송을 하다시피 하면서 기다리던 텔레비전 기자가 지친 표정으로 호텔방을 나서는 세 사람 중에서 먼저 후꾸다 전 총리를 붙잡고 니까이도오씨와 스즈끼씨가 누구를 지지했느냐고 물어보았다. 두 사람이 나까소네를 지지하는 것은 세상이 다 아는 사실이었다. 그러나 후꾸다 전 총리의 대답은 엉뚱하게도 "저쪽에서 후보자 이름을 한번도 꺼내지 않았어"라는 것이었다. 기자가 이번에는 니까이도오씨와 스즈끼씨를 붙잡고 후꾸다씨가 누구를 지지하더냐고 물어보았다. 그러자 두 사람의 대답도 후꾸다씨와 마찬가지로 "저쪽에서 후보자 이름을 한번도 꺼내지 않았어"라는 것이었다. 후꾸다씨가 코오모또씨를 지지한 것도 세상이 다 아는 사실이다. 결국 양측은 구체적인 후보 이름은 거론하지 않고 조건만 가지고 싸운 것이다.

니까이도오씨와 스즈끼씨는 국제정세가 긴박하게 돌아가고 있으니 경제전문가보다는 외교에 능한 사람을 뽑아야 한다고 주장한 반면 후꾸다씨는 지금은 일본 경제가 어려우니 외교에 능한 사람보다는 경제전문가를 뽑아야 한다고 주장한 것이다. 후꾸다씨가 나까소네씨를 반대한 것은 세상이 다 아는 사실인데도 14시간의 협상과정에서 후꾸다씨가 나까소네는 안된다는 말을 한 적이 한번도 없고, 니까이도오씨나 스즈끼씨가 코오모또씨를 반대한 것도 세상이다 아는 사실이지만 둘 다 코오모또씨는 안된다는 말은 한번도 하지 않은 것이다. 협상은 결렬됐지만 서로 상대방을 비난하고 반대한 것은 아니기 때문에 그 뒤에 후꾸다씨는 나까소네씨와 다시 손잡을 여지를 남겼고, 니까이도오씨나 스즈끼씨도 필요할 때에는 코오모또씨와 다시 손잡을 수 있는 여지를 남겨놓았던 것이다.

"힘이 있을 때 그만두겠다"

나까소네 바로 전에 총리를 한 사람이 오오히라파에 속해 있던 스즈끼이다. 스즈끼씨도 후꾸다파와 코오모또파의 반대 속에서 타나까파, 오오히라파, 나까소네파의 3파 연합에 의해서 당선된 인물로 타협의 명수라고 일컬어지던 인물이다. 스즈끼씨를 반대했던 후꾸다씨는 스즈끼씨가 2년간의 임기를 마친 뒤에도 적당한 대안이 없는데다가 스즈끼씨가 어느쪽에도 치우치지 않고 각 파벌의 균형을 유지시켰으므로 그에게 총리를 한번 더 하도록 요청했다. 물론 처음 그를 지지했던 타나까파, 오오히라파, 나까소네파도 여전히 그를 지지하고 있었으므로 이렇게 되면 그는 만장일치로 총리에 재선될 수 있었다. 그러나 그는 후꾸다씨의 요청을 조용히 거절했다. 그 이유는 "힘이 있을 때 그만두겠다"는 것이었다. 그는 힘이 없어서 밀려난 것이 아니라 한번 더 총리가 될 수 있는 힘이 있는데도 불구하고 사임했기 때문에 그 뒤에도 여전히 일본 정계의 실력자로 남아서 차기 총리를 선출하는 데 강력한 영향력을 발휘할 수 있었던 것이다.

1980년대 초 5공에서 100억 달러의 차관을 얻어오기 위해 일본과 교섭을 벌일 때에 일본측 창구를 담당하던 인물이 당시 외상이던 소노다(園田)라는 사람이었다. 그는 한국에서 신군부가 등장할 때에 한국측을 견제하는 분위기 속에서 등장한 친북한적인 인물로

5공 성립 후 한국측이 100억 달러를 요구한 데 대해서 40억 달러를 제시하면서 여러가지로 한국측을 견제했다. 그러나 불안하던 5공이 확고히 자리를 잡고 일본에서도 나까소네 정권이 자리를 잡아 양국에 다 같이 극우정권이 들어서게 됨에 따라 양국관계는 급속히 진전되기 시작했다. 그러자 소노다 외상은 조용하게 사직을 했다. 그는 일본 정계의 중진이고 일정한 지분을 가지고 정권에 참여한 사람인데다가 특별한 하자가 있는 것도 아니기 때문에 사표를 낼 아무런 이유가 없었다. 그러나 그는 한국을 견제하기 위해서 등장한 사람이기 때문에 한국과의 관계가 개선되는 시기에는 자기가 적합하지 않다고 판단한 것이다. 그리고 자기가 쫓겨나는 것이 아니고 힘이 있을 때 스스로 물러남으로써 북한과의 관계가 필요할 때에는 언제든지 다시 등장할 수 있는 여지를 남긴 것이다.

"택시비가 유리하다"

와세다대학은 비교적 시골 출신이 많고 서민적이어서 그런지 대학 근처에 술집이 많이 있다. 그러나 역시 술집은 대학 근처보다는 전철로 한 정거장쯤 떨어져 있는 타까다노바바역 근처에 가야 다양하고 많다.

일본 학생들은 한곳에 들어앉아서 마시기보다는 자리를 옮겨다니면서 2차 3차 하기를 좋아하기 때문에 대개의 경우 대학원 쎄미나가 끝나면 학교 근처에서 1차를 하고 타까다노바바역 근처에 가서 다시 2차 3차를 하는 것이 보통이다. 그날도 쎄미나가 늦게까지 있었기 때문에 학교 근처에서 저녁을 겸해서 1차를 하고 타까다노바바역 근처에 가서 2차를 하기로 하고 술집을 나섰다.

그런데 차를 타려고 하다가 버스를 탈 것인지 택시를 탈 것인지를 놓고 옥신각신 입씨름이 벌어졌다. 그러자 한 학생이 "가만히 좀 기다려" 하더니 희미한 전신주 밑에 쪼그리고 앉아서 노트와 연필을 꺼내더니 버스를 타는 것과 택시를 타는 것 중 어느 것이 돈이 적게 드는지 계산을 하는 것이었다. 대충 해버려도 될 일을 길거리에서 노트까지 꺼내놓고 계산을 하는 것이 하도 한심해 보여 다른 친구들을 둘러보았더니 전부 쥐죽은듯 조용하게 그가 계산하는 광경을 지켜보면서 결과를 기다리고 있는 것이 아닌가. 어처구니가 없어서 하는 꼴을 보고 있노라니, 한참 있다가 계산이 끝났는지 낑낑거리며 계산하던 친구가 일어나서 의기양양하게 계산 결과를 설명하면서 택시가 유리하다고 결론을 내렸다. 그러자 그렇게 옥신각신하던 친구들이 고개를 끄덕이면서 택시를 잡는 것이었다. 의견차가 있으면 철저히 따지고 결정이 나면 전부가 하나가 되어 나가는 집단이 일본이다.

사장 위에 회장, 회장 위에 명예회장

인류 역사에서 왕이 존속한다면 카드 속의 왕과 영국의 여왕뿐이라는 말이 있지만 그것은 서구 사람들이 생각하는 왕이지 사실은 그렇지 않다. 일본 사람들은 일본 천황이 일본 역사가 생긴 이래 '만세일계(萬世一係)'로 한 집에서 내려왔다고 주장하는데, 적어도 6세기 초의 케이따이 천황(繼體天皇, 503~528)부터 현 천황까지 약 1500년 가까이 한 집에서 내려온 것은 명백한 사실이다.

일본의 천황이 1500년을 한 집안에서 이어나올 수 있었던 것은, 천황은 일본을 수호하는 신의 자손이라는 믿음과 천황이 정치에는 직접 참여하지 않고 어디까지나 상징적인 존재로 만족한 데 있다. 그렇기 때문에 권력을 장악한 사람이 실권을 행사하지 않는 천황을 제거할 필요가 없고 오히려 일본을 보호하는 신의 아들인 천황을 전면에 내세워서 자기 권력의 보호막으로 할 필요가 있었던 것이다. 세계 역사상 유례가 없는 일이다. 인류 역사에서 존속하는 왕이 있다면 아마도 카드 속의 왕이나 영국의 여왕이 아니라 일본의 천황이 될 것이다.

일본의 천황가에는 천황 위에 상황(上皇)이 있고 상황 위에 법황(法皇)이 있다. 천황이 은퇴하면 상황이 되고 상황이 완전히 은퇴를 하여 출가하면 법황이 된다. 그런데 카마꾸라시대에 사무라이들은 실권을 장악한 다음에도 천황을 폐지하지 않고 그대로 존속시키면서 막부라는 것을 세워 실질적으로 일본을 통치해나갔다.

그런데 시간이 흘러감에 따라 막부의 책임자인 쇼오군의 권력이 약화되고 그 밑에서 막부의 정무를 총괄하는 싯껜(執權)직에 있던 호죠오씨가 막부의 실권을 장악하게 되었다. 그러나 호죠오씨는 쇼오군을 폐지하지 않고 막부의 상징적인 존재로 그대로 존속시켜놓고서 싯껜직만을 세습하면서 막부의 실권을 행사해나갔다. 그런데 다시 시간이 흘러 싯껜보다 호죠오씨의 상속자인 토꾸소오(得宗)가 실권을 장악하게 되었다. 그러나 토꾸소오도 싯껜이나 쇼오군은 그대로 존속시키면서 막부의 실권을 행사해나갔다.

이와같은 일본인의 중층구조는 오늘날에도 볼 수 있다. 일본 집권여당인 자민당은 파벌정치의 대명사처럼 불리고 있다. 그 파벌에도 실질적으로 일을 담당하는 대표가 있고 그 파벌을 만든 회장이 있고 그 위에는 또 명예회장이라는 인물이 있다. 일본의 회사에도 사장, 회장, 명예회장 등이 있어서 중층구조를 이루고 있다. 사장 위에 회장이 있고 회장 위에 명예회장이 있는 것이다. 자기 위에 누가 있는 것이 부담스러워서 사장에 취임하면 전임 사장을 몰아내버리는 것이 아니라 전임 사장을 회장으로 올려놓고 전임 회장은 다시 명예회장으로 추대함으로써 전임 사장과 회장을 따르던 사람들의 협력을 얻으려고 하는 것이다. 요즈음에는 우리나라에도 사장, 회장, 명예회장 등이 있지만 소유주가 경영인을 사장으로

앉힌 다음 자기가 회장을 하고 현장에서 은퇴한 선대 회장을 명예
회장으로 앉히는 우리나라 회사와는 근본 원리가 다르다.

645년의 다이까 개신을 주도한 나까또미노 카마따리의 아들로서
1867년 메이지 유신 때까지 1200년 이상 일본 조정을 지배해온 후
지와라씨의 조상인 후히또오(不比等)는 당시 천황으로부터 조정
최고직인 태정대신(太政大臣) 자리를 세 번이나 제의받고도 사양
하고 받지 않았다. 그는 신하가 오를 수 있는 최고직에 올라 남의
타깃이 되는 것보다는 그 자리를 비워놓고 그 하나 아랫자리에서
실권을 행사하는 것이 훨씬 편안하고 안전하다고 생각한 것이다.
그 이후 태정대신이라는 자리는 실질적으로는 오르는 사람이 없이
역사상 쭉 공석으로 내려왔다.

연합공천과 국회의원 후원회

일본의 지방선거 특히 자치단체장 선거에서는 보기 드문 현상이
나타난다. 각 당이 후보자를 내고 싸우는 경우보다는 몇개의 정당
이 연합해서 공천을 하거나 어떤 당이 공천을 하고 다른 당은 추천
하거나 공인한다든가 해서 결과적으로는 몇개의 정당이 함께 지지
하는 형태가 된다.

이와같은 형태는 세계 어느 곳에서도 유례를 찾아볼 수 없는, 일
본에만 있는 독특한 형태로 결국은 한 정당이 권력을 독점하려 하
지 않고 각 당이 공유하겠다는 타협의 산물이다.

유학 초기인 1970년대 말 토오꾜오에는 후배는 별로 없고 선배
만 몇분 계셨기 때문에 술좌석에서나 여행을 할 때에는 이것저것
궂은일은 내가 도맡아 했다. 그때 토오꾜오대학에 와 계시던 선배
한 분이 귀국해서 80년대 초반에 국회의원이 됐다. 일이 있어서
잠시 귀국을 했는데 그 선배에게 축하전화를 할까말까 망설여지는

것이었다. 전화를 하자니 이미 저명인사가 된 그 선배가 초라한 유학생을 반가워하지도 않을 것 같고 그렇다고 축하전화도 안하고 그냥 돌아가면 나중에 섭섭하다고 할 것 같아서였다.

망설이다가 내키지 않는 마음으로 전화를 했더니 의외로 반가워하면서 한번 만나자는 것이었다. 의례적인 것이겠지 하고 돌아갈 기간이 촉박해서 좀 어렵겠다고 사양을 했더니 꼭 한번 만나자고 거듭 청했다. 사실 국회의원만 아니었다면 옛날 이야기나 하면서 술 한잔은 해야 할 처지였기에 한번 만나보고 싶은 생각이 들었다. 그래서 이튿날 시간에 맞춰 약속장소로 갔다.

그 선배는 먼저 와 기다리다가 반갑게 맞아주면서, 일본에 대해서 이것저것 물어보다가 한국에도 일본에 있는 국회의원 후원회 같은 것을 만들면 어떻겠느냐고 물었다. 나는 한국은 일본하고는 좀 다르지 않겠느냐고 하면서 몇가지 근거를 제시했다.

일본에서는 어느 지역에 가든 반드시 '무사단'이나 '총(惣, 촌의 자치조직)'이 현대적으로 변형된 형태의 이익집단이 있고 따라서 그 이익집단이 자기들의 이익을 지켜줄 사람을 물색하여 국회의원에 당선시키고 자금도 대준다. 그 이익집단이 국회의원들의 후원회인 것이다. 이렇게 해서 국회의원에 당선된 사람들은 입법활동 등을 통해 정당하게 이익집단의 이익을 보호해줄 수 있다. 또 일본은 적과도 타협하면서 상호 공존하는 사회이므로 야당도 후원회를 만들수 있다.

그러나 우리나라에는 지역사회마다 이익집단이 존재하는 것도 아니고 설혹 존재하더라도 전통적으로 조직화되어 있는 것은 아니다. 따라서 정치인들이 후원회를 만들려면 개인적인 인간관계를 가지고 인위적으로 사람들을 끌어모아서 만들어야 하고 그렇기 때문에 국회의원으로서 입법활동을 통해서 정당하게 그들을 대변할 수가 없다. 이런 경우에는 개인적으로 그들을 위해서 일하는 것이

불법적인 것이 되어버릴 가능성이 크다. 더구나 한국에서는 여야가 동반자로 상호 공존하려고 하기보다는 서로 극한적인 대립을 되풀이하고 있기 때문에 사업을 하는 사람이 야당의 후원회에 참여하기란 거의 불가능하다. 따라서 우리나라에서는 후원회를 만든다 하더라도 여당만의 일방적인 후원회가 되기 쉽고 부작용을 낳을 가능성이 크다.

선배는 내 말을 아무 반응 없이 듣고만 있었다. 얼마 후에, 중책을 맡은 그 선배의 역할 때문인지 어떤지는 알 수 없지만 우리나라에도 국회의원 후원회라는 것이 생겨났다.

 ## 일본인의 '예스'는 '노'

흔히 "혼네(本音)와 타떼마에(立前)를 이해할 수 있으면 일본을 다 이해하는 것이다"라고 말하는 사람이 많다. 글자 그대로 해석하면 '혼네'는 '본심에서 하는 말'이고 '타떼마에'는 '그냥 하는 말'이라는 뜻으로 일본인들의 애매하고 이중적인 성격을 나타낸 말이다. 우리 한국 사람들뿐만 아니라 같이 유학하던 외국인들도 한결같이 일본 사람들의 솔직하지 못한 이중적인 성격을 비난한다.

오이시이! 오이시이!

일본이 100여 개로 나뉘어서 100년 이상 싸우던 전국시대에는 자기 의사를 분명히 밝혀서는 살아남을 수가 없었다. 옆에 있는 A와 B가 전쟁을 하면서 양쪽에서 다 같이 지원을 요청해오는 경우 A가 나와 가깝다든가 인척관계라고 해서 A를 지원해줬다가 만약

B가 승리하는 경우에는 A와 함께 도매금으로 멸망하게 되는 것이다. 따라서 A와 B가 다 함께 지원을 요청해오는 경우 애매하게 대답하거나 일단은 양쪽에다 다 대답을 해놓고 추이를 지켜보다가 어느 한쪽이 결정적으로 우세해지면 거기에 가담해야 살 수 있었던 것이 전국시대의 논리다.

고바야까와 히데아끼(小早川秀秋)는 토요또미 히데요시의 처조카로 토요또미 히데요시의 양자가 되어, 임진왜란에 뒤이은 정유재란 때 총대장이 된 인물이다. 히데요시와는 끊으려야 끊을 수 없는 관계에 있는 인물이었던 것이다. 그러나 1600년 토꾸가와 이에야스와 토요또미 히데요리(히데요시의 아들)의 양군이 천하를 놓고 싸운 '세끼가하라' 싸움에서 당연히 히데요리측을 지원해야 할 입장에 있던 그는 일단 양측의 지원요청에 다 대답을 해놓았다. 그리고 군대를 끌고 현장에 출동하여 산 위에 진을 친 다음 싸움에는 가담하지 않고 전세를 살펴보고 있었다. 아침부터 시작된 싸움이 정오가 지나면서 토꾸가와측의 우세로 기울어지자 즉시 군대를 몰고 내려가서 토꾸가와측에 붙어버려 토꾸가와측이 승리하는 데 결정적인 역할을 했다. 그의 태도는 전국시대를 살아가는 영주의 모습을 상징적으로 보여주고 있다. 그들에게는 살아남는 것만이 최대의 가치요, 그러기 위해서는 애매하고 이중적인 태도를 취하면서 실리를 챙기는 길밖에는 없었던 것이다.

와세다대학에는 우리나라의 시민대학 같은 것으로 익스텐션 스쿨(extension school)이라고 하는 것이 있다. 현직교수나 퇴직교수가 학교의 빈 교실을 이용해서 사회에서 퇴직한 사람들을 상대로 강의를 하는 제도이다. 사회를 퇴직한 분들은 새로운 지식과 젊음을 만끽할 수 있어서 좋고 학교측으로서는 사회인의 재교육과 재정적인 도움을 얻을 수 있어서 좋다.

내 지도교수였던 분은 『위지 왜인전』의 세계'라는 꽤 전문적인 강의를 10년 가까이 인기리에 해오고 있다. 그런데 몇년 전에 현장을 답사하기 위해 이 학생들을 데리고 한국에 오셨다. 10년 가까이 지도를 받은 분이고, 한국에 처음 오셨기 때문에 나는 만사를 제쳐놓고 답사에 동행했다.

경주를 여행하게 되었는데 미리 예약된 집에서 점심으로 삼계탕을 들게 되었다. 그런데 일본 사람들이 삼계탕을 좋아하지 않는다는 사실을 모른 가이드 아주머니가 주문을 받지 않고 일괄해서 삼계탕으로 미리 예약을 했는지, 식사가 시작됐는데도 영 분위기가 냉랭했다. 가이드 아주머니도 어색한 분위기를 깨달았는지 이 테이블 저 테이블을 열심히 돌아다니면서 맛이 어떻냐고 묻는 것이었다. 그러자 여기저기서 "오이시이(맛있다)! 오이시이!" 하는 소리가 연발되고 있었다. 그러나 식사가 끝난 뒤에 보니 태반이 음식을 남겼다.

여행은 그 이튿날도 계속됐는데 어제 일방적으로 결정을 해서 음식을 안 먹은 사람들이 많았던 것이 마음에 걸렸던지 그날은 버스 안에서 점심식사 메뉴 신청을 받았다. 가이드 아주머니가 "비빔밥 드실 분 손 들어보세요. 곰탕 드실 분 손 들어보세요. 삼계탕 드실 분 손 들어보세요" 하고 열심히 주문을 받는데 전부 다른 메뉴에만 손을 들고 전날 그렇게 "오이시이, 오이시이" 하던 삼계탕에는 한 사람도 손을 들지 않았다.

다 아는 사실이지만 모르는 척하고, 옆에 앉은 사람에게 "어제는 전부 삼계탕이 맛있다고 하더니 오늘은 왜 먹겠다는 사람이 한 사람도 없습니까" 하고 물어봤더니 말없이 빙긋이 웃다가 "어떻게 물어보는 사람의 면전에서 맛이 없다고 합니까" 하는 것이다. "그래도 맛이 없으니 내일은 다른 메뉴로 해달라고 솔직히 말하는 게 좋지 않겠어요?" 하고 반문을 했더니 역시 빙긋이 웃으면서 말이 없는 것이다. 그러나 그 웃음이 나에게는 "일본 문화는 그런 것이 아닙니다" 하고 말하는 것처럼 느껴졌다.

일본인의 '예스'는 '노'

와세다대학에 유학을 가게 되면 먼저 6개월 정도 어학연구소에서 일본어를 배우면서 입학시험을 준비하는 게 보통이다. 그때 배우는 교재 중에 외국 학생들의 일본에 대한 이해를 돕기 위한 『일본의 이해』라는 책이 있다. 그 첫 부분에는 다음과 같은 내용이 소개되어 있다.

1970년대에 미국은 홍수처럼 밀려드는 일본의 섬유제품으로 골치를 앓고 있었다. 그래서 당시 닉슨 대통령이 사또오(佐藤) 총리와의 하와이 정상회담에서 섬유류 제품의 수출을 자제해줄 것을 요청했고 이에 대해서 사또오 총리는 "와까리마시따(알았습니다)" 하고 대답했다. 그후 닉슨 대통령은 일본이 섬유류 수출을 자제해주기를 기다리고 있었지만 일본측에서는 전혀 그런 기색을 보이지 않았다. 이에 화가 난 미국이 일본에 약속이행을 촉구하고 나서자 일본은 "와까리마시따"라고 했지 섬유류 수출을 자제하겠다고 약속한 일은 없다고 대답했다는 것이다.

재작년으로 기억되는데 "'일본인의 예스는 노'라는 빌 클린턴 대통령의 발언이 일본에서 파문을 일으키고 있다"는 주요 일간지의 기사를 보고 짐작되는 바가 있어서 호기심을 가지고 읽어보았다. 그 기사 내용으로 유추해볼 때 당시 빌 클린턴 대통령과 보리스 옐찐 러시아 대통령의 밴쿠버 정상회담에서 옐찐이 클린턴에게 "일본이 러시아에 경제지원을 약속해놓고 이행하지 않는다"고 불만을 토로한 것 같다. 옐찐의 이런 불평을 들은 클린턴이 "일본인이 '예스'라고 말할 때는 '노'를 뜻할 때가 많다. 귀하도 일본인에게 당하지 않도록 행동하는 것이 중요하다"고 충고를 한 것 같다.

나는 이 기사를 읽고 '과연' 하는 생각과 함께 고소를 금치 못했다. 와세다대학 어학연구소 시절에 배운 『일본의 이해』라는 책의 내용이 생각났기 때문이었다. 옐찐 대통령도 닉슨 대통령이 사또오 일본 총리에게 당한 것과 똑같은 일을 당한 것이다. 그런데 사실 내가 고소를 금치 못했던 것은 한국도 똑같은 일을 당한 사실이 있기 때문이다.

　1980년대 초반으로 생각되는데, 5공 등장 직후 일본으로부터 긴급차관을 얻기 위한 한일 외무장관회담이 한국측 요청으로 서울에서 노신영 외무부장관과 소노다 외무성장관 사이에서 이루어졌다. 당시 일본 신문에 의하면 회담 직후 한국의 노신영 외무부장관은 일본측이 한국측의 요구를 수락했다고 발표한 데 반해서, 일본의 소노다 외무성장관은 한국측의 요구를 거절했다고 정반대 발표를 했다는 것이다. 뒤늦게 소노다 장관의 발표 내용을 알게 된 노신영 장관은 잔뜩 화가 나서 다음부터 일본 외무성장관과 회담을 할 때에는 녹음을 해야겠다고 했다는 것이다. 아마도 노신영 장관의 차관 요청에 대해서 소노다 장관이 "와까리마시따"라고 대답했을 것이고, 노신영 장관은 닉슨 대통령처럼 요청을 수락한 것으로 이해한 반면 소노다 장관은 사또오 총리처럼 그 말을 거절의 뜻으로 사용했을 것이다. 당시에도 일본 신문의 기사를 읽고 닉슨 대통령과 사또오 총리 간의 회담과정이 생각나서 고소를 금치 못했었다.

　그런데 이번에 빌 클린턴 미국 대통령은 일본측 의도를 간파하고──어쩌면 닉슨-사또오 회담의 경험에 의한 것이겠지만──옐찐 러시아 대통령에게 "일본인이 '예스'라고 말할 때는 곧잘 '노'를 뜻한다"고 점잖게 충고를 해준 것이다.

쿄오또의 오쨔즈께

『일본의 이해』에는 '쿄오또의 오쨔즈께' 이야기가 나온다. '오쨔
즈께'는 쿄오또 사람들이 먹는 식사로 준비가 거의 필요없는 가장
간단한 식사다. 일본에서는 식사 때 남의 집을 방문하는 것이 대단
한 실례인데 쿄오또가 특히 심해서, 혹시 쿄오또에서 식사 때 남의
집을 방문하는 경우 주인이 간단히 오쨔즈께라도 먹고 가라고 세
번쯤 권하더라도 주책없이 주저앉아서 먹어서는 안된다는 것이다.
간단한 음식이고 세 번씩이나 권하니까 성의를 무시하는 것이 아닌
가 싶어서 할 수 없이 주저앉아 먹으면 예의를 모르는 사람이라고
반드시 뒤에서 욕을 한다는 것이다. 아마 이런 문화는 세계 어느
나라 사람들도 이해하기 어려울 것이다.

 주류 속의 주류가 되라

제국주의의 앞잡이

처음 일본에 가서 연구생 생활을 할 때 일본 역사를 너무 모르고
지도교수가 어떤 생각을 하고 있는지도 잘 몰랐기 때문에 지도교수
의 대학원 수업은 물론이고 학부 수업도 빠짐없이 청강했다. 그러
던 중에 우연히 학부 3학년 학생을 한 사람 알게 됐다. 마음씨 좋
게 생기고 또 내 지도교수 밑으로 대학원에 진학하려는 학생이었기
때문에 자연히 친해지게 되었다.

그 학생은 자기 할아버지가 일제시대에 대구 근처에 와서 경찰
생활을 했다고 하면서 말끝마다 "우리 할아버지는 '테이꼬꾸노 테

사끼(제국주의의 앞잡이)'였다"며 자기 할아버지가 한국에 와서 한 일을 미안해하는 대단히 박식하고 상식적인 생각을 가진 학생이었다. 생각이 비슷하고 어느정도 허물없는 처지가 됐기 때문에 하루는 이런저런 이야기를 나누다가 "한국에서는 강자에게 강하고 약자에게는 관대한 사람을 남자답다고 하는데 일본 사람들은 강자에게 약하고 약자에게는 강한 것 같다. 이게 어떻게 된 일이냐?" 하고 물었더니 마음씨 좋은 얼굴로 재미있게 이야기를 하고 있던 그 친구가 정색을 하고서는 "사람은 약자에게 이익을 얻고 강자에게는 당하게 마련인데 강자에게 강하고 약자에게 관대하면 죽는 수밖에 없다. 그런 바보가 어디 있느냐?"고 말하는 것이 아닌가.

순간 정신이 아찔해졌다. 완전히 약육강식의 논리였다. 세상에 이렇게 이야기를 할 수도 있구나 하는 생각과 함께 '그래서 이 착한 학생의 할아버지도 제국주의의 앞잡이가 됐구나' 하는 생각이 들었다. 그러나 당시에는 일본 역사나 사회를 잘 몰랐기 때문에 이런 생각이 어디에서 왔을까 하는 궁금증을 풀 수가 없었다.

"일본 여자들은 이상해"

내가 유학 초기에 있던 코마바 유학생회관에는 서양 친구들이 꽤 있었다. 사실 당시 아시아나 아프리카에서 온 유학생들은 돌아가면 다들 자기 나라에서 한자리씩 할 친구들이었지만 서양에서 온 학생들은 별 볼일이 없는 친구들로 돌아가서 무엇을 할까 하고 취직걱정을 하는 사람들이 대부분이었다. 그때만 해도 아시아나 아프리카에서 온 학생들에겐 '일본 유학' 하면 대단한 일이지만 서양 학생들은 일본 유학을 잘 하려고 하지 않아서 일본 정부가 그들을 유치하려고 애를 먹고 있었으므로 서양 학생들 중에는 적당히 놀러오는 친구들이 적지 않았다.

그런데 그 서양 친구들이 일본 아가씨들에게 대단히 인기가 있는 것이었다. 일본인들이 서양인들에게 배워서 근대화를 이룩했고 체격적으로도 열등의식을 가지고 있기 때문에 오늘날 경제적으로는 서양을 압도하고 있지만 그들에 대한 동경심이 강하기 때문이다. 그래서 일요일만 되면 서양 친구들을 만나러 오는 일본 아가씨들로 유학생회관이 문전성시를 이루었다.

　와세다대학 상학부에 다니는 그리스 유학생으로 학교도 같이 다니면서 친하게 지내던 친구가 있었다. 그 친구는 바람둥이로, 결혼을 약속하고 거의 동거를 하다시피 하는 일본 아가씨가 있는데도 불구하고 다른 아가씨들과도 데이트를 하고 다녔다. 그래서 내가 "너 동양 아가씨들을 그렇게 많이 망쳐놓으면 네 애인에게 이를 거야"라고 자주 농담 섞인 말을 하곤 했다.

　그날도 그 친구와 같이 돌아오다가 유학생회관으로 가는 전철을 갈아타려고 줄을 서서 기다리고 있는데 그 친구가 날더러 "조금 있다가 갈 테니까 먼저 가" 하더니 내 대답도 기다리지 않고 옆줄로 자리를 옮겨 어느 아가씨 뒤에 줄을 서는 것이었다. 웬일인가 싶어서 바라보니까 벌써 그 아가씨에게 뭐라고 이야기를 걸고 있었다. 아, 또 저 아가씨에게 데이트라도 신청하려고 그러는가 보다 싶어서 유심히 살펴보니 유학생회관에 찾아오는 다른 아가씨들과는 달리 상당히 기품이 있어 보이는 대학생풍의 아가씨가 아닌가. 그래서 마음속으로 '이 녀석아, 그 아가씨는 네 마음대로 안돼. 너는 서양 사람이라 잘 모르지만 나는 동양 사람이라서 알 수 있어. 어디 두고 봐' 하고는 먼저 유학생회관으로 돌아왔다.

　돌아와서 이것저것 정리도 좀 하고 느지막이 현관 옆에 있는 식당에서 저녁식사를 하고 있는데 그 친구가 그때야 돌아오다가 나를 발견하고 식당으로 들어와서 내 옆자리에 앉았다. "어떻게 됐어?" 하고 물어보았더니 그 친구가 잘되었다고 하면서 그 아가씨 숙소까지 따라가서 차를 얻어먹고 왔다고 했다. 시골에서 올라와 학교를 다니는 대학생인데 고급 맨션에서 살고 있는 걸로 보아 보통 집안 출신이 아닌 것 같다는 것이었다. 그래서 내가 "너는 서양 사람이라서 동양 사람을 잘 모르지만 나는 잘 아는데, 그 아가씨는 네가 만나는 다른 아가씨들과는 달라서 네 꼬임에 그렇게 쉽게 넘어가지 않을 거야"라고 했더니 그 친구는 자신있다고 하면서 못 믿겠으면 내기라도 하자는 것이었다. 그래서 결국 내기를 했다.

그런데 며칠 뒤 그날도 좀 늦게 식당에서 혼자 식사를 하고 있는데 그 친구가 그 아가씨와 함께 들어오다가 나를 보더니 활짝 웃으면서 이겼다는 표시로 손가락으로 동그라미 표시를 하면서 들어가는 것이 아닌가. '이상하다. 이렇게 늦은 시간에 뭐하러 여기까지 따라왔지? 설마 늦게라도 돌아가겠지' 생각하면서도 같은 동양 사람으로서 영 자존심이 상했다.

그런데 그 이튿날은 학교에 가야 하는 날이라서 좀 일찍이 식사를 하고 있는데 웬일인지 그 친구가 시무룩한 표정으로 밖에서 들어오는 것이었다. 어제 저녁에 일이 좀 잘 안됐는가 싶어서 그러면 그렇지 하고 고소해하고 있는데 그 친구가 내 옆에 와서 앉았다. "어떻게 됐어?" 하고 물었더니 어제 저녁에 그 아가씨가 면회를 왔기에 자기 방에 데리고 들어가서 이런저런 이야기를 하다가 그 아가씨가 잠깐 나간 사이에 그 아가씨의 핸드백을 뒤져봤더니 비누, 수건, 가운 등 완전히 자고 갈 준비를 해 왔더라는 것이다. 아, 이 아가씨가 나를 좋아해서 자고 가려고 왔나 보다 해서 동침을 하려고 했더니 의외로 완강하게 거절하더라고 했다. 그러나 이미 거기까지 갔기 때문에 강제로 동침을 했는데 그 뒤 그 아가씨가 자살을 하겠다며 4층에서 뛰어내리려고 해서 달래느라고 잠도 한숨 못 자고 혼이 났다는 것이었다. 겨우 달래서 새벽에 집에 데려다 주고 오는 길이라고 했다. 그러고는 "동침을 하지 않으려면 왜 잘 준비를 하고 왔지?" 하며 "일본 여자들은 이상해"를 연발하는 것이었다.

그래도 마지막에 그 여자가 동양 사람의 쥐꼬리만한 자존심은 살려줬다는 생각과 함께 동침하지 않으려면 왜 잘 준비를 하고 왔는지 나도 잘 이해가 안돼서 그날 학교에 가서 대학원 친구에게 자초지종을 이야기한 다음에 어떻게 된 일이냐고 물어보았다. 그랬더니 그 친구 대답이 "친구 집에 가서 하루 저녁 자는 것이 어떠냐. 서양 친구니까 호기심이 생겨서 한번 가본 것을 가지고 꼭 남녀관계의 일로만 생각하는 그 사람이 더 이상하다"는 것이었다. 결국 서양 사람에 대한 호기심 때문에 일어난 단순사고였다는 이야기다. 지금도 그때 일을 떠올리니 문득 94년에 노벨문학상을 수상한 오오에 켄자부로오가 "일본은 아시아에 있으면서 서양을 지향한다"고 한 말이 생각난다.

킹메이커

일본 정계에는 '킹메이커'라는 사람들이 있다. 총리를 만들어내는 사람이라는 뜻이다. 근래의 킹메이커로 유명했던 인물로는 타나까 카꾸에이 전 총리, 최초로 자민당 의원들을 이끌고 북한을 방문하여 김일성을 만났던 카네마루 신(金丸信) 전 자민당 부총재, 현재 일본 정계개편을 연출한 오자와 이찌로오(小澤一郎) 현 신진당 당수 등이 있다. 타나까 카꾸에이는 오오히라, 스즈끼, 나까소네를 총리로 만들었고, 카네마루 신은 타께시따, 우노, 카이후를 총리로 만들었으며, 오자와는 미야자와, 호소까와를 총리로 만들었다.

카네마루나 오자와는 다 같이 타나까파에 속했던 인물로 타나까파를 만든 카꾸에이 전 총리는 일본 정계에 여러가지 일화를 남긴 인물이다. 타나까는 국민학교밖에 졸업하지 못한 인물로 재일교포 북송선 출발지로 유명한 니이가따(新潟)에서 태어났다. 그는 우리나라와도 인연이 있는 인물로 일제시대에 충남 대덕 근처에서 측량기사로 일한 적이 있고 그때 대덕군수를 지낸 인물이 민주당 장면 정부에서 부흥부장관을 지낸 김영선씨다. 이런 인연으로 타나까 총리 재임중에 김대중씨 납치사건이 일어나 한일간에 외교문제가 발생하자 박정희 대통령은 5·16 후 재야에 있던 김영선씨를 부랴부랴 주일대사로 임명하여 그 일을 해결하게 했다. 사람이 머리가 좋으면 결단력이 좀 부족하고 결단력이 있으면 머리가 좀 부족한 법인데 타나까는 불도저에다가 컴퓨터를 부착해놓은 인물이라는 평이 있을 정도로 머리도 좋고 결단력도 뛰어난 인물이다.

꽉 짜인 일본 사회에서 국민학교밖에 못 나온 그가 일본 사회의 여러가지 벽을 깨뜨리고 50대에 최정상의 총리직에까지 올랐기 때문에 그는 서민들에게 꿈을 제공한 사람이기도 하다. 그래서 그가 총리에 당선됐을 때 우에노(上野) 근처의 노동자 합숙소에 있던 노동자들이 뛰쳐나와 "우리의 동지 타나까 카꾸에이 만세!"라고 외쳤다는 유명한 이야기가 있다. 그는 토요또미 히데요시와 더불어 바닥에서 출발하여 정상까지 올라간 유일한 인물이기 때문에 한때는 서민들에게 토요또미 히데요시와 함께 꿈이요 희망이던 인물이다. 그는 돈을 가지고 파벌을 만들고, 파벌을 가지고 일본의 최연소 장관과 총리가 되었으며, 그 지위를 이용해서 다시 돈을 만들었다. 그 과정에서 문제가 된 것이 미국 록히드사의 비행기를 구입하도록 전일본항공(全日本航空)에 압력을 행사하고 그 대가로 뇌물을 받은 '록히드 사건'이다. 그 사건으로 그는 재판에 회부되고 결국은 임기를 채우지 못하고 도중에서 총리직을 불명예 퇴직하게 되었다.

물러난 뒤에도 그는 킹메이커로 막강한 세력을 휘두르면서 일본 정계를 주물렀다. 당시 자민당에는 5개의 파벌이 있었는데 각 파벌의 당수선출권이 있는 중의원 의원과 참의원 의원의 수는 대략 30~100여 명이었다. 각 파벌은 서로 자파에서 총리를 내기 위해서 갖은 방법을 다 동원해서 타 파벌과 여러가지 조건을 놓고 연합을 모색한다. 그러나 타나까는 최대 파벌을 이끌고 있으면서도 처음부터 자파에서는 총리후보를 내지 않는다고 공언했기 때문에 다른 파벌에서는 타나까파의 지지만 얻으면 과반수를 획득하여 당선이 가능하므로 타나까파의 지지를 얻으려고 필사적인 노력을 경주하는 것이다. 총리가 되고자 하는 사람은 아침저녁으로 타나까를 찾아다니면서 갖은 조건을 다 제시하며 지지를 부탁한다. 타나까는 집에 앉아서 후보자들의 인사를 받고 가장 유리한 사람을 최종적으로 낙점한 다음 그 대가로 당과 내각의 알짜배기 요직을 차지하여 결국은 총리는 허수아비로 만들고 실권을 장악해나갔다. 오오히라, 스즈끼, 나까소네 등이 그의 손으로 총리가 된 사람들이다.

타나까 뒤를 이어서 킹메이커 역할을 한 것이 카네마루 신이다. 원래 타나까에겐 자민당 부총재를 지낸 니까이도오 스스무, 카네마루 신, 타께시따 노보루 전 총리 등 세 사람의 심복이 있었는데, 타나까가 화를 내면 니까이도오는 같이 화를 내면서 맞고함을 치고, 카네마루는 그 앞에서 책상에다 다리를 올려놓고 자는 체하면서 드르릉드르릉 코를 골고, 타께시따는 문 앞에 와서 빼꼼이 들여다보고 타나까가 화가 나 있으면 그냥 도망가버린다는 것이다.

카네마루는 몇년째 북한에 억류되어 일본과 북한 간 국교 재개의 걸림돌이 되어왔던 후지마루라는 배의 선원들의 석방을 모색하고 북한과의 관계를 타개하기 위해서 2, 3년 전에 북한을 방문했다. 그가 예의 잠자는 듯한 얼굴로 김일성을 상대하는 모습이 한국 텔레비전에도 방영되었는데 결국은 훌륭하게 억류 선원들을 데리고 돌아와서, 과연 일본에서 김일성을 상대할 수 있는 사람은 카네마루밖에는 없다는 소리를 들었다. 그는 고등학교인가 전문학교를 나온 사람으로 평소에 "나는 머리가 나빠서 총리가 될 수 없다"는 이야기를 입버릇처럼 했는데 타나까가 정계를 은퇴한 뒤에 타께시따를 도와서 자민당 내의 최대 파벌인 타께시따파를 만들어 그 회장이 되었다. 그는 자민당 내 최대 파벌의 회장이 된 뒤에도 총리가 되라는 권유를 뿌리치고 타나까처럼, 총리가 되려고 찾아다니는 사람들 중에서 자기 말을 잘 들을 수 있는 사람을 총리로 만들어주고 그 대신 당과 내각의 알짜배기 요직을 차지하고 일본을 실질적으로 주물렀다. 타께시따, 우노, 카이후가 그의 도움으로 총리가 된 인물들이다.

오자와 이찌로오는 타나까의 수제자로 40대에 자민당 간사장이 된 뒤 킹메이커 역할을 했다. 그는 직접 총리가 되어보라는 주위의 권유를 뿌리치고 몇년 전에 카이후 총리의 후임으로 미야자와를 뽑을 때 40대 간사장으로 자기 사무실에 앉아서 70대의 총리 후보생들을 면담한 것으로 유명하다. 허울좋은 간판이나 명분보다는 힘이 있는 자리나 실리를 챙기려는 사람들이 일본인이다.

주류 속의 주류가 되라

타나까 전 총리의 실리추구는 그 무엇보다도 유명한데, 그의 생각을 잘 보여주는 몇가지 언행이 있다. 그는 평소에 "주류가 아니면 아무것도 할 수 없다. 그러니까 항상 주류 속의 주류가 되라"고 주위 사람들에게 충고했다고 한다. 그는 "민주주의는 선거고 선거는 돈이다. 돈으로 모든 사람의 마음을 살 수는 없지만 열 명 중 일곱 명의 마음은 살 수 있다"고 하면서 주류 중의 주류가 되어 권력을 장악하려고 노력했다.

당시 후꾸다 전 총리와 타나까 전 총리는 물과 불처럼 사이가 나빴는데 토오꾜오대학을 나오고 엘리뜨 코스를 거친 후꾸다의 입장에서 보면 타나까는 무식하고 예의도 없고 하는 짓이 엉터리처럼 보였고, 타나까의 입장에서 보면 후꾸다는 속이 좁아터진데다 기존 틀을 못 벗어나는 답답하기 짝이 없는 친구였을 것이다. 하여튼 당시 일본 정계는 두 사람의 대립을 축으로 움직이고 있었다.

어느 신문의 가십란에서 본 것으로 기억되는데 후꾸다의 참모로 시오자와(鹽澤)라는 사람이 있었다. 당시 후꾸다파와 타나까파는 사투를 계속하고 있었기 때문에 말하자면 그는 어떻게 하면 타나까를 제거할까 하는 것을 연구하는 것이 일이었다. 그런데 타나까는 명절만 되면 그에게 빼놓지 않고 떡값으로 500만 엔씩을 보내는 것이었다. 시오자와는 자기가 타나까를 제거하려고 하는 것은 세상이 다 알고 있는 사실인데 타나까가 자기에게 잊지 않고 떡값을 보내는 것이 하도 이상해서 어느 날 "내가 당신을 죽이려고 하는 것은 세상이 다 아는 사실인데 왜 내게 떡값을 보내느냐?" 하고 물으니 "내가 떡값이라도 보내놓으면 나중에 당신이 나를 칼로 찌를 때 열 번 찌를 것을 아홉 번만 찌르고 말지 않겠는가" 하고 대답하더라는 것이다.

킹메이커로서 평생 명분보다는 실리를 추구하면서 신분의 벽을 허물고 최하층에서 최상층까지 뚫고 올라갔던 타나까다운 이야기이다. 그야말로 '이끼노꼬루'를 위해서 몸부림치던 전국시대인의 체취가 물씬 풍긴다. 그가 금권정치의 대부처럼 되고 록히드 사건으로 불명예스럽게 물러났음에도 불구하고 국민적 인기를 모을 수 있었던 것은 그에게서 실리를 추구하는 일본적인 역사성이 엿보이기 때문일 것이다.

노빤낏사뗀

오늘날은 토오꾜오가 일본 경제의 중심지 역할을 하고 있지만 에도시대까지만 해도 오오사까가 일본 경제의 중심지 역할을 했다. 오오사까는 오늘날도 토오꾜오에 못지않은 역할을 하고 있고 토오꾜오 상인들이 정치와 결탁한 정상배들이라면 오오사까 상인들은 상인정신에 투철한 사람들로 '일본의 상인정신' 하면 역시 오오사까 상인들을 가리킨다.

이 오오사까를 중심으로 1980년대 초에 '노빤낏사뗀(ノパンキッサテン, 노 팬티 다방)'이라는 것이 크게 유행했다. 노빤낏사뗀은 말 그대로 다방 바닥에 거울을 간 다음 팬티 없이 미니스커트만 입은 아가씨들이 차를 나르게 하는 다방이다. 그렇게 한 다음 보통 다방의 3배 정도의 찻값을 받던 것으로 기억하고 있다.

노빤낏사뗀은 일본에서도 화젯거리가 되어 방송에서도 소개할 정도였다. 그것을 보고 노빤낏사뗀이라는 것이 과연 법적으로 허용되는지 또 설혹 허용된다고 하더라도 어떻게 공개적으로 그런 장사를 할 수 있는지 도저히 납득이 가지 않아서 대학원 친구에게 물어보았다. 그 친구는 "그게 오오사까 상인이야" 하면서 일본에서는 음부가 직접적으로 보이지만 않으면 법적으로 문제가 될 것이 없는데 노빤낏사뗀은 음부가 직접 보이지는 않게 되어 있기 때문에 별 문제가 없다는 것이었다.

오오사까 상인들은 실리를 챙길 수 있는 일이라면 무슨 일이라도 할 수 있다는 이야기이다. 하기야 오오사까뿐만 아니라 일본에서는 NHK를 제외한 대부분의 텔레비전 방송이 포르노영화나 나체 사진을 방영하고 있으니까 돈만 벌린다면 노빤낏사뗀은 문제가 되지 않을지도 모른다.

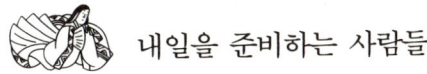 내일을 준비하는 사람들

"도대체 일본에는 어린애들만 사는 모양이야"

외국 사람들은 대체로 일본 사람들이 쩨쩨하다고 생각한다. 이는 달리 생각하면 일본 사람들은 소심하고 조심성이 많다는 이야기이다. 밥 먹을 때 보면 반찬이 전부 합해 한 숟가락밖에 되지 않아 다 먹어도 양이 안 찰 정도로 적다. 친구들과 식사나 술을 마시고 더치페이를 하는 것까지는 좋은데 십 엔 단위까지도 정확히 계산해서 나눌 정도다.

외국 사람들 중에는, 전철역에 사람이 서 있어야 할 곳에 선이 표시되어 있고 전철이 들어오면 자동적으로 전철이 들어온다는 표시가 되는데도 불구하고 그래도 못 미더워서 또 방송을 통해서 전철이 들어오니 백선 뒤로 물러나라든가 조심하라든가 하고 방송을 해대는 것을 보고 "도대체 일본에는 어린애들만 사는 모양이야. 이렇게 하다가는 식사 때 국민들한테 포크 사용하는 방법까지 방송할 거야" 하면서 "이렇게 가다가는 일본 국민들은 혼자서는 아무것도 못하게 될 걸"이라고 비난하는 사람들이 많다.

봉급의 절반은 저금

일본에서는 국가나 국민이나 할 수 있는 데까지는 뭐든지 세심하게 신경을 쓰고 배려한다. 무엇인가 미진한 데가 있으면 불안해서 견디지 못한다. 돌다리도 두들겨보면서 건너는 이런 소심하고 조심성 있는 성격은 카마꾸라시대 이래 전국에 할거한 영주들의 상호

견제와 균형이 습관화되고 특히 전국시대라는 오랜 전란을 겪으면서 고착화된 것이 아닌가 생각한다. 상호견제와 전란 속에서 살아왔기 때문에 오늘보다는 내일을, 그리고 현재보다는 미래를 위해서 근검절약하고 용의주도하게 대비해야 하는 것이다. 생각해낼 수 있는 모든 준비를 해놓아야지 그렇지 않으면 언제 어떤 일이 일어날지 모르기 때문에 불안해서 견딜 수가 없는 것이다.

일본 사람들은 집에 들어가 현관에서 신발을 벗어놓을 때, 들어가는 방향으로 그냥 벗는 것이 아니라 나갈 때 편리하도록 귀찮더라도 나가는 방향으로 돌려놓고 들어간다. 자기 집에 온 손님이 들어오면서 그냥 벗어놓고 들어오면 나가는 방향으로 돌려놓아준다. 주차할 때도 마찬가지다. 들어가는 방향으로 그대로 주차하는 것이 아니라 나갈 때를 대비해서 반드시 나가는 방향으로 차를 돌려놓는다.

세계 제일을 자랑하는 일본 사람들의 저축률도 사실은 현재보다는 장래를 대비해놓지 않으면 무엇인가 불안하기 때문에 일어나는 현상이다. 일본은 세계 제일의 장수국가답게 혼자 사는 노인이 많다. 오래 전 이야기인데 우리나라 신문에도 보도가 됐던 것으로 기억한다. 혼자 생활하는 옆집 노인이 며칠 동안 기척이 없어서 들여다보니 돌봐주는 사람이 없어서 굶어죽은 지 며칠이 지났더라는 것이다. 그런데 그의 통장을 보니 억대가 넘는 예금과 주식이 들어있었다. 억대의 저금을 하고도 굶어죽은 것이다. 사실 이런 이야기는 일본에서 흔히 들을 수 있다.

일본의 심야 텔레비전방송 중에는 신혼부부가 출연해서 어떻게 결혼해서 지금은 어떻게 사는가를 보여주는 프로가 있다. 한번은 우연히 텔레비전을 켜니까 남편이 오오사까 근처에서 전화국인가를 다니는 부부가 나와서 이야기를 하고 있었다. 들어보니 여자 집에 들어가서 살고 있는데 생활은 따로 하는 것 같았다. 봉급은 10

만 엔이 조금 넘는다고 했는데, 그 돈을 어떻게 쓰느냐고 물어보니까 무조건 절반인 5만 엔은 저축하고 3만 엔으로는 생활을 하고 나머지 2만 엔을 가지고 두 사람이 용돈으로 쓴다는 것이었다. 사회자가 깜짝 놀라는 표정으로 그렇게 해서 생활이 가능하느냐고 물어보니 태연하게 그렇다고 대답하는 것이었다. 사실 3만 엔이면 우리나라 돈으로 24만원이지만 실제 가치로는 12, 3만원을 못 넘는 금액으로, 아무리 지방이라고는 하지만 우리 상식으로는 그 돈으로 두 사람이 생활하기가 불가능하다. 아마 세계 어디에도 봉급 10만 엔에 저축을 5만 엔 하고 생활비로 3만 엔을 쓰는 나라는 없을 것이다. 꼭 이런 경우는 아니더라도 일본 사람들은 얼마를 받든 반드시 일정 비율을 저축하여 장래에 대비해놓고 나머지를 쓴다. 그렇게 하지 않으면 불안해서 견딜 수가 없는 것이다. 일본 사람들이 세계에서 제일 높은 저축률을 자랑하는 것도 소득이 높아서라기보다는 장래에 대비하려는 생각 때문인 것이다.

머리도 집에서 깎는 재벌회사 회장

1980년대 후반에 일본에서 '행정개혁위원회'라는 것이 발족된 적이 있다. 일년에 천억 달러 이상의 무역흑자를 내고 있으니 일본은 대단한 부자나라라고 할 수 있지만 사실 일본 정부는 쌀의 이중곡가제와 국철 그리고 의료보험에 의한 재정적자로 골머리를 앓고 있었다. 이 문제를 해결하기 위해서는 쌀의 이중곡가제를 폐지 또는 축소해야 하고, 적자에 허덕이는 국철은 과감히 정리하거나 민간에 불하하며, 의료보험료를 대폭 인상해야 하는데 이들은 어느것이나 국민들의 불만을 초래할 사항들이다.

집권당인 자민당으로서는 재정적자를 타개하기 위해서 이 사항들을 밀고 나가지 않으면 안되지만 자민당이 앞장서서 이런 정책들을 추진할 경우 국민들의 반발로 총선에서 패배하여 정권을 잃어버리릴 가능성이 높기 때문에 추진할 수가 없었다. 그래서 자민당 정부는 각계에서 국민들의 신망이 높은 사람들로 위원회를 구성한 다음이 문제를 그 위원회에 맡기고 그 결정에 정부와 국민이 따르자고 제안했다. 그 결과 어느정도 국민적인 공감대가 형성되어 한시적인 기구로서 행정개혁위원회라는 것이 발족된 것이다. 이 위원회의 간판이 될 위원장은 위원회의 성패를 좌우하는 중요한 인물이라고 할 수 있었다.

당시 위원장을 맡은 인물은 '토오시바' 회장을 역임한 사람으로 케이단렌(經團連, 우리나라의 전경련)의 회장으로 있던 도꼬오(土光)라는 사람이었다. 그는 세계적인 회사의 회장을 지냈고 경제계의 총수였음에도 불구하고 대단히 청렴하고 검소한 인물이었다. 그는 토오꾜오에서 전철로 두 시간쯤 떨어져 있는 카마꾸라시의 20평 남짓한 목조건물에서 부인과 둘이서 살고 있었는데 아침은 야채주스 한잔으로 때우고 돈을 아끼기 위해 머리는 부인이 깎아주는 근검절약 생활로 1억 2천만 엔인가를 모아서 집 앞에 있는 중학교에 장학금으로 기증했다. 그리고 팔십 노인인데도 불구하고 사무실에 출근할 때에도 카마꾸라에서 토오꾜오까지 두 시간을 전철을 타고 와 토오꾜오역에서부터만 승용차로 출근을 했다.

이런 사람이 위원장으로서 개혁안을 내니까 사심이 없는 것으로 인정을 하고 모든 사람들이 그 안을 받아들이는 것이다. 그의 개혁안에 대해서 당시 나까소네 총리가 간섭하는 발언을 한마디하자 그는 '케시까랑(괘씸하다)' 하고 한마디로 일축할 수 있었다. 그의 말에는 그만큼 권위가 있었던 것이다. 일본 국민들의 저축률은 세계 제1위로 이런 저축률 때문에 막대한 흑자에도 불구하고 인플레 없는 경제적 안정을 누릴 수가 있는 것이다. 일본 국민들도 그만큼 검소하다는 이야기이다. 그런 지도자이니까 국민이 협조를 하는 것이다.

패전 준비

유학 초기 코마바에 있는 유학생회관에서 생활할 때 한국 학생들끼리 모여서 이야기꽃을 피울 때가 종종 있었다. 화제는 역시 일본에 대한 것인데 전공이 다양하기 때문에 화제도 다양해서 일본을 이해하는 데 큰 도움이 되었다. 그중에 서울대학교 농과대학을 나와서 토오꾜오대학 농학부에서 식량학을 전공하던 여학생이 있었다. 노래는 가수를 뺨칠 정도이고 화술도 풍부하여 이야기를 꺼내면 다른 사람들을 압도하는 재능을 가지고 있었다. 그날은 황궁 앞에서 토오꾜오역에 걸쳐 들어서 있는 고급건물군이 전쟁으로 폐허가 된 지 2, 30년 만에 어떻게 재건될 수 있었는가 하는 문제부터 시작해 일본 전후부흥 문제가 화제가 되었다. 그러자 그 여학생이 자기 전공분야의 이야기를 가지고 우리를 압도하였다.

그 여학생에 의하면, 2차대전 때 패망을 앞두고 다급해진 일본 정부가 토오꾜오대학 농학부 교수들을 동원해서 전쟁에 관련된 연구를 하도록 했다. 그런데 그때가 패망을 앞둔 긴박한 시기였는데도 불구하고 농대 교수들을 전부 전쟁관련 연구에 동원한 것이 아니고 절반은 그대로 평소의 연구를 계속케 해 패전 후를 대비하고 나머지 절반만을 전쟁연구에 동원했다는 것이다. 그 여학생은 "패전 후를 대비해서 남겨놓은 학자들이 오늘날의 일본을 부흥시킨 원동력이 됐다"면서 전후에 일본이 이만큼 빨리 선진국 대열에 설 수 있었던 것은 결코 우연이 아니라 패망을 앞두고도 용의주도하게 장래를 대비한 결과였다고 결론을 내렸다.

일본 사람들은 현재의 고통보다는 장래에 대한 대비가 더 중요하다. 이런 소심한 성격 때문에 들어가기 편한 것보다는 나갈 때를 대비해서 신발이나 자동차를 나가는 방향으로 놓고, 전철이 들어오는 표시를 해주고도 불안하여 전철이 들어오니 조심하라고 몇번씩이나 또 방송을 하는 것이다. 또한 굶어죽으면서도 저축을 하고패망을 목전에 두고도 내일을 대비하는 것이다.

 ## "깃발만 따라다니다가 왔다"

10세기에 생겨나기 시작한 무사단은 카마꾸라 막부, 무로마찌 막부, 에도 막부를 거쳐 메이지 유신으로 무가사회가 종말을 고할 때까지 천년 가까운 기간 동안, 약간의 형태 변화는 있었지만 근본적으로는 외부의 압력에 대항하여 내부 결속을 다지면서 지역별로 할거해왔다. 이런 사회가 천년 가까이 계속됐기 때문에 『타이헤이끼(太平記)』에서 볼 수 있는 것처럼 일찍이 집단이 주인공이 되는 소설이 출현하였으며, 47인의 사무라이가 주군의 원수를 갚는 내용을 극화한 「쮸우신꾸라(忠臣藏)」가 일본 사람들의 사랑을 받아오는 것이다.

일반 농민들도 일찍부터 조직화되었다. 남북조 이후 투쟁을 전개한 농민조직을 '총백성(惣百姓)'이라고 하였는데, '총(惣)'은 '일치단결하여'라는 뜻으로 '총촌(惣村)'은 촌락이 바탕이 된 '총백성'의 기본 단위로 몇개의 '총촌'이 연결되어 '총향(惣鄕)'을 이루었다. 이 '총'은 촌락을 기초로 산야, 용수를 공동 이용하고 그것을 유지·관리해나가면서 외부의 압력에 대항하는 한편 그 지역의 토지나 절을 지켜주는 신에 대한 제사를 통해서 공동의식을 키워나갔다. '총'의 핵심은 15세 이상 60세까지의 남자들이 참여하여 모든 것을 결정하는 회합에 있으며 이 회합에서 신주를 돌려 마시면서 한마음을 이루어나갔고, 집행조직이 따로 있었다. 도시에서도 사정은 비슷하여 마찌(町, 우리의 동 정도에 해당함)에 사는 사람들은 마찌의 조직에 의해서 지역적 결합을 도모했고 회합과 연중행사를 통하여 단합을 강화해나갔다.

총은 냉혹하리만큼 철저한 단결을 요구하여 위반자를 엄벌에 처하였다. 전체의 뜻을 어기는 자, 즉 총을 배신하고 단결을 어지럽히는 자는 모든 가옥과 재산을 몰수당하고 처자도 함께 촌에서 추방되었다. 16세기 이즈미(和泉) 지방에서는 대기근에 빠졌을 때 공동 비상식량을 훔친 모자 가정이 회합의 결정에 따라 주살당한 경우도 있다.

총은 이처럼 배타적인 강한 구심성을 보이면서 다른 한편으로는 외부에 대해 한층 넓은 연대를 구해나갔다. 이는 무사단도 별 차이가 없다. 모든 것이 집단화되어 있는 사회에서는 집단에 들어가야 보호를 받을 수 있는 것이다. 그러므로 집단의 구성원은 집단에서 탈락되지 않으려고 기를 쓰고 노력한다.

"깃발만 따라다니다가 왔다"

일본 사람들은 경제적인 여유가 생긴데다가 원래부터 외국 문물은 직접 그 나라에 가서 보고 배워오는 것이 체질화된 사람들이라 외국에 대단히 많이 나간다. 게다가 근래에는 소위 엔 다까(円高) 때문에 국내여행보다도 외국여행이 돈이 덜 들어서 연간 천만 명 이상이 해외에 나간다. 기본적인 시설이 되어 있기 때문이기는 하지만 국내여행을 하는 경우에는 어느 곳에 가서 투숙을 하든 하룻밤에 한 사람당 5천 엔, 두 사람이면 만 엔은 내야 한다. 그러나 이 돈이면 세계 어느 나라에 가서도 투숙을 할 수 있다. 그러니 해외로 많이 나가게 되고 1994년 한 해에만도 1179만 명이 해외여행을 다녀왔다.

연간 천만 명 이상이 해외여행을 나가다 보니 외국에 가보면 걸리는 것이 일본 사람이고 웬만한 관광지에는 일본말이 안 통하는 데가 없으며 일본말로 된 안내 팸플릿이 없는 곳이 없다. 그런 관광지에서 으레 눈에 띄는 것은 일본 사람들이 일사불란하게 집단적으로 움직이는 모습인데 그 집단의 맨 앞에는 반드시 깃발을 든 사람이 선도를 하고 있다.

우리나라에서도 국립중앙박물관이라든가 일본 관광객들이 많이 오는 곳에 가보면 안내원이 깃발을 들고 앞장서서 걷고 수십명의 관광객들이 열심히 따라다니는 광경을 흔히 볼 수 있다. 관광을 하거나 쇼핑을 하다가도 깃발이 움직이면 얼른 따라 움직인다. '나까마(동아리, 한패)'에서 낙오되면 안되기 때문에 구경을 하다가도 깃발이 움직이면 자기가 속한 집단에서 떨어지지 않으려고 기를 쓰고 쫓아가는 것이다. 그래서 유럽 등 세계적인 관광지에서는 일본인들이 단체로 움직이는 것을 알려주는 깃발의 물결과 그 뒤를 따라서 일사불란하게 움직이는 일본 사람들로 장관을 이룬다. 일본인들의 이런 모습이 거꾸로 관광거리가 되고 있다.

이렇게 해서 단체로 외국관광을 다녀온 일본 사람들에게 이번 여행에서 무엇을 보고 왔느냐고 물어보면 "깃발만 따라다니다가 왔다"고 대답한다는 웃지 못할 이야기가 나온 것이다.

일본적 경영

일본이 경제적으로 세계시장을 석권하다시피 하니까 '일본적 경영'이라는 말이 생겨났다. 이 말은 일본 사람들이 쓰기 시작한 것이 아니고 구미 학자들이 쓰기 시작했는데, '일본적 경영' 하면 먼저 떠오르는 것이 일본의 원만한 노사관계와 종신고용제이다. 이것들은 일본인의 집단의식과 무관하지 않다.

일제 잔재를 청산하자고 떠드는 우리나라 신문에서 흔히 쓰는 말 중 '춘투(春鬪)'라는 것이 있다. 이 말은 일본에서 '봄에 하는 임금 인상투쟁'을 나타내는 것으로 봄에 노동조합측이 사용자측을 상대로 임금인상투쟁을 할 때 사용된다. 일본에서는 봄이 되면 연례행사처럼 춘투가 시작되는데 노동조합측에서 작년에 생산성이 얼마만큼 향상되었고 회사의 이익이 얼마만큼 신장됐으니까 예를 들어 5%를 올려달라고 하면, 기업측에서는 실제 생산성이나 이익이 그만큼 신장되지 못했다는 근거를 제시하면서 자기들이 올려줄 수 있는 상한선을 제시한다. 그 차이는 아주 미미하다. 타협이 잘 이루어지지 않으면 노사 양측의 대표가 텔레비전이나 언론매체 등을 통한 토론을 통해서 서로 데이터를 제시하면서 국민들의 지지를 자기 편으로 이끌기 위해 노력한다. 그러다가 여론의 향배에 따라 적당한 선에서 타협을 하게 된다.

지하철 타까다노바바역은 4만 명의 와세다대학생들이 이용하는 와세다대학의 관문에 해당하는 역으로 학교에서 전철로 한 정거장쯤 떨어진 곳에 있다. 토오쿄오도(東京都, '도'는 우리나라로 말하면 특별시)는 학생들의 편의를 위해서 타까다노바바역에서 와세다대학 사이에 도에서 운영하는 '도영'버스를 좀 싼값에 운행하고 있다. 그런데 몇년 전에 도에서 학교측에 그 버스의 적자가 커져 더이상 운행할 수 없다며 버스운행을 1년인가 2년 후에 폐지한다는 통보를 해온 적이 있다. 그러자 와세다대학의 학생회측은 1년간 학생들을 버스의 출발지와 종점 그리고 중간에 있는 정거장에 세워서 승하차 인원수를 조사하고 인건비와 버스의 감가상각비 등을 산출하여 토오쿄오도측에 도영버스가 적자가 아니라 흑자임을 입증하고 도영버스 폐지안을 철회할 것을 요구하자 토오쿄오도도 할 수 없이 철회했다.

서구의 노동조합이 회사의 적자나 흑자와는 거의 무관하게 자기들이 일한 데 대한 정당한 권리를 주장하는 데 반해서 일본의 노동조합은 자기들이 일한 데 대한 정당한 권리보다는 회사가 얼마만큼 성장했는가를 생각하고 그 속에서 자기가 받을 수 있는 액수를 요구하는 데 그 특징이 있다. 서구에서는 회사보다는 개인이 우선인 데 반해 일본에서는 자기가 속한 회사라는 집단이 우위에 있다. 일본에서는 가정은 휴식처이고 직장은 평생의 일터인 것이다. 따라서 평생의 일터인 직장을 바꾸는 것은 무사단에서 쫓겨나는 것이고, '총촌'에서 쫓겨나는 것으로 그것은 이등 인생으로 전락하는 것을 의미한다. 그러니까 한번 직장에 들어가면 그곳에서 뼈를 묻을 각오를 하는 것이다.

요즈음 텔레비전에 희한한 복장을 한 젊은이들이 많이 등장하는데 아마 일본에서 온 것이 아닌가 싶다. 앞에서 얘기했듯이, 일본의 물가는 세계적으로 비싸기 때문에 국내여행보다 외국여행을 더 많이 하여 일년에 천만 명 이상의 일본 사람들이 해외로 여행한다. 심지어 요즈음에는 연금생활자들이 물가가 싸고 경치도 좋고 치안도 잘 돼 있는 스페인 해안 같은 곳에 가서 생활하는 현상까지 생겨났다. 엔의 가치가 높다 보니 대학생들도 평소에 아르바이트를 좀 하면 방학 때에 해외여행을 가는 것이 별로 어렵지 않다. 이렇다 보니 일본에는 세계 각국의 풍습과 복장이 다 들어와 있다.

일요일이면 수만명의 젊은이들이 모여들어 춤을 추고 즐기는 하라쥬꾸(原宿)라는 곳이 있는데 그곳에 가보면 세계 각국의 복장을 모방해서 입고 모여든 젊은이들로 세계 옷의 전람회장 같은 느낌이 든다. 그렇기 때문에 대학생들의 복장도 기괴하고 각양각색이다. 그런데 복장이라든가 머리모양을 그렇게 괴상하게 하고 다니던 학생들도 일단 직장에 들어가면 행동거지에서 복장까지 '사람이 저렇게도 달라질 수 있구나' 할 정도로 180도 달라진다. 취직했다고 학교에 인사를 오는 학생을 보면 머리는 단정하게 깎고 기름을 발랐고 와이셔츠는 빳빳하게 풀을 먹였고 행동은 각이 진다. 이쪽에서 편안하게 해주려고 해도 긴장을 풀지 않는다. 직장에서 처음부터 인정받지 못하면 낙오되기 때문이다.

회사측에서도 그들은 자기 회사를 평생 일터로 알고 뼈를 묻을 각오를 하고 들어온 사람들이기 때문에 단순한 사원이 아니라 '나까마'인 것이다. 그렇기 때문에 회사가 불경기를 맞으면 책임자가 어느 날 부장이나 과장을 불러서 놀라지 않게 냉수 한 컵을 권한 다음 내일부터 당신 부서 사람들은 안 나와도 좋다고 할 수 있는 미국 회사들과는 달리 일본에서는 자연스럽게 종신고용제가 뿌리를 내릴 수 있고 원한다면 퇴직한 뒤에 자녀를 다시 그 회사에서 채용해주는 제도가 생겨나는 것이다.

와세다대학의 관문이라고 할 수 있는 타까다노바바역 근처에는 르노아르라는 다방이 있다. 서민들이 다니는 다방이나 음식점은 일반적으로 공간이 좁아서 덩치가 큰 나는 고생을 하는 경우가 많았는데 르노아르는 넓고 분위기도 마음에 들어 자주 이용했다. 그런데 시내에 다니다 보니 곳곳에 르노아르라는 다방이 있고 어느 곳에 들어가봐도 내부 시설이나 차맛이 타까다노바바역 근처에 있는 르노아르와 비슷한 것이다. 그래서 일본 친구에게 그 이유를 물어보았더니, 일본에서는 오래 근무한 점원에게 같은 옥호로 독립된 상점을 차려주는 전통이 흔히 있기 때문이라고 했다. 르노아르는 그런 전형적인 다방인 것이다.

미나미 경찰서장의 자살

직장은 평생의 일터이기 때문에, 일본 사람들은 돈을 벌면 집을 늘리는 것이 아니라 사업을 늘린다. 그러니 자기의 일터인 집단을 위해서 희생하는 일이 흔하다. 10여 년 전에 일본 국제전신전화국인가 하는 회사의 회장이 정계에 로비를 한 것이 발각되어 문제가 된 적이 있다. 그때 로비자금을 관리하던 경리과장이 투신자살을 함으로써 경찰 수사가 회사에 미치는 것을 막았다.

1995년 1월 코오베(神戸) 대지진이 일어났을 때에 제일 문제가 된 것이 식수였다. 지진으로 식수가 고갈되어 코오베시 주민들이 큰 어려움을 겪고 있는데도 좀처럼 시설이 복구되지 않자 시민들 사이에서 시당국에 대한 비난이 일기 시작했다. 그러자 코오베시 식수공급 시설의 복구를 책임진 담당공무원 키시 나까니시(岸中西)라는 사람이 책임을 느끼고 4층에서 투신자살했다. 복구작업이 미진한 것은 자기가 속한 집단인 코오베시의 책임이 아니고 자기 개인의 잘못이라는 것이다. 그래서 자살로써 자기 집단을 보호하려고 했던 것이다.

코오베 대지진이 일어나기 직전인 1994년 12월 28일 후꾸오까 미나미(南) 경찰서에서 조서를 위조한 사건이 발생했다. 이 사건으로 미나미 경찰서에 대한 비판이 일어나자 서장인 코가(古賀)씨는 이 사건은 미나미 경찰서의 책임이 아니고 자기가 감독을 잘못했기 때문에 일어난 것이라고 해명을 하고 자살로써 책임을 졌다. 자기가 속한 집단에 쏟아지는 비난의 화살을 막기 위하여 자기가 책임을 지고 자살을 한 것이다.

집단에 들어가야 보호를 받을 수 있기 때문에 일본인들은 어딘가 집단에 들어가 있고 거기에서 낙오되지 않으려고 노력한다. 그 노력이 옛날에는 무사단이나 총촌에서 배신자가 되어 쫓겨나지 않으려는 노력이었고 오늘날에는 회사에서 낙오되지 않으려고 하는 노력, 단체여행 때에 깃발에서 떨어지지 않으려는 노력으로 나타난다. 그리고 집단의 규범을 잘 지키고 친절하고 정직하게 행동하여 동료들로부터 인정을 받지 않으면 안된다. 이 점이 바로 질서의식

과 친절과 정직성으로 나타난다. 이 특징에 대해서는 다음 장에서
좀더 자세히 얘기해보겠다.

4. 집단의식에서 생긴 특성들

 자정에 들리는 하이힐 소리

우리 학생들은 대부분 자기가 과거 일제 35년간의 한국 지배에 대한 감정적 차원에서 벗어나 일본을 이해하고 있다고 생각한다. 그러나 사실은 대단히 민감하게 반응하는 경우가 많기 때문에 나는 학생들에게 일본 이야기를 할 때 무척 조심한다. 더구나 일본은 일단 근대화에 성공한 나라이고 한국은 그 뒤를 쫓아서 근대화로 나아가고 있는 나라이기 때문에, 일본 역사를 가르치다 보면 자연히 일본을 칭찬하는 것처럼 보이기 쉬워서 내 나름대로는 표현에 대단히 신경을 쓴다.

대학강단에 선 지 벌써 10여 년이고 보니 일본 역사를 공부하겠다고 해서 일본에 유학을 보낸 학생들이 벌써 10여 명이다. 몇년 전 일본에 갔더니 한국에서 지도교수가 왔다고 해서 그 학생들이 한자리에 모였고 이런저런 이야기를 하다가 결국은 일본 사회에 대한 이야기가 화제에 올랐다.

그중 한 학생이 "밤 열두 시가 넘은 고요한 시간에 공부를 하고 있으면 간혹 1시가 넘었는데도 딸가닥딸가닥 하이힐 소리가 들립니다. 새벽 1시에도 여자 혼자 골목길을 걸어갈 수 있다는 사실이 일본 사회가 얼마나 안정되어 있는가를 잘 말해주는 것 같습니다"라고 하면서 "예전에 선생님께서 일본 이야기를 하실 때는 좀 지나치게 칭찬하는 것이 아닌가 생각할 때도 있었습니다만 일본에 와서 실제로 생활해보니 오히려 선생님께서 학생들한테 좀더 솔직하고 과감하게 일본에 대한 이야기를 해주실 필요가 있었다고 생각합니다"라고 덧붙였다. 그 말에 대해서 나는 "그때 자네들은 일본에 가본 적이 없는 사람들이 아니었나. 자네 말대로 하면 오히려 반발이 생겨서 역효과를 낼 가능성이 클까 봐 그랬네. 자네가 나한테 일본 역사를 배우면서도 여기 와보기 전까지는 마음속으로 내 말에 얼른 수긍하지 않았다는 사실이 그 좋은 예가 아닌가"라고 대답해주었다. 결국 그날 모임에서는 일본에 대한 칭찬으로 보이더라도 흔히 일본의 장점이라고 하는 질서의식과 사회안정 등에 대해 과감히 말해줄 필요가 있다는 결론에 도달했다.

"가장 완벽한 사회주의 국가"

일본인들의 질서의식을 단적으로 보여준 사건이 1995년 1월 17일에 일어난 코오베 대지진이다. 10여 년 전 뉴욕에서 열 시간 가량 정전된 일이 있었는데 그때 뉴욕시는 강도, 약탈로 온통 무법천지가 되었다. 그리고 몇년 전 LA폭동 때도 역시 약탈, 방화로 무법천지가 된 그곳의 텔레비전 화면을 우리는 아직도 생생하게 기억하고 있다. 그러나 코오베 지진에서는 5천 명 이상이 죽고, 2만 명 이상이 부상당하고, 이재민이 30만 명 이상 발생했으며 8만 채 이상의 건물이 파손됐는데도 불구하고 강력사건 하나 발생하지 않았다. 빵 한 조각 물 한 병을 구하기 위하여 장사진을 친 사람들이 몇시간씩 흐트러지지 않고 조용히 기다리는 모습은 전세계를 놀라게 했고, 어쩌다가 운이 좋아서 경제적으로 부자가 된 졸부의 나라쯤으로 알고 있던 일본을 세계 사람들에게 다시 인식시키는 계기가 됐다. 그리고 건물에 깔려 죽은 이들의 유체발굴 현장에서 통곡하는 사람 하나 없이 속으로 오열하는 장면에 이르러서는 이 사람들은 무슨 짓이라도 다 할 사람들이라는 생각에·오싹 소름마저 끼쳤다.

오래 전 일인데 일본에서 세계 사회학자 대회가 열린 적이 있다. 거기 참가한 사람들이 일본 사회의 한 단면을 보기 위하여 러시 아워에 신쥬꾸역에 가서 일본 사람들의 출퇴근 모습을 보기로 했다. 신쥬꾸역은 러시 아워에 수십만명이 이용하여 가히 교통지옥을 이루는 곳으로 토오꾜오에서 가장 복잡한 역 가운데 하나다. 그 속에서 일본 사람들이 어떻게 행동하는가를 살피려고 했던 것이다. 그들의 결론은 "도대체 이 상황에서 한 건의 사고도 일어나지 않는게 믿어지지 않는다"는 것이었다. 그 복잡한 러시 아워에도 작은 사고 하나 내지 않고 질서있게 조용히 움직였으니 말이다.

사회주의 국가는 모든 것을 국가가 계획하여 시행하기 때문에 조직적으로 질서를 유지해나가는 데 그 특징이 있다. 그 사회주의 국가의 종주국이던 소련은 이미 해체되어 이제는 그 자취도 찾아볼 수 없게 됐지만, 해체되기 수년 전 소련의 학자들이 일본에 와서 일본 사회를 시찰한 적이 있다. 그들은 일본 사회를 돌아보고 나서 "일본이야말로 가장 완벽한 사회주의 국가다"라는 말을 남기고 돌아갔다. 얼마 전 우연히 NHK 위성방송을 보니까 학자들이 나와서 무슨 대담을 하고 있었다. 그 프로에서도 어느 학자가 "지구상에 남아 있는 유일한 사회주의 국가가 일본이다"라고 평한 외국 학자들의 견해를 소개하자 참석한 학자들이 모두 고개를 끄덕이면서 수긍하는 장면을 볼 수 있었다. 사회주의 국가 못지않게 보이지 않는 끈으로 연결되어 질서있게 움직이는 게 일본 사회이고 그 끈은 바로 그들의 집단의식이다.

술 나르는 아가씨도 등급이 있다

일본은 관료가 지배하는 국가로, 일반 서민이 출세할 수 있는 길 중의 하나가 토오꾜오대학을 나와서 오오꾸라쇼오(大藏省, 재무부)에 들어가 관료가 되는 것이다. 그런데 일본의 인구는 1억 2500만이나 되는데 토오꾜오대학에서 뽑는 학생 수는 1년에 3천 명 정도밖에 되지 않아 7수, 8수생까지 생긴다. 아마 세계에서 시험을 통해 들어가기가 가장 어려운 대학이 토오꾜오대학일 것이다. 들어가기가 어려운 만큼 토오꾜오대학생이라고 하면 일본 사람들은 그야말로 꾸벅한다.

요즈음은 좀 뜸하지만 1970년대만 해도 게임을 통해서 청춘남녀가 데이트를 하는 종류의 프로그램이 많았다. 일본에 가보니까 일본에도 그런 프로그램이 성행하고 있었다. 어느 날 우연히 보게 되었는데 게임 결과 한 쌍이 성공을 거두어 서로 신분을 밝히게 되었다. 여자는 자기가 회사원이라 했고 남자는 토오꾜오대학 법학부 학생이라고 신분을 밝혔다. 그러자 그 여자가 눈을 화등잔만하게 뜬 채 두 손을 내젓고 뒷걸음질을 치면서 자기는 도저히 상대가 되지 않으니 데이트를 할 수 없다는 것이었다. 지금도 그 아가씨의 놀란 표정을 잊을 수 없다. 집단 속에는 보이지 않는 위계질서가 존재하게 마련인데, 일본 사회에는 보이지 않는 신분의 벽이 있고 일본 사람들은 그 신분의 벽을 적극적으로 깨뜨리려고 하기보다는 받아들여서 집단의 질서를 유지하려고 하는 경향이 있다.

일본은 파트 타임의 천국이라고 할 수 있다. 파트 타임으로 사람을 쓰지 않는 분야가 없을 정도이다. 와세다대학에서 멀지 않은 타까다노바바역 근처에는 가볍게 한잔할 수 있는 술집이 많이 있는데 거기에서 일하는 많은 여자 종업원들도 대부분 파트 타임으로 일하는 아르바이트생들이다.

하루는 일본 친구들과 역 앞에서 저녁에만 영업을 하는 호프집 비슷한 대형 술집에 들러 술을 마시게 됐는데 많은 여자 종업원들이 부산하게 움직이고 있었다. 이 여자 종업원들이 낮에는 뭘 하다가 저녁에만 여기에 와서 일을 하는가 싶어 옆에 앉은 친구에게 "이 많은 여자 종업원을 다 어디서 조달하느냐"고 물어보았다. 그 친구는 "대부분 여대생인데 단기여자대학 학생이 많지만 개중에는 와세다나 토오꾜오 대학의 학생도 있다"고 대답한 뒤 "저기 저 여학생도 와세다대학 여학생"이라면서 손가락으로 한 종업원을 가리키는 것이었다.

당시는 일본에 간 지 얼마 안돼서 일본 물정을 몰랐기 때문에 "어떻게 여자 대학생들이 술집에서 일을 할 수 있느냐"고 항의성 질문을 하자 그 친구는 "술집에서 아르바이트를 하는 것이 뭐 어떠냐?"면서 "일본에서는 무슨 아르바이트를 하든 별로 문제가 될 것이 없다"고 했다. 그래서 다시 "단기여자대학 학생들은 학생들을 가르치는 자리를 얻기 힘들지도 모르지만, 와세다나 토오꾜오 대학 학생이라면 그런 아르바이트를 얻어 돈도 더 많이 받고 편안하게 돈을 벌 수 있을 것이다. 그런데 왜 자기 장점을 못 살리고 단기대학 학생들과 똑같은 대우를 받으며 이런 데서 아르바이트를 하느냐"고 물어보았다. 그랬더니 그 친구가 웃으면서 "술집에서 아르바이트를 하는 경우에도 단기여자대학 학생보다는 와세다대학 여학생이 돈을 더 많이 받고 와세다대학 여학생보다는 토오꾜오대학 여학생이 더 많이 받는다"는 것이었다.

학생들을 가르치는 일에 대학의 차이가 있다거나 술집이니까 미모에 따라서 차이가 난다면 그런대로 이해가 된다. 그렇지만 술집에서 술시중을 드는 것도 아니고 파트 타임으로 술잔 나르는 아르바이트를 하는 데도 대학에 따라서 급료 차이가 난다니 기가 막혔다. 그래 와세다대학 여학생이나 단기대학 여학생이 그런 점에 수궁을 하느냐고 물었더니 "당연하지 않냐"고 하면서 오히려 나를 이상하다는 듯이 쳐다보는 것이었다. 일본에서는 술을 나르는 일에도 신분의 등급이 있는 것이다.

신부수업학교

일본에서는 아내가 남편을 '슈진(主人)'이라고 부른다. 남편은 아내의 주인이라는 뜻으로 이것은 일본 가정에서의 남편과 아내, 일본에서의 남자와 여자의 관계를 잘 표현하는 말이다. 고대부터 일본의 귀족들은 많은 처첩을 거느렸다. 중세 이래의 무가사회, 특히 전국시대에는 여성을 완전히 정략의 도구로 이용하였고 여성들도 이것을 운명으로 받아들였다.

토요또미 히데요시는 시집가서 잘살고 있는 자기의 여동생을 이혼시켜서 토꾸가와 이에야스에게 다시 시집보냈으며, 토꾸가와 이에야스의 할머니는 그녀의 전 남편이 자녀까지 둔 뒤에 그녀를 토꾸가와 이에야스의 할아버지에게 준 경우였다. 토꾸가와 이에야스의 어머니 역시 그를 낳은 뒤 친정 오빠가 이혼을 시켜 다른 곳으로 시집보냈다. 일본 여성들의 이런 지위가 높아진 것은 1945년 점령군 총사령부가 '남녀동등'이라는 슬로건을 내걸고 펼친 여성해방 정책 때문이었다.

그후 여성들의 사회적 진출이 활발하게 이루어지고 경제적 독립도 이루어져 젊은 세대 사이에는 거의 차별이 없는 것처럼 보인다. 대학원생들이 같이 여행을 하는 경우 여학생들은 가만히 앉아 있고 남학생들이 모든 뒤치다꺼리를 하는 것도 드문 일이 아니다.

유학시절 같이 공부하던 학생 중 직장여성과 결혼한 사람이 있다. 전에는 대학원 쎄미나가 끝나고 어울리는 술자리에 빠짐없이 끼더니 결혼한 뒤에는 곧잘 빠지는 것이었다. 모처럼 함께 어울린 날이 있는데 1차를 간단히 마친 뒤 2차를 가자고 하니까 또 그 친구가 빠지겠다는 것이다. 마침 내가 그 옆에 있었기 때문에 왜 그냥 가려고 하는지 물어보았더니 "오늘은 내가 당번을 하는 날인데 아내가 돌아올 시간이라 빨리 가서 저녁 준비를 해야 한다"는 것이었다. "하루쯤 안해도 되지 않느냐"고 했더니 "같이 일을 하니까 집안일도 똑같이 분담해서 해야 하지 않겠느냐"는 대답이었다. 속으로 직장을 다니는 부인이 생활비를 전부 부담하기 때문에 가사는 이 친구가 주로 돌봐야 하는가 보다 싶어서 그러면 생활비는 부인이 전부 내느냐고 다시 물었더니 생활비도 똑같이 분담한다면서 그러니까 자기도 아르바이트를 열심히 하고 있지 않느냐고 반문하는 것이었다. 이쯤 되면 적어도 표면적으로는 완전히 남녀평등이 이루어진 것처럼 보인다. 그러나 반드시 그렇지만도 않은 것이 일본 사회다.

요즈음은 대부분 전문적인 지식을 필요로 하기 때문에 여자도 2년제 대학을 나와서는 취직이 어렵다. 그래서 2년제 대학보다는 4년제 대학 쪽으로 몰리는 경향이 있는데, 일본에는 4년제 여자대학이 거의 없고 2년제 단기여자대학이 많다.

왜 여자대학이 4년제가 거의 없고 2년제가 대부분인지 궁금해서, 한국에는 2년제 여자대학은 별로 없고 대부분의 여자대학이 4년제라는 사실을 잘 알고 있는 지인에게 "일본에는 왜 2년제 여자대학이 많으냐"고 물어보았다. 그의 대답인즉 일본에서는 단기여자대학을 일명 '신부수업학교'라고도 부르는데 시집가기 위한 준비학교로 인기가 있기 때문이라는 것이다. 그 말이 잘 이해가 되지 않아 "시집을 가기 위해서라면 2년제보다는 4년제 대학을 나오는 것이 유리하지 않느냐"고 반문했더니 "한국에서는 많이 배우고 똑똑한 여자가 신부감으로 인기가 있지만 일본에서는 그런 여자는 데리고 살기에 부담스럽다고 생각하기 때문에 2년제 단기여자대학생이 오히려 더 인기있다. 그리고 회사에서도 마찬가지로 생각하기 때문에 4년제 대학 출신보다는 2년제 단기여자대학 출신이 취직이 잘된다"고 설명해주면서 "그렇기 때문에 와세다대학이나 토오꾜오대학을 나온 여자는 시집가기가 쉽지 않다"고 부언하는 것이었다.

문득 현재 일본의 황태자비도 토오꾜오대학과 하버드대학을 나왔기 때문에 결혼을 못하고 노처녀로 있었는지도 모르겠다는 생각이 들었다. 아직도 부려먹기 쉬운 여자가 시집가기 쉽고 취직하기 쉬운 사회가 일본 사회다.

 20%의 보상비

나는 고려대학교에서 석사과정을 마친 뒤 와세다대학에 가서 다시 석사과정을 공부했다. 그런데 고려대학교의 지도교수인 J교수는 대단히 언행에 신중하셔서 한 말씀 한 동작에 천근의 무게가 실려 있고 사회적으로도 대단히 존경받는 분으로, 나는 그분의 언행을 일생의 교훈으로 삼고 있다. 70년대 말 일본으로 유학을 떠날 때 그분께 인사를 드리러 갔더니 몇가지 말씀을 해주셨다. 당신이 10여 년 전 일본에 가셨을 때 깜박 잊고 공원 벤치에다 카메라를 두고 왔는데 나중에 생각이 나서 가보니까 카메라가 그 자리에 그대로 있더라는 것이었다. 그러시면서 "당시 일본에서 물건은 잃어버려도 고스란히 되돌아오는데 현금은 70%밖에 돌아오지 않았어. 자네가 이번에 일본에 가면 10년 동안 일본이 얼마나 변했는지 잘

관찰해보게"라고 말씀하셨다.

유학생활을 하다 보니 긴장된 생활의 연속이라 그 말씀은 까맣게 잊고 있었다. 그러다가 유학생활이 안정되기 시작한 다음해 봄 메이지대학에 와 계시던 선배 한 분과 토오쿄오 근교에 있는 고까네이(小金井) 공원에 벚꽃 구경을 갔다. 구경을 다 끝내고 돌아와서 보니 지갑이 어디로 빠져나가버리고 없는 것이다. 지갑을 잃어버리고 나니 그제야 한국을 떠나올 때 지도교수께서 해주셨던 말씀이 생각나면서 좀 묘한 기분이 들었다. 잃어버린 지갑 속에는 만 2천 엔(지금 우리 돈으로 약 10만 원)이 들어 있었는데 당시 유학생이던 나에게는 적지 않은 돈이었으므로 찾기를 바라는 마음이 컸지만 다른 한편으로 일본에서는 현금을 잃어버려도 70%는 돌아온다던 지도교수의 말씀이 떠오르자 일본인들이 정말 돌려주는가 보자 하는 묘한 심리가 생겼기 때문이었다.

그런데 한 일주일쯤 지나자 와세다대학 외사과(외국 학생에 관한 일을 담당하는 곳)에서 연락이 왔다. 내가 잃어버린 지갑이 경찰서에 신고되어 있으니 거기 가서 찾으라는 것이었다. 아마 지갑 속에 들어 있는 학생증을 보고 학교로 연락을 한 것 같았다. 한편으로는 반갑기도 하고 다른 한편으로는 실망감에 젖어서 지갑을 찾으러 경찰서에 갔다. 그랬더니 잃어버린 지갑과 내용물을 확인시킨 경찰이 "법적으로 지갑을 신고한 사람에게는 지갑에 들어 있던 돈의 10%에서 20% 이내로 보상을 하게 되어 있다"면서 얼마를 보상하겠냐는 것이었다. 그래서 신고한 사람이 보상비를 받겠다고 하더냐고 물었더니 그렇다고 했다. 신고해준 것이 고마워 보상비를 내놓으면서도 돈을 받으려면 차라리 신고를 하지 말고 전부 가져가버리거나 주인을 찾아주라고 신고를 할 바에는 보상금을 받지 말 것이지 돌려주라고 신고는 하면서 보상금은 왜 달라고 하는지 당시에는 잘 이해가 되지 않아 고개를 갸우뚱했었다. 그러나 일본 생활이 길어지면서 그 심정이 이해가 되었다.

그 사람의 착한 마음을 악으로 갚는 것 같아서 대단히 미안한 얘기지만, 그 사람이 주운 돈에 대해 신고를 하고 보상을 요구한 것은, 돈을 줍는 자기 모습을 본 사람이 전혀 없는데도 불구하고 누가 보았을까 봐 신고를 하지 않으면 불안해서 견딜 수가 없었던 것이다. 자기가 속한 집단에서 탈락되지 않고 인정받기 위해서는 정해진 규칙을 지키고 신용을 얻고 정직해야 하기 때문에 본 사람이 없다는 것을 잘 알면서도 신고하지 않으면 불안했던 것이다.

유학생활이 끝나갈 때쯤 대학 후배의 소개로 직원이 1, 2만 명쯤 되는 '일본여행사'라는 곳에서 여행가이드로 아르바이트를 한 적이 있다. 일이 끝나면 모든 소요 경비를 청구하도록 되어 있는데 그날도 정산을 하러 회사에 갔다.

회사 근처에 있는 지하철역에 내려서 정산할 때 참고하려고 지하철 요금표를 보니, 나는 170엔짜리 노선을 이용했는데 140엔으로 갈 수 있는 다른 노선도 있었다. 그래서 집에서 여행사까지 드는 지하철의 요금을 140엔으로 기입했더니 정산서를 들여다보던 직원이 금방 "여기까지 오는 데 드는 지하철 요금이 170엔일 텐데 왜 여기에는 실제보다 30엔이나 적게 기입했느냐"고 묻는 것이다. "사실은 170엔을 내고 왔는데 도착해서 보니까 140엔으로도 올 수 있는 노선이 있었다. 내가 잘 모르고 170엔짜리 노선을 이용했기 때문에 140엔으로 청구한 것이다"라고 대답했더니 그 직원이 웃으면서 "당신이 140엔으로 알고 있는 노선은 아직 개통이 안되었다. 그러니 170엔으로 청구하라"는 것이 아닌가.

그 직원이 내가 타고 올 전철 노선의 비용까지 다 조사해 기억하고 있다는 사실에 소름이 오싹 끼칠 정도로 깜짝 놀랐다. 정말로 무서운 사람들이다. 그러나 다른 한편으로는 만 명, 2만 명의 직원이 회사를 위해서 10엔, 30엔까지 신경을 쓰면 어떤 회사라도 잘되지 않겠는가 하는 생각이 들었다. 여하튼 그 사건 이후에 나는 정직성을 인정받아서 그 다음부터 내 정산서는 거의 검사 없이 통과되었다. 드디어 나도 임시직이기는 하지만 내가 속한 집단에서 인정을 받기 시작한 것이다.

 화를 내지 않는 사람들

쿠데타를 할 때도 웃는 얼굴로

집단에서 낙오되지 않고 동료들에게 인정받기 위해서는 속마음이야 어떻든 남들 앞에서는 화가 난 모습을 감추고 친절하게 대하지 않으면 안된다. 몇년 전 리쿠르트 사건으로 물러난 타께시따 전 총리의 경우를 살펴보면 이 점을 잘 알 수 있다.

타나까 전 총리와 후꾸다 전 총리는 다 같이 사또오 전 총리가 이끌던 사또오파에 속했던 인물들인데 사또오 전 총리는 원래 자기의 후계자로 후꾸다를 의중에 두고 있었다. 그런데 타나까는 몰래 사람들을 끌어모아 자파 내의 선거에서 사또오만 믿고 있던 후꾸다를 제압함으로써 사또오의 후계자가 되었다. 타나까는 자신이 사또오파에서 분파를 만들어 반란을 일으켰기 때문에 자기 파 속에서 파벌이 생겨나는 것을 철저히 경계했다.

그런데 타나까가 킹메이커 역할을 하면서 영향력을 행사해나가기 위해 자기 파에서는 총리 후보를 내지 않으니까 타나까파에 속해 있으면서 총리를 꿈꾸던 타께시따가 타나까파 내부에서 몰래 사람들을 끌어모아 어느 날 갑자기 독자적인 파벌을 선언하고 나섰다. 깜짝 놀란 타나까는 뇌일혈로 쓰러지고 타나까를 쓰러뜨린 타께시따는 마침내 총리가 되었다. 전국시대를 살다 간 다이묘오의 체취를 풍기는 타께시따는 항상 웃는 얼굴로 절대 남에게 화난 얼굴을 보인 적이 없는 인물로 유명하다. 남에게 항상 친절한 웃음만 짓던 그가 자신이 속해 있던 파에서 새로운 파를 만들어 타나까를 쓰러뜨리고 총리가 된 것이다. 웃으면서 쿠데타를 한 셈이다.

평범한 시민들도 남을 의식하는 태도가 몸에 배어 있다. 일본에 간 지 얼마 안됐을 때 일이다. 학교에 갔다가 전철에서 내렸는데 무슨 모임에 다녀오는지 아줌마 몇명이 전철에서 내려 서로 작별인사를 하고 있었다. 처음에는 무심코 지나치려 했는데 서로 계속 절을 하는 바람에 발걸음을 멈추고 말았다. 한번만 인사를 하면 될 텐데 싶어 가만히 바라보고 있으려니 계속 절을 하기에 대관절 몇번이나 더 할까 궁금하여 헤아려보기 시작했다. 그랬더니 꼭 11번을 더 하는 것이었다. 인사를 몇번 하고 돌아섰다가도 몇발자국 떼어놓으면 다시 돌아서서 인사하고 또 돌아서 가다가 다시 인사를 하는 것이 아닌가. 속은 어떻든 적어도 표면으로는 남에게 폐를 끼치지 않고 친절을 다해야 인정받고 살아갈 수 있는 곳이 일본이다.

전철문화

일본에 갔다 온 대부분의 사람들은 많은 일본인들이 전철 안에서도 책을 읽더라고 이야기한다. 확실히 뉴욕이나 빠리와는 달리 일본에는 전철 안에서 책이든 만화든 신문이든 뭔가를 읽는 사람이 많다.

일본 사람들은 집단 속에서 인정받고 탈락하지 않기 위해서 확실히 자기 자신보다는 남을 의식하여 행동한다. 그래서 미어터질 것 같이 들어차서 옴짝달싹할 수 없는 전철 안에서도 다른 사람들이 올라타면 일단 상대방을 위해서 몸을 움츠려주는 시늉이라도 한

4. 집단의식에서 생긴 특성들 157

다. 이런 사람들이니 전철 안에서 남과 눈이 마주치는 것을 부담스럽고 어색해하는 것이 당연하다.

　나는 나면서부터 숫기가 없어서 복잡한 전철이나 버스를 타면 언제나 눈길을 둘 데가 없어 고역을 치른다. 천장을 쳐다보자니 고개가 아프고, 앞을 보다가 다른 사람과 눈길이라도 마주치면 괜히 어색해진다.

　예전에는 공공장소에서 책을 들고 읽는 것이 왠지 공부하는 티를 내는 것 같아 쑥스러웠다. 그러나 일본에서는 전철 안에서 대부분의 사람들이 책을 읽는데다가 연속되는 시험이나 논문 때문에 워낙 다급하기도 해서 나 역시 전철 안에서 책을 들고 읽기 시작했다. 그런데 전철 안에서 책을 읽다 보니 천장을 바라볼 일이 없어서 목이 아프지도 않고 남과 눈이 마주칠 일이 없으니까 쑥스럽지도 않아서 그렇게 편할 수가 없었다. 게다가 밀린 공부 때문에 거리를 걸어가면서도 책을 읽다가 집사람을 교통사고까지 당하게 하던 시절이라 전철 안에서 책을 읽으며 공부하는 것은 나에게 일석이조의 효과가 있었다.

　이러다 보니 일본 사람들이 왜 전철 안에서 책을 읽는지 자연스럽게 깨달아졌다. 전철 안에서 책을 읽는 것은 지나치게 남을 의식하며 사는 일본 사람들에게는 남에게 피해를 주지 않으면서도 나름대로 즐거움을 얻을 수 있는 방법이기 때문이다.

　이와같이 전철 안에서 무언가를 읽으려는 사람들의 욕구에 맞춰 나온 것이 만화나 주간지 또는 문고판이다. 거리와 전철역의 가판대나 휴지통에 넘치는 것이 사람들이 읽고 버린 만화나 주간지이고 책방의 서가를 채우고 있는 것이 문고판이다. 그만큼 많이 팔리고 많이 읽힌다는 이야기다. 만화나 주간지는 아무 부담 없이 읽을 수 있어서 좋고, 문고판은 가지고 다니기 편할 뿐만 아니라 전문적인 내용이 비교적 가볍게 씌어 있어서 읽기에 좋다.

학자들 입장에서는 딱딱한 연구서는 아무리 출판해도 읽어주는 사람이 없는데 연구 결과를 가벼운 문고판으로 내면 짭짤하게 수입도 올릴 수 있고 대중들의 의식 향상에도 기여할 수 있어서 좋다. 내 지도교수도 일본 고대사 분야에서 대단히 저명한 분인데 문고판을 대여섯 종류 이상 갖고 계시다. 문고판을 통해서 자신의 연구 결과를 대중에게 널리 알리고 그들의 역사인식을 높이는 데 크게 기여하는 것이다. 문고판은 전철문화와 집단의식이 결합하여 만들어낸 것으로 일본인들의 의식 향상에 크게 기여하고 있다.

 **"당신은 와세다대학을 다녔으니까"**

이지메 문화

집단과 집단은 힘을 바탕으로 서로 견제하고 타협하면서 공존한다. 그렇기 때문에 어느 한쪽이 힘을 잃으면 공존의 바탕은 무너지고 약자는 경쟁에서 탈락하며 새로운 공존의 틀이 마련된다. 이것은 집단 내부에서도 마찬가지다. 따라서 경쟁에서 패하여 밀려난 자는 집단에서 용납되지 못한다. 세계에서 유례를 보기 힘들 만큼 심한 '이지메(いじめ, 학대)' 문화가 있고 차별문화가 존재하는 것은 이 때문이다.

1994년 12월 일본 에히메(愛媛)현 니시오(西尾)시에 있는 중학교에서 2학년생인 오오꼬우찌(大河內)군이 동료들의 이지메로 자살한 사건이 발생하여 사회에 큰 파문을 일으켰다.

이지메라는 것은 학생들이 집단을 이루어 특정 학생을 학대하는 것으로 다른 나라에 전혀 없는 현상은 아니나 일본에는 '일본 자살

예방학회'라든가 '문부성 이지메 대책위원회' 등까지 있는 것으로 보아 그 심각성을 짐작할 수 있다. 1989년에서 1994년까지 5년간 일어난 이지메 사건이 중학교에서 약 1만 2800건, 국민학교에서 6400건에 이르렀다는 사실 또한 그 심각성을 뒷받침해준다. 이처럼 이지메는 일본에서 흔히 있는 일로 중학생들이 이지메를 당해 자살하는 일이 자주 발생하자 커다란 사회문제로 부각되었다.

이지메 사건은 다반사이기 때문에 웬만해서는 언론에 보도조차 되지 않는다. 누군가 자살이라도 하거나 특이한 사건일 때만 관심을 갖는다. 그런데 어느 날 저녁을 먹고 뉴스를 보기 위해 텔레비전을 켜니까 이지메 때문에 중학생이 자살한 사건을 보도하고 있었다. 당시만 해도 유학 초기인지라 이지메라는 말만 들었지 실체를 잘 모를 때라서 관심을 가지고 보았다. 보도 내용인즉 한 중학생이 이지메 때문에 학교를 못 가다가 며칠 만에 나갔더니 이지메 그룹이 자기 책상 위에 검은 리본을 단 자기 사진과 조화를 장식해놓은 것이었다. 그들끼리 자기 장례식을 치른 셈이다. 그 광경을 접한 학생이 쇼크를 받아 자살해버렸다. 이지메의 실체를 처음 본 것이기도 했지만 순진하고 천진난만해야 할 중학생들이 어쩌면 저렇게 잔인할 수 있을까 하는 생각에서 소름이 오싹 끼쳤다. 그리고 동시에 그렇게 될 때까지 사태를 방치한 학교당국에 분노를 금할 수가 없었다. 아마 당해보지 않은 사람은 그때의 심정을 이해할 수 없을 것이다.

에히메현에서 일어난 이 사건이 큰 파문을 일으키게 된 이유는 이지메 집단이 오오꼬우찌군으로 하여금 남의 자전거를 훔치게 하고 악질적으로 그 약점을 이용해서 오오꼬우찌군을 이지메했다는 것, 그리고 오오꼬우찌군의 부모가 자기 아들이 이지메를 당하고 있다고 학교측에 알렸는데도 불구하고 학교에서는 오오꼬우찌군 역시 이지메 그룹의 일원으로 다른 학생들의 이지메에 참여해왔다는 이유로 부모의 항의를 묵살하여 학생을 자살에까지 몰아넣었기 때문이다.

결국 오오꼬우찌군은 이지메 그룹에서 탈락된 뒤에 그 그룹의 이지메로 죽게 되었는데, 그 사건은 일종의 집단의식에서 나온 것이다. 내부 결속을 중시하는 집단의식은 집단에서 탈락한 자나 집단에 끼지 못한 자에 대해서는 배타적일 수밖에 없다. 그래서 일본에서는 집단에 끼려고 노력하고 집단에서 인정받아 쫓겨나지 않으려고 노력하는 것이다.

"당신은 와세다대학을 다녔으니까"

아마 일본에 거주하는 아시아인들이 제일 가기 싫어하는 곳은 비자 발급이나 연장 업무를 담당하는 법무성 산하 출입국관리사무소일 것이다. 아시아인들이 제일 모멸을 당하거나 서구인들에 비해 차별을 받는다고 느끼는 곳이 바로 그곳이기 때문이다.

비자를 취급하는 법무성 관리들은 아시아권 사람들이 비자 연장 신청을 하려고 가면 으레 그 목적을 순수하게 보지 않고 무슨 범죄자 취급을 한다. 젊은 아시아 여자가 비자를 연장하기 위해서 가면 그들은 완전히 거리의 여자 취급을 하면서 술집에서 일하기 위해 와 있는 사람이 아니냐 하는 식으로 색안경을 쓰고 무조건 반말로 질문을 던진다.

내 집사람의 대학동창 중 미국 사람과 결혼해서 토오꾜오에 살고 있는 이가 있었다. 부부가 다 인텔리로 남편이 대단히 자상한 사람이라 전에는 언제나 그가 대신 가서 비자를 연장받곤 했던 모양이다. 그런데 그날은 남편에게 일이 있어서 집사람 친구가 직접 갔더니 비자담당 직원이 그녀를 완전히 양공주 취급하는 바람에 너무도 억울해서 집사람을 찾아와 펑펑 울더라는 것이다. 귀하게 자라서 평생 그렇게 모욕적인 대우는 처음 받아본 것이었다. 얼마 있다가 남편을 졸라서 미국으로 가버렸음은 물론이다.

남자의 경우에는 무슨 불법취업이라도 하러 온 것이 아닌가 또는 무슨 범죄라도 저지르려는 것은 아닌가 하는 식으로 질문을 던진 다. 자기 돈으로 공부하는 유학생들 역시 출입국관리사무소에 갔 다 오는 날은 당연히 기분을 잡치는 날로 생각한다. 일본에 막대한 돈을 뿌리며 내 돈 내고 내 공부 하겠다는데 꼭 무슨 범죄자 취급 을 하니 기분 나빠 죽겠다는 것이다.

그런데 그렇게 까다로운 법무성 관리들도 서양사람이 나타나면 언제 그랬냐는 듯이 일본인 특유의 상냥한 태도로 몇마디 물어보지 도 않고 즉시 도장을 찍어준다. 비자를 연장받으러 갔다가 옆에서 그런 광경을 보고 있노라면 정말 울화통이 터진다. 나는 다행히 일 본 국비장학금을 받았기 때문에, 서양사람에게처럼 상냥하게 웃어 주지는 않더라도 대개 두말없이 도장을 찍어준다. 국가가 초청한 믿을 수 있는 사람이라는 의미이리라. 이런 일을 겪어서 잘 알고 있기 때문에 나한테 지도를 받던 학생들이 일본으로 유학을 가는 경우에는 "돈이 문제가 아니니까 꼭 국비유학시험에 합격해서 가 라"고 권한다. 그 덕택에 우리 학생들은 대부분 국비유학시험에 합 격하게 됐지만.

과거에 고려대학교에 와서 한국사를 공부하고 돌아간 뒤 지금은 고등학교에서 교편을 잡고 있는 일본 친구한테 전화가 왔다. 한국 에 와 있는데 저녁식사나 같이 하자는 것이었다. 오랜만에 만나서 이런저런 이야기를 나누다가 일본 사람들의 차별대우 문제가 화제 에 올랐다. 그러자 그 친구가 "당신은 일본의 출입국관리사무소에 서 차별대우를 받은 일이 없느냐"고 물었다. "나는 국비장학금을 받았기 때문에 별로 차별대우를 받은 적이 없다"고 대답하자 "아 그렇지" 하면서 "더구나 당신은 와세다대학을 다녔으니까"라고 혼자말처럼 중얼거리는 것이었다.

그 말을 들으니까 전에 토오꾜오대학에 와 있던 후배에게 방을 얻어주던 때의 일이 떠올랐다. 그 후배는 모 신문사 기자로 있다가 1980년 해직을 당한 뒤 복직을 기다리고 있었는데, 복직에 대한 전망도 불투명하고 해서 내가 공부를 하도록 권해 토오꾜오대학에 유학을 왔다. 내가 유학을 권했기 때문에 그 후배가 방을 구하는 데도 자연히 함께 따라다녔다. 그런데 복덕방에 찾아가서 토오꾜오대학에 유학 온 사람인데 방을 구하려고 한다니까 복덕방 주인은 대단한 사람이라도 온 것처럼 벌떡 일어나더니 친절하게 설명을 해주는 것이었다. 좀 언짢았다. 와세다대학 후배들의 방을 얻어주려고 다닐 때도 불친절한 것은 아니었지만 그렇게 벌떡 일어나서 친절하게 설명해주는 일은 별로 없었기 때문이다. 가만히 생각해보니 토오꾜오대학과 와세다대학의 차이 때문인 것 같았다.

사실 일본 사람들한테는 토오꾜오대학이 대단한 학교이고 와세다대학과 차이가 있지만, 유학생의 경우는 자기가 어느 대학을 선택하느냐의 문제이지 토오꾜오대학이 특별히 들어가기 어렵고 와세다대학이라고 해서 더 쉬운 것도 아니다. 그런데 복덕방에서는 완전히 대접이 다른 것이다. 뜻밖의 곳에서 토오꾜오대학과 와세다대학의 차별을 받고 나니까 별로 이름없는 대학에서 공부하는 유학생들이 "방을 안 주려고 해서 애를 먹었다"고 불평하던 이야기에 설마 하면서 예사롭게 들어넘긴 것이 비로소 가슴에 와닿았다.

기생파티

집단에서 탈락되지 않기 위해서는 그 속에서 질서를 지키고 신용을 얻으려고 노력하지만 그 집단 속에서는 자기들끼리 경쟁하면서 타협·공존해야 하기 때문에 치열한 암투가 계속된다. 집단 속에서의 경쟁은 마치 전국시대 군웅이 천하를 제패하기 위해 서로 견제하고 타협하면서 할거하던 모습과 다름없다. 그렇기 때문에 일본 사람들은 집단에서 벗어나거나 집단간의 할거에서 벗어나면 구심력을 잃어버리고 고삐 풀린 망아지가 되어 약자에게 이지메를 가하고 횡포를 부린다.

요즈음에는 한국의 위상이 높아져서 그런 광경이 별로 눈에 띄지 않지만 몇년 전만 해도 단체로 찾아온 일본 관광객들이 우리나라 일류 호텔 로비에서 파자마 바람으로 고성을 지르며 슬리퍼를 질질 끌고 다니는 등 보는 사람들로 하여금 눈살을 찌푸리게 하는 일이 많았다. 일본에서는 온천지대에서나 그런 모습을 볼 수 있지 일류 호텔에서는 있을 수 없는 일로 '일본 사람들이 예의바르고 인사성 있다고 하더니 왜 저렇게 행동할까?' 하고 고개가 갸우뚱거려졌다. 그러나 그들은 소속집단이나 경쟁에서 잠시 벗어나 아무도 감시하는 사람이 없는 가운데 혼자 서 있는 이들이었다.

지금은 거의 자취를 감추었지만 몇년 전까지만 해도 일본 관광객들이 한국에 와서 벌이는 기생파티라는 것이 있었다. 말이 관광이고 파티지 사실은 섹스관광이었다. 여성단체들의 항의와 우리의 향상된 경제력 덕에 요즘에는 동남아로 옮겨가서 기승을 부리고 있다. 섹스관광이라는 것은 세계 어느 나라 사람들에게서도 찾아볼 수 없는 것으로 아마 일본 사람들에게만 있을 것이다. 그러나 일본인들도 국내에서는 그러지 않는다. 자기들 세계 속에서는 질서있고 예의바르고 정직한 일본 사람들이 자기들의 세계를 벗어나서 구심력을 잃어버렸을 때 그런 모습을 보이는 것이다.

1945년 2차대전에서 패전하기 이전에 일본 사람들이 아시아 각국에서 저지른 끔찍한 만행들도 자기 세계를 벗어났을 때 저지를 수 있는 현상이라고 할 수 있다. 제암리교회 방화사건이나 난징대학살, 마닐라학살 등은 집단 속에 있을 때 상냥하고 예의바르고 친절한 일본 사람들이 한 일이 아니라 자기 집단에 속한 사람들의 눈을 벗어난 일본 사람들이 저지른 일이다.

두 얼굴의 택시운전사

일본에 간 지 얼마 안되었을 때인데 주소만 가지고 아는 사람의 집을 찾아가게 되었다. 원래 길눈이 어두운데다가, 일본에서는 어디를 가거나 택시를 타면 운전사들이 잘 데려다 줄 거라고 해서 무조건 택시를 집어타고는 찾아가려는 집의 주소를 내밀었다. 그런데 택시운전사가 목적지 근처까지 가서는 이 길로 갔다 저 길로 갔다 하면서 약간 헤매는 것 같았다. 몇번을 왔다갔다하더니 그는 "스미마센(미안합니다)" 하면서 미터기가 더이상 올라가지 않게 꺾어놓고는 이 골목 저 골목을 뒤지기 시작했다.

결국 그 집을 찾았는데, 택시운전사가 열심히 찾아준 것도 고마웠지만 길을 잘못 찾은 것이 자기 책임이라는 생각에서 미터기가 더이상 올라가지 않게 꺾어놓고 찾아준 마음씨 또한 고마워서 내릴 때 요금을 몇푼 더 주려고 했다. 그랬더니 그가 깜짝 놀라면서 오히려 미터기에 나온 금액에서 자기가 헤맨 만큼의 금액을 제하고 받으려는 것이었다. 할 수 없이 미터기에 나온 금액만 내고 내렸지만 그 일은 오랫동안 나의 뇌리에서 떠나지 않았다.

얼마 뒤 재일교포인 친구를 만나서 전에 탔던 택시운전사 일화를 소개하며 역시 일본 사람들은 친절하더라고 칭찬을 했다. 그랬더니 그 친구가 빙그레 웃으면서 "일본 사람들은 일반적으로 친절하지만 나쁜 놈들도 많다. 우리 교포들이 겪는 차별은 당해보지 않은 사람은 모른다. 당신은 와세다대학 유학생이라 어디를 가더라도 대우를 받겠지만 당신도 언젠가 당하지 않으리라는 법이 없다. 당해보면 알 것이다" 하고 경고 아닌 경고를 해주는 것이었다.

유학을 간 지 1년여 만에 처음으로 귀국을 하게 되었을 때의 일이다. 오랜만의 귀국이라 이것저것 가족과 친지들의 선물을 잔뜩 사서 택시를 집어타고는 "나리따(成田) 공항으로 가는 전철을 타려고 하니까 우에노역에 내려주십시오" 하고 부탁했다. 머리를 빡빡 깎아 어쩐지 인상이 안 좋아 보이는 운전사 녀석이 내 서툰 일본어를 듣더니 금방 한국에서 왔느냐고 묻고는 히쭉히쭉 웃으면서 이런저런 이야기를 거는데 영 기분이 좋지 않았다. 말하기가 싫어서 제대로 대꾸도 안하고 있는 나를 우에노역에 다 왔다고 하면서 내려주고는 여전히 히쭉거리며 가는 품도 영 밥맛 없었다.

그런데 나리따 공항에 가려고 표를 사려니까 역무원이 "여기는 야마노떼선(시내를 순환하는 전철)이고 나리따로 가는 전철은 저 밑에 있다"는 것이었다. 알고 보니 우에노역에는 토오꾜오 시내를 순환하는 야마노떼선 역과 나리따 공항으로 가는 케이세이선 역이 따로 있는데 그 택시운전사 녀석이 나를 반대편에 있는 야마노떼선 역에다 따로 내려놓고 간 것이다. 시간은 촉박하고 짐은 많은데 그 짐을 들고 다시 나리따로 가는 전철역까지 낑낑거리면서 뛰어가자니 울화가 치밀어서 참을 수가 없었다. 역시 자기가 당해보지 않고서는 남의 고통을 알기 어려운 것 같았다. 나는 간단하게 한번 당한 것도 이렇게 억울한데 수시로 이런 일을 겪으면서 사는 교포들은 얼마나 가슴 아플까 하는 생각과 함께 그 교포 친구의 얼굴이 떠올랐다.

와세다대학 근처에 4인용 식탁을 네댓 개 놓고 하마찌(방어)회를 곁들인 정식을 잘하는 '하마찌야'라는 음식점에서 생긴 일이다. 당시 하마찌 정식은 550엔으로 좀 비싸기는 했지만 워낙 맛이 있어서 입맛이 없는 날은 꼭 거기서 점심을 먹었다. 같이 공부하던 그리스 친구가 한 사람 있는데 하마찌 정식을 먹으러 가자고 권했더니 처음에는 "그리스에서는 고양이나 날 생선을 먹지, 사람은 그런

걸 먹지 않는다"고 하면서 사양했다. 그런데 어떻게 하다가 나한테 끌려가다시피 해서 한번 가본 뒤로는 만날 때마다 하마찌야에 가자고 조르면서 그리스에 돌아가면 직장 잡기도 어려운데 하마찌야나 해야겠다고 할 정도로 하마찌 정식은 맛이 있었다.

그런데 처음에는 잘 느끼지 못했는데 나만 가면 그 주인이 입가에 묘한 웃음을 띠면서 반말투로 "나 한국에 가봤다" "김대중을 아느냐"는 등의 말을 해대며 영 사람의 기분을 잡치게 했다. 대개 일본에서는 손님을 하늘처럼 떠받드는데 단지 내가 한국인이라는 이유 하나만으로 은근히 나를 무시하는 것이었다. 뭐 자랑할 만한 것이라도 좀 있는 사람이라면 그래도 봐주겠는데 손바닥만한 구멍가게 주인 녀석이 은근히 무시하고 나오는 데는, 분통이 터질 노릇이었다. 결국 그 녀석 때문에 하마찌야에 발길을 끊게 되었지만, 지금도 밥맛이 없을 때는 그 하마찌야가 생각나고 그 하마찌야를 생각하면 그 주인 녀석이 생각난다. 일본의 일류대학에 국비장학금을 받고 다니는 비교적 좋은 외적 조건을 가지고 공부를 해도 그런데 재일교포나 오끼나와(원래는 류우뀨우라는 독립국이었으나 1867년 메이지 유신 이후 일본에 통합되었다) 사람, 부락(신분·사회적으로 심한 차별을 받는 사람들이 집단적으로 사는 지역)민 들은 얼마나 가슴 아픈 일을 많이 당할까. 그런 안타까운 마음이 들면서 일본은 언제쯤이나 경제대국이라는 이름에 걸맞게 아량을 갖춘 나라가 될 수 있을까 하는 생각을 해봤다.

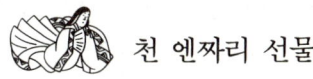 천 엔짜리 선물

『국화와 칼』은 일본이 패망을 앞두고 있던 1944년 6월 미 국무

부의 위촉을 받아서 루스 베네딕트가 연구·저술한 책이다. 이 책은 단순한 기행문이나 견문기가 아닌 학문적인 연구의 결과로 원리적으로는 아직도 이 연구를 뛰어넘는 업적이 없을 만큼 일본을 잘 분석하고 있다. 그러나 이 책도 일본 문화의 특성에 대한 분석은 대단히 뛰어나지만 그 특성들이 어디에서 유래하고 어떻게 형성됐는가 하는 데 대해서는 설명이 없어 아쉬움을 준다.

그런데 얼마 전 KBS 텔레비전의 「명저와의 대화」라는 프로그램에서 이 『국화와 칼』을 주제로 삼았다. 아마도 당시 광복 50주년을 앞두고 일본에 대한 관심이 높아지는 가운데 일본에 관한 책들이 많이 쏟아지고 있지만 그 대부분이 견문기나 단편적인 것에 그쳐 아직도 40여 년 전에 저술된 『국화와 칼』만큼 일본을 잘 분석한 책이 별로 없기 때문이라고 생각한다.

그러나 『국화와 칼』도 그렇지만 그 프로그램에서도 일본 문화의 특성에 대한 현상만을 이야기할 뿐 그 형성과정에 대해서는 전혀 언급이 없었다. 예를 들면 『국화와 칼』에서는 일본 사람들이 '의리'를 중요시하는 문제에 대해서 지적하고 있는데 KBS의 대담에서도 『국화와 칼』에 나와 있는 이야기만 소개하고 있지 그 의리가 어떻게 생겨났는가 하는 점에 대해서는 전혀 언급이 없었다.

일본에서는 중세 봉건사회가 대충 카마꾸라 막부 시대부터 형성되기 시작하여 에도시대에 이르러 완성된 모습을 갖춘다. 이 봉건사회의 중요한 특징은 막부의 쇼오군이 영주들에게 토지를 나누어주고 토지를 받은 영주들은 쇼오군에게 충성을 바치는 데 있다. 그리고 영주들은 토지를 다시 가신들에게 나누어주고 가신들은 영주에게 충성을 바친다. 따라서 쇼오군과 영주, 영주와 가신의 관계는 기본적으로 주고받는 관계이다. 그렇기 때문에 어느 한쪽이 뭔가를 주거나 충성을 바쳤는데도 불구하고 대가가 없을 때는 문제가 생기는 것이다.

예를 들면 몽고의 침입 때는 영주들이 카마꾸라 막부를 위해서 싸웠다. 그러나 외국과의 싸움이기 때문에 빼앗은 땅이 없었던 막부가 그들에게 보상을 할 수 없게 되자 영주들이 등을 돌렸고 결국 카마꾸라 막부는 멸망에 이르렀다. 조선 침략에 실패한 히데요시 정권도 조선 침략에서 충성을 바친 영주들에게 보상을 못하게 되자 그들이 등을 돌려 몰락하게 되었다.

쇼오군과 영주, 영주와 가신 간의 주고받는 관계가 개인적인 관계에서는 '은혜'나 '의리'라는 형태를 띤다. 이와같이 주고받는 관계가 수백년간 계속되는 동안 일본 사람들의 머리 속에는 무엇인가를 받았을 때 반드시 갚지 않으면 안된다는 생각이 자리잡게 되었다.

와세다대학과 고려대학교 사이에는 교환교수제도가 있어서 내가 와세다대학에서 공부를 하고 있는 동안에도 매년 고려대학교에서 교수가 한 분씩 왔다. 그중에 세상에 대한 관찰력이 대단히 뛰어나고 저명한 분으로 이름만 대면 누구나 금방 알 수 있는 S교수도 오셨는데 와세다대학에 와 계셨던 인연으로 가끔 찾아뵙는 관계가 됐다.

몇년 전 와세다대학의 간부 몇분이 고려대학교를 방문한 적이 있는데 그중에 내가 아는 분이 함께 오셨다. 그래서 그분의 일정을 알아보려고 접대를 책임지고 있던 S교수를 찾아뵈었다. 그랬더니 S교수께서 일정을 알려주시며 "아 글쎄 작년에 그 친구가 왔을 때 내가 안내를 해주고 여러가지로 편의를 봐주었더니 이번에 오면서 이것을 선물이라고 가지고 왔단 말이야" 하시면서 책상 위에 있는 자그마한 선물 하나를 가리키셨다. 지금 잘 기억할 수는 없지만 대단히 가벼운 것으로 일본 돈으로 천 엔 정도 나가는 물건이었다고 생각한다. 물건의 값어치보다도 상대편이 당신을 대단히 가볍게 대했다는 데 대해서 섭섭해하시는 태도였다.

그분의 말씀을 듣고 나는 좀 답답해졌다. 일본 사람들은 정신적인 것이든 물질적인 것이든 기본적으로 무엇인가를 주고받는 속에서 인간관계가 이루어진다. 그래서 남에게 무엇을 받게 되면 반드시 그만큼 즉시 갚아야 한다. 우리처럼 마음에 새겨두었다가 기회가 오면 더 크게 갚을 수도 있는 것이 아니라 그 사이에 상대가 나를 어떻게 생각하고 있을지 불안하여 즉시 갚지 않으면 안되는 것이다. 그렇기 때문에 일본 사람들은 될 수 있는 대로 남에게 부담을 주지 않으려 하고 또 자신도 부담을 지지 않으려고 노력한다. 그것이 예의이다. 일본 사람들의 선물이 간단한 것은 이 때문이다. 일본 사람들의 선물은 받는 사람도 부담을 느끼지 않고 주는 사람도 부담을 느끼지 않는 간단한 것이어야 한다.

와세다대학의 그 교수는 자기가 대단한 선물을 하는 것은 S교수에게 그만한 선물을 요구하는 것이라 생각하고 부담을 주지 않기 위해서 일부러 가벼운 선물을 한 것이다. 그런데 S교수는 와세다대학 교수가 당신을 가볍게 보았다고 생각하는 것이었다. 그러나 그것은 당신을 가볍게 보아서가 아니라 오히려 배려한 선물이었다. 그처럼 관찰력이 뛰어나고 더욱이 일본에서 1년 이상 사셨던 분이 그것을 간파하지 못한다면 한국에게 일본은 영원히 먼 나라로 남아 있을 것 같았다.

제 3 부

●

일본은 어디로 가려 하는가

1. 일본의 군국주의와 한국

 "그래, 싸우다 죽자"

일본의 군국주의

군국주의는 한 나라의 정치, 경제, 법률, 교육 등의 모든 정책과 조직을 전쟁 중심으로 세우고 군사력에 의한 대외발전을 중시하여 전쟁으로 국위를 선양하려는 입장이다. 근년 아시아 각국, 특히 일본 군국주의에 의해 혹독한 피해를 입은 한국에서는 일본에 새로이 군국주의가 부활하는 것이 아닌가 하여 경계의 목소리가 높다.

일본의 국방예산은 우리나라 돈 약 37조원으로 세계 2위 규모이고, 방위산업의 기술 수준 역시 미국에 비해 손색이 없을 뿐만 아니라 오히려 반도체와 레이더 등 일부 최첨단 방위산업 품목은 미국보다 앞서고 있다. 이제는 기술이나 경제적 능력 면에서 자력으로 어떠한 최신 장비도 개발할 수 있다는 이야기이다. 아시아 각국이 일본에 군국주의가 다시 등장할 것을 두려워하는 것도 무리는 아니다. 일본에 신군국주의가 출현할 가능성을 점치기 위해서는 과거 일본의 군국주의가 어떻게 해서 생겨났는가를 알아볼 필요가 있다.

에도 막부를 중심으로 약 300명의 영주가 일본열도를 분할통치 하던 '막번체제(幕藩體制)'는 1867년 메이지 유신이 일어날 때까지 260여 년 동안 계속되었다. 이때 서구 각국은 산업혁명을 완료한 뒤 대량생산으로 인해 요구되는 상품시장을 찾아서 아시아에까지 이르게 되고 일본에 개항을 요구했다.

일본은 하급 무사들이 중심이 되어 일본을 상품시장화하려는 서구세력에 대항하고자 지방분권적인 막번체제를 폐지하고 천황 중심의 강력한 중앙집권적 국가를 건설하기 위한 정변을 단행했다. 에도 막부를 타도하고 천황 중심의 정치체제를 수립한 1867년의 메이지 유신이 바로 그것이다.

메이지 정부는 서구에 대항하기 위해 서구화에 의한 부국강병책을 들고 나와 산업혁명을 이룩하고 근대화에도 어느정도 성공했다. 산업혁명에 성공하자 일본은 서구 각국이 사용한 방법을 답습하여 상품시장 확보책으로 아시아 각국에 대한 침략을 개시했다. 이것이 1875년의 강화도 사건, 1894년의 청일전쟁, 1904년의 러일전쟁이다.

그러나 근대화가 진전됨에 따라서 정치적으로는 자유주의에 대한 요구가 높아져 정부에 대한 비판이 나타나고, 경제적으로는 중국의 일본 상품 불매운동과 군비 증강으로 재정 적자가 누적되었으며, 외교적으로는 구미 각국과 러시아, 중국 등의 반발에 부딪혀 고립을 면치 못하게 되었다.

국제적인 고립, 정치적인 비판 그리고 경제적인 불황 등을 일시에 해결하기 위한 돌파구로 일본은 1914년 연합국의 일원으로서 제1차대전에 참전했다. 이를 계기로 일본은 국제적인 고립에서 벗어나고 국내의 정치적 비판도 잠재울 수 있었다. 그리고 유럽에서 전쟁이 계속되는 동안 아시아 시장에 대한 상품수출을 독점하고 연합국에 군수품을 수출함으로써 불경기로부터도 탈출할 수 있었다.

그러나 전쟁이 끝난 뒤에는 구미 각국이 다시 아시아 시장에 복귀해옴에 따라 전쟁중에 급격히 확장해놓은 공장에서 쏟아져나온 상품이 팔리지 않게 되자 일본은 다시 불황의 늪에 빠지고 실업자가 넘쳐흐르게 되었다. 그리고 국제적으로는 아시아 시장을 놓고 다시 구미 각국과 각축을 벌이지 않으면 안될 상황이었다. 정치적으로도 증대된 노동자 세력과 불황으로 생겨난 실업자들의 정부에 대한 비판 강도가 높아졌다. 일본은 이러한 여러가지 위기를 일거에 해결하는 수단으로 중국 시장을 힘으로 점령하는 방법을 택했다. 이것이 군부가 주동이 된 1931년의 만주사변과 1937년의 중일전쟁이다.

그러나 중국과 연합국측이 이를 좌시할 리 없었고, 일본은 중국의 저항과 연합국측의 견제를 다시 힘으로 배제하려고 했다. 이것이 연합국을 상대로 일으킨 2차대전이다. 그 결과 일본은 처참한 파국을 맞게 되었다. 결국 일본은 근대화 과정에서 발생한 모든 문제를 남의 나라에 대한 침략으로써 해결하려다가 패망에 이른 것이다.

"그래, 싸우다 죽자"

1980년대 초 총리에 취임한 나까소네는 극우적인 성향의 인물로 취임하자마자 '일본열도 불침 항공모함설'을 들고 나왔다. 따라서 일본에 군국주의가 되살아나는 것이 아닌가 하여 일본 사회가 바짝 긴장해 있을 때 나는 일본에 가 있었다. 그때 일본 언론들이 군국주의의 등장을 견제하기 위하여 2차대전 발발에 관한 여러가지 기사를 실었는데 그중에서 『아사히신문』 가십난에 난 기사 하나가 생각난다.

일본이 2차대전으로 치닫고 있을 때 전쟁을 6개월쯤 앞두고 군 수뇌부들이 개전 여부를 결정짓기 위해서 모였다. 그들은 미국과 전쟁을 치르기 위해서는 충분한 군수물자를 비축해야겠다고 생각해서 군수국장을 불러 전쟁을 하기 위한 군수물자가 충분히 비축되어 있는지 물어보았다. 그는 "미국과 일본의 군수물자 비율이 78 : 1이기 때문에 미국과 전쟁을 하는 것은 곧 패망을 의미합니다"라고 대답했다는 것이다. 그 이야기를 듣고 군 수뇌부는 이런 상태에서는 전쟁이 불가능하다고 판단하여 할 수 없이 그냥 헤어졌다.

그러나 상황이 시시각각 급박해지자 군 수뇌부는 군수물자가 부족하다면 단기전으로 결판내면 되지 않겠는가 하는 생각에서 다시 군수국장을 불렀다. 미국과는 태평양을 사이에 두고 전쟁을 해야 하기 때문에 항공기와 군함을 동원한 싸움이 불가피했으므로 휘발유의 비축 상태를 점검해보려고 했던 것이다. 군수국장은 "휘발유를 미국에서 수입해오고 있기 때문에 미국과 전쟁을 하려면 미국 몰래 휘발유를 비축해뒀다가 전쟁을 해야지 지금 하는 것은 섶을 짊어지고 불속으로 뛰어드는 것과 같습니다"라고 했다. 그 대답을 들은 군 수뇌부는 도저히 어떻게 해볼 수가 없다고 생각하고 군수국장을 내보낸 뒤에 담배들만 뻐끔뻐끔 피우고 있었다. 그런데 그중 한 사람이 "우리, 싸우다가 죽으면 되지 않겠습니까?" 하고 제안하니까 다른 사람들도 여기저기서 "그래, 싸우다 죽자" 하고 맞장구를 치고 그래서 최종적으로 전쟁이 결정됐다는 것이다.

『아사히신문』에서는 이런 비화를 소개하면서 그 끝에 "싸우다가 죽으려면 자기들이나 죽지 왜 죄없는 백성들을 600만 명이나 끌어다가 살상시켰느냐"고 비판하고 있었다. 결국 일본 국민의 운명은 군 수뇌부 몇사람이 담배를 피우다가 결정한 셈이다. 그것이 일본

군국주의의 말로였던 것이다.

텔레비전에서는 전쟁에 대한 경종을 울리기 위해 「토오꾜오 대공습」이라는 당시의 기록영화를 보여주면서 당시 체험자의 인터뷰를 같이 보여주었다. 텔레비전 화면은 100대 내지 200대에 이르는 B29 대형 폭격기가 토오꾜오 상공에 나타나 일자로 날아가면서 융단폭격을 하는 모습을 보여주었다. 당시 그 폭격 속에서 살아남은 한 여배우가 인터뷰하는 얘기를 들어보니, 그때 시내가 불바다였기 때문에 마땅히 피할 데가 없어서 스미다가와강(隅田川, 토오꾜오 시내를 흐르는 강)에 뛰어들었는데 강물도 마치 끓는 물처럼 뜨거워서 그만 기절을 했다고 한다. 그런데 한참 만에 깨어보니 강하구의 바닷가에 떠내려와 있더라는 것이다. 군국주의자들은 무모한 전쟁을 일으켜 국민들의 의사와는 관계없이 일본과 그 국민을 파탄으로 밀어넣었던 것이다.

 패전 후의 일본을 지배하는 사람들

패망 후 토오꾜오에 연합군 최고사령부가 설치되었다. 연합군 최고사령부는 형식적으로는 영국, 소련, 중국, 프랑스, 네덜란드가 참여하고 있었지만 실질적으로는 미국이 모든 점령정책을 결정했다. 그리고 연합군 최고사령부 밑에 있는 일본 정부로 하여금 점령정책을 실행해나가도록 했다.

연합군 최고사령부는 먼저 전쟁의 배후세력인 재벌을 해체하기 위해서 여러가지 정책을 들고 나왔다. 그러나 일본 사회에 깊숙이 뿌리내린 재벌을 해체하는 데는 현실적인 한계가 있었고, 파탄상태에 있는 일본 경제의 회생이 불가능해질 염려가 있었기 때문에 재벌의 부활을 허용했다. 단 재벌의 지배형태가 본사 중심에서 재벌은행 중심으로 바뀌었다. 이렇게 해서 전쟁을 배후에서 조종했던 경제계의 구세력들이 전후에도 다시 일본 경제계를 지배하게 되었다.

한편 연합군 최고사령부의 초기 점령정책은 민주화와 비(非)군사화가 기본이었다. 이를 위해 먼저 정치적인 면에서는 전범 체포, 군국주의 지도자 추방, 우익단체 해산, 천황의 인간선언 등을 실현시켰고, 경제적인 면에서는 군수산업의 제거와 재벌해체를 단행했다. 그리고 민주화를 실현시키기 위해서는 정치적·시민적·종교적 자유를 허용하고, 노동조합의 결성을 장려·육성했다. 여기서 일본의 구 지배세력은 일시적으로 대타격을 입었다.

그러나 2차대전 직후부터 소위 동서 냉전체제가 형성되었다. 1949년 공산주의에 대항해서 북대서양조약기구(NATO)가 결성되고, 중국에서는 장제스(蔣介石)의 국민정부가 마오쩌뚱(毛澤東)의 공산정권에 의해서 타이완으로 쫓겨났다. 그리고 다음해인 1950년에는 공산세력에 의한 6·25남침이 시작되었다. 이에 일본에 주둔해 있던 미군을 한반도로 출병시킴으로써 생긴 공백을 메우고 일본을 아시아 반공국가의 보루로 만들 필요성을 느낀 연합군 사령부는 일본의 비군사화 정책을 포기하고 재군비를 시키기로 방침을 결정했다. 그 결과 1950년 7월, 일본 정부에 7만 5천 명의 경찰예비대 창설과 해상보안대 8천 명의 증강을 명령했다. 명목은 경찰이지만 사실상 이것은 군대나 마찬가지로 현 자위대의 모체가 되었다. 뒤이어 공산주의자에 대한 탄압이 시작되고 같은 해 10월에는 군국주의 지도자에 대한 추방 해제를 대폭적으로 단행함으로써 보수세력의 증강·재편이 이루어졌다. 이렇게 해서 2차대전을 일으킨 군국주의 세력이 완전히 재기하여 정계를 비롯한 여러 부문에서 오늘날 일본 사회의 지도자로 재등장하게 된 것이다.

예전의 군국주의 세력이 다시 일본의 지배세력으로 등장한 것과는 반대로, 군국주의에 저항하던 세력은 쇠락의 길을 면치 못했다. 점령 초기 연합군 사령부의 민주화 조치와 노동조합 결성 장려, 그리고 군국주의 체제의 붕괴에 따라서 군국주의의 압제하에 있던 민중은 급속히 급진화되기 시작하였다. 그 결과 1946년 6월에는 노동조합 수 1만 2천여 개, 조합원 수는 360여만에 이르고 다음해 2월에는 260여만 명이 참가하는 요시다(吉田) 내각 타도 파업까지 계획되기에 이르렀다. 여기서 연합군 사령부의 노동운동 불간섭과 장려 방침은 파기되고 오히려 탄압정책으로 전환되었다. 또 동서 냉전체제를 형성함에 따라 일본을 아시아 반공국가의 보루로 만들려는 정책 때문에 공산당과 진보적 인사들을 공직에서 추방하고 탄압을 시작했다. 이렇게 해서 전쟁 전 군국주의 체제에 저항하던 세력은 사회의 중추에서 완전히 밀려나게 되었다. 바로 여기에 일본 역사의 한계가 있다. 그러나 그 이유가 연합군의 점령정책에만 있는 것은 아니다.

1948년 4월에 실시된 총선거에서는 군국주의에 대한 반발로 사회당이 제1당이 되어 일본 역사상 최초로 사회당의 카따야마(片山) 내각이 등장하였다. 그러나 총선에서 노동자 세력을 배경으로 재벌해체와 임금인상을 슬로건으로 내걸고 제1당이 된 사회당이 정권을 장악한 다음에는 경제의 안정을 기하기 위하여 임금을 동결하고 재벌을 보호하는 정책을 취했다. 그러나 그에 대한 노동세력의 반발로 카따야마 내각은 성립 10개월 만인 다음해 2월에 총사퇴했다. 이후 사회당은 한번도 정권을 장악할 기회를 갖지 못했다. 독자는 왜 사회당이 총선에서는 재벌해체와 임금인상을 들고 나왔는데 정권을 잡은 뒤에는 거꾸로 재벌을 보호하고 임금을 동결하였는가 궁금하게 생각할 것이다. 그러나 우리나라에도 이와 비슷한 사례가 있다.

오랜 민주화 투쟁 끝에 양 김씨가 여소야대를 실현시킨 6공 초의 일이다. 대우조선이 경영 부실로 파탄 직전에 이르고 파업이 장기화되자 그대로 방치해두면 수만 명의 실업자가 발생하여 한국 경제가 뿌리째 뒤흔들리고 결실을 눈앞에 둔 민주화 정국이 혼란에 빠질 위험조차 있었다. 이때 여태껏 재벌에 대한 특별융자를 정경유착이다 뭐다 하면서 비판해오던 양 김씨가 앞장서서 정부로 하여금 대우조선에 특별융자를 제공하도록 했다. 아직 정권을 잡지는 못했지만 정권 획득이 가시화되었으므로 판을 깨뜨려서는 안되겠기에 일단 경제를 안정시킬 필요를 느꼈던 것이다. 그래서 이번에는 앞장서서 재벌에 대한 특별융자를 주장하고 나선 것이다. 일본 사회당이 총선에서는 재벌해체와 임금인상을 들고 나왔다가 정권을 잡은 뒤에는 재벌을 보호하고 임금을 동결한 것도 이와같은 이치이다.

이렇게 해서 패전 후에도 예전의 군국주의 지도자들이 40여 년간 정치·경제·사회적으로 일본을 지배하게 되었다. 군국주의 저항세력인 사회당이 일시적으로 정권을 장악하기도 했지만 일시적인 안정을 기하기 위하여 자기들의 기본정책을 버리고 보수세력과 다름없는 재벌정책을 시행했기 때문에 지지세력에게 실망만 안겨준 채 단명하고 말았다. 그 뒤로 사회당이 정권을 장악할 수 있는 기회는 영영 오지 않았다.

 일본의 전쟁책임과 역사교과서 왜곡

일본에서는 2차대전중의 아시아 각국에 대한 침략이나 35년간의 한국 지배에 대해서 잘못이라고 생각하지 않는 사람들이 많다. 그

것은 과거 아시아 각국을 침략했거나 35년간 한국을 지배한 세력들이 패전 후에도 일본 사회를 지도하고 교육을 담당해왔기 때문이다. 그들이 과거의 잘못을 시인하는 것은 동시에 현재의 자기에 대한 비판과 부정이 되기 때문에 자기들의 잘못을 시인할 턱이 없고 자라나는 젊은이들에게 아시아에 대한 침략이나 한국 지배를 잘못된 역사라고 가르칠 리도 없다. 따라서 어쩌다가 할 수 없이 잘못을 시인하는 경우에도 그들의 본심일 수가 없다. 그리고 그들의 영향을 받은 2세들이 과거 일본이 저지른 행위를 잘 알 턱도 없고 피상적으로 약간 알고 있다 하더라도 그것을 잘못된 것이라고 생각할 리가 없다.

우리나라 언론들은 무라야마(村山) 전 총리가 일본의 한국 분단 책임을 인정했다가 하루 만에 번복하는 모습을 보고 일본 사람들의 말은 믿을 수가 없다며 흥분하거나 재작년 8월 사꾸라이 신(櫻井 新) 환경청장관이 2차대전 때에 일본이 아시아 각국을 침략한 것을 오히려 아시아 각국을 독립시켜주었다고 발언했다 해서 사꾸라이 망언이다 뭐다 하며 흥분하는 경우가 많다. 그러나 문제는 오히려 그들이 잘못을 시인하지 않고 망언을 하는 데 있는 것이 아니라 그들이 마음속으로는 자신들의 한국 지배나 아시아 각국에 대한 침략이 절대 잘못된 일이 아니라고 믿고 확신하는 데 있다.

히로시마 평화기념대회

그들의 의도를 좀더 명확히 이해하기 위해서는 먼저 일본 지도자들의 언행을 살펴보는 것이 좋겠다. 1951년에 시작된 한일회담이 1955년 "36년 동안 일본이 한국을 지배한 것은 한국 국민에게 유익했다"는 소위 '쿠보따(久保田) 망언'으로 중단된 이래, 유사한 발언을 했다가 사과하고, 다시 유사한 발언을 했다가 또 사과하는 형태가 40년 가까이 계속되고 있다.

1994년 한 해 동안만 해도 5월에는 "태평양전쟁은 침략전쟁이 아니다. 난징대학살은 날조된 것이다"라는 나가노 시게또(永野茂門) 전 법무성장관의 발언이 있었고, 8월에는 "일본은 침략전쟁이라는 생각으로 전쟁을 하지 않았다. 태평양전쟁으로 오히려 아시아는 식민지지배에서 벗어나고 경제부흥을 이뤘다"는 사꾸라이 신 전 환경청장관의 발언이 있었으며, 11월에는 야당인 민사당의 아베 모또오(安倍基雄) 의원이 난징대학살과 관련해서 "전쟁터에서 2,3천 명의 학살은 허용될 수 있다"는 발언을 해서 물의를 일으켰다.

그리고 12월에는 전후 50년을 맞아 연립여당측이 추진키로 합의한 일본 의회의 '태평양전쟁 사죄 및 부전결의(不戰決意, 일본 국회가 2차대전중 아시아 각국에 대한 침략을 반성하여 앞으로 다른 나라를 침략하지 않겠다는 결의)'에 반대해서 자민당 소속 의원 58명이 '종전 50주년 국회의원연맹'을 결성했는데 그 회장인 오꾸노 세이스께(奧野誠亮)가 "사죄 결의는 전몰희생자 영령들을 모독하는 행위"라며 "전쟁범죄는 연합국측이 심하게 저질렀다"고 주장했다. 그 모임에는 차기 총리로 유력시되는 와따나베 미찌오(渡邊美智雄) 전 부총리와 1995년 말에 총리가 된 하시모또 류우따로오(橋本龍太郎) 통산성장관이 고문으로 참여하고 있다. 95년 2월에는 이 모임의 구성원이 161명으로 늘어났고, 5월 하순에는 '아시아 공생공영제전'이라는 이름 아래 대대적으로 2차대전 전몰자 추도대회를 치렀다. 그런데 이번 행사의 추모대상에는 일본군 전사자뿐만 아니라 일본동맹국 전사자도 포함시키고, 유족 초청 대상이 될 외국의 범위에 '동맹국 및 일본 군적을 갖고 대동아전쟁에 참여한 국가'와 '대동아전쟁을 계기로 전후 독립을 이룩한 국가'를 포함하고 있어서 태평양전쟁을 미화하려는 그들의 의도를 엿볼 수 있다.

이와같이 일본 중요 지도자들의 전쟁책임 회피 발언은 일일이 열거하기가 어려울 정도이다. 그사이 변한 것이 있다면 일본측 발언의 내용이나 빈도가 아니라 우리나라의 대응태도이다. 일본측 망언에 대해서 처음에는 한일회담 중단으로 맞서다가, 다음에는 다소 강력한 항의로, 다음에는 일본 정부에 대한 해명 요구로 점차 강도가 낮아지더니 요즈음에는 어느 틈엔가 정부는 빠져버리고 언론에서만 무슨 망언이다 뭐다 하며 떠들고 있다. 아마 좀더 시간이 지나면 제풀에 지쳐서 언론도 나가떨어질 것이고 그렇게 되면 국민들은 언제 그런 발언이 있었는지조차 모를 것이다. 아마도 일본의 지도자들은 이 점을 노리고 있을지도 모를 일이다.

종전 50주년을 맞아 일본의 우익세력들이 2차대전에 대한 평가를 새롭게 해야 한다고 주장하는 가운데 각 현의 의회는 잇따라 전몰자에 대한 추도·감사 결의를 채택했다. 그중에서 1994년 10월 초 아시아사학회 주최 심포지엄 때문에 내가 일본에 갔을 때 크게 문제가 된 것이 에히메현의 경우이다. 에히메현은 당초 진보주의자임을 자처하는 사회당 의원까지 동의한 가운데 '태평양전쟁이 아시아 국가들을 식민지 지배자들로부터 독립시켰다'는 표현이 들어가는 결의문을 채택하려 했다. 결국 침략전쟁을 미화하는 것이라는 반전평화운동 단체들의 반대로 문안이 수정되긴 했지만, 사실은 진보주의자를 자처하는 사회당 의원들도 본질적으로는 자민당 의원들이나 별로 다를 게 없음을 보여준 셈이다. 그것은 사회당 당수인 무라야마 총리가 일본의 한국 분단 책임을 인정했다가 하루 만에 번복한 사실로도 잘 입증된다.

일본에 처음 갔던 그 다음해 6, 7월경이었다고 생각한다. 아직 일본에 대한 나름대로의 견해가 형성되기 이전이었기 때문에 비교적 백지상태에서 일본을 보고 이해하려던 때였다. 기차를 타고 가다가 거기 붙어 있는 포스터를 봤는데 포스터 속의 사람 모습이 화상으로 일그러져 있었다. 섬뜩한 생각이 들어서 무슨 내용인가 싶어 유심히 살펴보았다. 내용인즉, 히로시마에 원자폭탄이 투하된 8월에 다시는 그런 일이 일어나지 않도록 하기 위해서 세계평화를 기원하는 무슨 기념대회를 한다는 것이었다. 요즈음도 연례행사로 세계의 평화애호가들을 초청해서 여는데 당시에는 그것이 무엇인지를 잘 몰랐다.

그런데 그 내용을 읽어보니 이상했다. 다시는 원자폭탄이 투하되는 불행한 일이 없도록 하기 위한 행사라면 당연히 히로시마 원자폭탄 투하의 원인이 된 일본의 침략행위와 난징대학살 등 아시아 각국에서 행한 잔학행위, 그리고 2차대전을 일으킨 데 대한 반성과 더불어 다시는 이런 일이 일어나지 않게 하자는 내용이어야 할 것이다. 그러나 포스터의 내용에는 원인에 대한 언급이 전혀 없고 원자폭탄으로 처참하게 당한 일본인의 모습만이 제시되어 있어서 외부인에게는 일본이 선량한 피해자로 보일 수밖에 없고, 일본인에게는 자신들을 그렇게 처참하게 만든 미국인에게 꼭 복수를 하자고 결심하게 하는 것이었다. 아무리 생각해봐도 그 포스터는 평화를 호소하는 것이 아니고 미국에 대한 복수심을 고취시키는 것으로밖에는 이해되지 않았다.

그 뒤에도 매년 연례행사로서 갈수록 성대하게 치러지는 히로시마 평화기념식의 포스터를 보면 어느것이나 그 내용에는 큰 변함이 없었다. 2차대전에 대해 반성하지 못하는 데 대한 분노보다 일본 역사를 공부하는 한 사람으로서 자라나는 2세들에게 이렇게 복수심을 고취해 어쩌자는 것인지 불안하고 걱정이 된다. 진정으로 다시는 일본에 원자폭탄이 떨어지지 않게 하는 길이 무엇인지 생각해봐야 할 것이다.

전쟁책임 문제나 역사교과서 왜곡 문제 등에 대한 일본의 지도자나 평화애호가들의 견해는 현재의 시각이 미래의 바탕이 되므로 단순히 과거의 문제로 끝나는 것이 아니라 그들이 미래에 다른 나라들과의 관계를 어떻게 설정하려고 하는가를 보여주는 바로미터가 되기 때문에 중요하다. 결국 그들의 태도는 일본이 아시아 국가의 일원으로서 상호 협력해나갈 것인가 아니면 또다시 2차대전과 같은 비극의 길로 갈 것인가를 선택하는 문제로서 한일관계 이전에 일본 자신의 문제이다.

35년간의 한국 지배가 잘못되기는커녕 오히려 도움이 되었다는 주장의 논거는 대충 세 가지로 요약할 수 있다. 첫째는 일본이 한국을 식민지로 하지 않았더라도 한국은 러시아나 다른 나라의 식민지가 되었을 것이라는 주장이다. 둘째는 일본이 한국을 지배하는 동안 도로, 항만 등을 건설하고 학교교육을 통해서 문맹자를 없애주었기 때문에 오늘날 한국이 근대화를 이룩할 수 있었다는 주장이다. 세번째는 약간 소극적인 것이기는 하지만 현재의 일본 국민들도 군국주의의 피해자인데 자기들보고 무엇을 어쩌란 말이냐 하는 주장이다.

일본의 식민지가 아니었으면 러시아의 식민지?

일본 사람들은 대부분 신중하고 자기의 속마음을 잘 드러내지 않는 것이 특징인데 같이 공부하던 학생 중에 비교적 자기 의견을 거르지 않고 잘 이야기하는 학생이 있었다. 어느 날 그 학생과 같이 술을 마시다가 우연히 일본의 한국 지배에 대한 이야기가 나오게 되었다. 평소 일본 제국주의에 대해서 비판적이던 그가 그날은 술기운이 거나해지자 "사실 지금까지는 패전 이후 30여 년간 우리 일본 사람들이 많이 참아왔는데 이제는 솔직히 말할 때가 되었다고 생각한다"며 "당시의 국제정세로 보아 일본이 한국을 식민지화하지 않았더라도 한국은 러시아의 식민지가 되었을 것이다. 그리고 만약 러시아가 한국을 식민지화하면 일본으로서는 위협이 될 수밖에 없었으므로 당시에 일본의 행위는 불가피한 것이었다"고 말했다.

사실 이 이야기는 일본 역사교과서에 많이 나오는 이야기이고 상대가 공부는 같이 해도 나이가 나보다 어리기 때문에 참고 넘어가려고 했다. 그러나 나 역시 술을 한잔 걸쳐서 얼큰히 취해 있었기 때문에 "그러면 일본의 한국 지배가 정당했다는 말이냐?"고 반문을 했더니 "정당했다고는 할 수 없을지 모르지만 불가피한 일이지 않느냐"고 대답하는 것이었다. 그래서 나는 정색을 하고 "남의 물건이 있는데 그대로 두면 다른 사람이 훔쳐갈지도 모른다고 해서 그 물건을 훔쳐간 것은 도둑질이 아니냐"고 다그치며 "당신은 역사를 공부하는 사람이고 평소에 군국주의에 대해서 비판을 하던 사람이 일본 군국주의에 의해 고통받은 사람들의 아픔은 외면한 채 오히려 군국주의자들을 감싸고 돌 수가 있느냐"고 했더니 그 학생은 아무 소리도 못하고 묵묵부답으로 술만 마시는 것이었다.

사실 평소에 식민지 지배에 비판적인 지식인이나 진보주의자임을 자처하는 사람들 중에서도 마음속으로는 한국에 대한 식민지 지배가 어쩔 수 없는 일이었다고 생각하는 사람들이 많다. 일본 군국주의에 대해서 당론으로 비판해온 사회당 당수 무라야마 총리가 95년 2월 국회에서 "한반도의 분단과 이에 따른 불행의 책임은 일본에도 어느정도 있다"고 한 다음, 그날 저녁 기자회견에서도 "한반도의 분단은 일본의 식민지였기 때문"이라고 자신의 발언을 재확인했다. 그러나 국회에서 그에 대해 책임을 추궁당하자 하루 만에 "남북이 분단되어 있는 책임이 일본에는 없음을 명확히해두고 싶다"고 번복해버린 것은 그 좋은 예가 될 것이다.

한국의 근대화는 일본의 지배 덕택?

일본의 술집 같은 곳에서 우연히 일본 사람과 만나 이야기를 나누다 보면 "35년간 일본이 한국을 지배하면서 도로를 닦고 철도를 놓고 공장을 지어준 결과 한국이 오늘날과 같이 근대화될 수 있지 않았느냐"고 의기양양하게 이야기하는 것을 흔히 듣게 된다. 일본의 한국 지배가 한국에게 고통을 주었다기보다는 크게 기여했다는 주장이다.

나도 일본에 유학 간 지 얼마 안되었을 때 그런 일을 겪은 적이 있다. 한국대사관 근처에 있는 술집에서 대사관에 근무하던 선배와 한국사를 전공하는 은사로 당시 와세다대학에 와 계시던 K교수를 모시고 술을 마시다가 옆자리에 있던 일본인에게 그런 질문을 받고 화가 나서 언쟁을 벌였던 것이다. 그때까지 꿈에도 생각해보지 못했던 그런 질문을 갑자기 받고 보니 무척 화가 났다. 아무 준비 없이 목소리만 컸으니 그 사람을 납득시킬 만큼 제대로 대답을 했을 리 없다. 거기에다가 일본말도 서툴렀으니 어떻게 대답을 했을지 상상이 간다. 나중에 돌이켜보니 무슨 말을 했는지 도무지 생각나지 않았다.

내 말이 답답했는지 아니면 화가 나셨는지 나중에는 K교수께서 나 대신 나서서 언성을 높이며 논쟁을 하게 되었다. 결국 입장이 난처해진 대사관 선배가 나서서 겨우 말린 적이 있다. 이런 경우를 당하게 되면 나나 K교수뿐만 아니라 한국 사람이라면 누구나 화가 나고 흥분하지 않을 수 없을 것이다. 그런데 돌아와서 곰곰이 생각해보니 화를 내지 않고 차분하게 이야기를 했더라도 그 일본 사람이 납득하고 승복할 수 있게 해줄 수 있는 말이 얼른 떠오르지 않는 것이었다.

그 뒤에는 공부에 열중하느라 술집에서의 논쟁을 까맣게 잊고 있

었다. 그러다가 1985년에 귀국하여 고려대학교에서 일본 역사를
가르치게 되었다. 그런데 근년에 일본 지도자들이 일제의 한국 지
배 때문에 오늘날 한국의 근대화가 가능하게 됐다는 망언을 되풀이
하고 그것을 매스컴이 크게 문제삼고 나오자 유학 초기 대사관 근
처 술집에서 벌인 일본 사람과의 논쟁이 생각났다. 게다가 내가 가
르치는 과목이 일본 역사이니 만큼 우리 학생들은 과거에 내가 받
은 것과 똑같은 질문을 받았을 때 어떤 반응을 하고 어떻게 대답할
까 싶어서 똑같은 질문을 학생들에게 던져보았다.

그랬더니 거의 모든 학생들의 반응이 '말도 안되는 소리'라는 것
이었다. 그래서 제3자나 일본 사람이 듣고 납득할 수 있는 이유를
말해보라고 했더니 대부분의 학생들이 흥분해서, 일본의 침략을
받지 않았다면 더 잘살 수 있었을 것이라든가 우리가 얼마나 고통
을 받았느냐는 식의 대답만 할 뿐 금방 수긍할 수 있는 시원스러운
대답은 나오지 않았다. 내가 "여러분은 자신들의 답변에 납득이 가
느냐"고 되물었더니 학생들은 입을 다문 채 아무도 대답을 하지 못
했다. 결국 학생들도 흥분만 했지 일본 사람들을 납득시킬 만한 대
답을 제시하지 못했던 것이다.

이러니 일본 사람들이 우리 주장에 승복할 턱이 없고 따라서 자
기들의 주장을 철회할 리도 없다. 일본측에서 망언이 나올 때마다
우리나라 매스컴들도 흥분해서 떠들어대기만 하지 논리적으로 어
디가 왜 잘못되었다고 지적하는 것을 보지 못했다. 그러니까 국민
이나 학생들도 매스컴에서 보거나 듣고 흥분만 하지 설득력있는 답
변을 제시하지 못하는 것이다.

일본 사람들은 자기들이 도로나 항만을 건설하고 공장을 세웠기
때문에 한국의 근대화가 가능했다고 주장한다. 그러나 전기가 없
는 곳에 텔레비전이나 세탁기 등 가전제품을 팔려고 하거나 전기가
필요한 공장을 세우려고 해서는 성공할 턱이 없다. 그리고 물이 없

는 곳에서 벼농사를 지으려 하거나 노동력이 충분하지 못한 곳에서 노동집약적인 산업을 일으키려고 해서는 성공할 수 없다.

일본 사람들이 한국에 도로와 항만을 건설하고 공장을 세웠다는 것은 당시 한국에 이미 그럴 만한 조건이 갖추어져 있었다는 것을 의미한다. 그리고 당시에 한국이 이미 그러한 근대화의 조건을 갖추고 있었다면, 일본이 아니더라도 한국 스스로 도로나 항만을 건설하고 공장을 세워서 근대화를 시작할 수 있었다는 이야기가 된다. 그것은 여러가지 면에서 메이지 유신 이전에는 우리가 일본에 별로 뒤지지 않았다는 사실을 상기해보면 이해가 될 것이다. 그리고 일본이 당시에 아프리카에다 도로나 항만을 건설하고 공장을 세웠다면 아프리카가 오늘날 한국처럼 근대화될 수 있었을까 생각해볼 때 이 사실은 더욱 자명해진다.

한국이 이미 스스로 근대화를 이룩할 수 있는 단계에 와 있었는데도 불구하고 일본에 의해서 타율적인 근대화가 이루어짐으로써 한국 국민들이 얼마나 큰 고통을 당했고 지금도 왜곡된 근대화의 피해로 얼마나 큰 대가를 치르고 있는가를 생각해보면 어떻게 일본 때문에 한국이 근대화되었다는 말을 할 수 있겠는가. 게다가 말로 다할 수 없는 고통을 주고 착취를 가한 한국 국민들에게 사과 한마디 없을 수 있는가.

일본 사람들의 주장에 언론이 흥분해서 문제만 제기하지 논리적인 반론을 제기하지 못하고, 학생들도 화만 내지 제대로 답변을 못한다는 것은 일본에 대한 우리의 교육이 감정에 치우쳐 있고 객관적이고 논리적이지 못하다는 이야기가 된다. 일본에 대해서는 누구나 잘 알고 있고 그래서 일본 이야기가 나오면 누구나 한마디씩 하는데 사실은 제대로 알고 있는 것이 없다는 이야기이다. 언론이나 학생들은 일본 사람들의 주장에 대해서 흥분하거나 화만 낼 것이 아니라 그들의 주장을 논리적으로 반박할 수 있어야 한다. 그렇지 못하면 내가 일본 술집에서 당했던 것처럼 당황하여 화만 내지 제대로 대답도 못하는 일을 언제 어디서 겪게 될지 모른다.

"일본 국민도 제국주의의 피해자다"

일본에서 한국 역사를 전공하고 있는 학자들 대부분이 일본 제국주의의 한국 지배에 대해서 비판적으로 이야기한다. 일본의 저명한 모 대학에서 한국사를 가르치는 분이 있는데 그분은 다른 일본 사람과는 달리 자기 이야기를 비교적 솔직하게 털어놓고 일제의 한국 지배에 대해서도 대단히 비판적이다. 그래서 좀처럼 자기 속을 드러내지 않는 일본 사람들을 상대하다가 그분을 만나서 이야기를 나누면 긴장이 풀리고 후련해짐을 느낄 때가 많다.

그날도 누군가가 일본의 아시아 침략을 미화하는 발언을 하고 한국측이 그것을 문제삼아 신문들이 떠들썩한 때였는데 그분과 식사를 함께 하게 되었다. 이런저런 이야기를 하다가 그분이 "사실 우리 일본 국민도 제국주의의 피해자다. 도대체 우리보고 어떻게 하라는 말이냐"고 몹시 짜증스러운 듯 말하는 것이었다. 그분이 그런 말을 하리라고는 상상조차 해본 일이 없고 또 그런 문제에 대한 답변도 생각해본 적이 없기 때문에 먹던 밥은 갑자기 목에 탁 걸리고 대답도 얼른 생각나지 않았다.

밥 먹던 숟가락을 가만히 내려놓고 화를 삭이면서 아무리 생각해봐도 영 적당한 대답이 생각나지 않았다. 얼른 대답도 못하면서 화만 낼 수도 없고 그렇다고 다른 이야기를 할 기분도 아니어서 꿀 먹은 벙어리처럼 앉아 있을 수밖에 없었다. 그날처럼 나 자신이 싫고 미운 날은 일찍이 없었다.

그런데 음식점을 나서서 막 헤어지고 나니까 '아시아에 대한 침략행위를 시킨 것은 일본 제국주의일지 모르지만 침략 후 살인, 방화 등 직접 나쁜 짓을 한 사람들은 일본 국민이지 않은가. 살인을 해놓고 나는 범행의 하수인이니까 죄가 없다고 말할 수 있는가'라는 대답이 섬광처럼 지나가는 것 아닌가. 집으로 돌아오면서, 이렇게 대답했더라면 그분이 어떻게 나왔을까 생각해보다 조용히 고개를 좌우로 저었다. 평소 일본의 한국 지배를 그렇게 신랄하게 비판하던 그분이 오늘 '혼네'를 드러내며 자기들도 피해자라고 짜증을 낸 것으로 봐서 내가 어떻게 대답을 하든 그분은 속마음으로는 승복하지 않을 것이라는 사실을 깨달았기 때문이었다.

역사교과서 왜곡

한일간에 심심찮게 등장하는 문제가 일본의 역사교과서 왜곡 문제다.

예를 들면 일본 역사교과서는 한국을 지배했던 35년 동안 한국에서 행한 잔학행위라든가 난징대학살 등을 전혀 반영하지 않을 뿐만 아니라 일본의 한국 지배가 오히려 한국에 유익했다는 망언을 서슴지 않는다. 미래의 바탕이 되는 것이 현재인만큼 일본 사람들이 현재의 바탕이 되는 과거의 역사를 왜곡한다는 것은 단순히 그들이 과거를 어떻게 생각하느냐 하는 차원을 넘어서 그들이 미래의 한일관계를 어떻게 설정하려고 하는가를 보여준다는 면에서 간과할 수 없는 중요한 문제라고 생각한다.

교과서 왜곡 문제나 전쟁책임 문제가 제기될 때마다 우리나라 언론이나 텔레비전의 무슨 좌담회 같은 데에서는 한결같이 "독일은 주변국에 2차대전 때의 잘못을 사과하고 교과서에 그 잘못을 서술하여 후세의 교훈으로 삼는데 일본은 사과는 고사하고 교과서조차 왜곡하고 있다"면서 독일은 좋은 나라고 일본은 나쁜 나라라는 말만 나열하는 식이지 그 근본 원인에 대해서 설명해주는 경우는 거의 없다. 그러나 이런 식으로는 일본에 대해서 제대로 대처할 수도 없을 뿐만 아니라 한국 정부가 주장하는 미래의 한일협력이라는 것도 허구에 그칠 가능성이 크다. 나쁘다는 것만 알고 그 악행의 배경을 모르는 나라와 진정한 협력이 가능하겠는가.

앞에서도 언급했듯이 일본에서는 2차 세계대전을 일으킨 군국주의 세력이 패전 후에도 일본의 지도세력이 되었다. 패전 후 일본에 진주한 연합군 최고사령부가 경제적 위기를 타개하기 위하여 뒤에서 전쟁을 조종한 재벌들을 다시 용인하고, 동서 냉전체제가 형성됨에 따라 일본을 아시아 반공국가의 보루로 만들기 위해 군국주의 지도자들을 석방하여 재등용하였기 때문이다. 그리고 그들이 오늘날 일본의 재계나 정계를 지배하고 있다. 따라서 그들이 과거의 잘못을 시인하거나 교과서에 사실 그대로 기술하게 내버려둘 턱이 없다.

그들의 사과를 받는 것도 중요하지만 그들이 절대로 사과를 하지 않을 것이라는 사실과 사과를 하더라도 본심이 아니라는 사실을 아는 것이 더 중요하다. 그들을 똑바로 알아야 무엇인가 처방이 나올 수 있다. 그들이 사과를 하더라도 그것이 본심이 아니라는 것은 1965년 맺은 한일기본조약에 전혀 반성의 문구가 들어 있지 않다는 사실과 무라야마 총리가 한반도의 분단에 대한 일본의 책임을 인정했다가 하루 만에 번복한 것에서도 입증된다.

위와 같은 사실은 12·12사건을 생각해보면 더욱 자명해진다. 12·12사건은 누구에게 물어봐도 반란이고 정부에서도 이미 군사 반란이라고 규정을 내렸다. 그런데 12·12사건의 주역들은 반란이라고 인정하기는 고사하고 오히려 12·12사건으로 자신들을 고발한 사람들을 고소하고 있다. 만약에 자기들이 12·12사건을 반란이라고 인정하면 5, 6공은 비합법적인 정부가 되고 자기들은 반역자가 되기 때문이다. 심지어는 5, 6공 시절 12·12사건을 군사반란이라고 규탄했던 문민정부의 수장조차도 집권 초기에는 법적으로 반란이라고 규정하는 것은 보류했었다. 그렇게 규정하면 5, 6공을 이어받은 문민정부의 정통성까지도 문제가 되기 때문이다. 따라서 12·12사건의 주역들은 12·12사건을 반란이라고 인정하기는커녕 진정으로 구국의 결단이었다고 확신하고 있는지도 모른다. 전쟁 전 군국주의 세력이었던 오늘날 일본의 지배세력이 전쟁 전 행했던 주변국가에 대한 침략을 잘못이라고 인정하지 않고 있는 것도 바로 이런 이치이다.

2. 현대 일본 문화

 와세다대학에서 만난 할아버지

도서관의 열기

일본 국회도서관을 처음 방문했을 때의 기억은 지금도 신선한 충격으로 내 가슴속에 선명히 남아 있다. 사실 내가 하는 공부는 자료가 한정되어 있어서 와세다대학 도서관만 이용해도 별 불편이 없다. 그러나 일본에서 공부하는 사람이라면 으레 한번은 가봐야 하는 곳이 국회도서관이라서 일본에 도착한 직후 후배와 함께 그곳을 방문했다.

후배한테 이용방법을 들으면서 열람실에 이르렀는데 갑자기 무슨 열기 같은 것이 느껴져 무심결에 보니 자리를 꽉 메운 사람들이 눈에 확 들어오는 것이었다. 정신을 차리고 자세히 보니까 그 속에서 가장 먼저 눈에 띄는 것이 대부분 머리가 허연 할아버지와 할머니들이었다. 그 은색의 세계를 보는 순간 아무 생각도 안 나고 다만 일본의 힘의 원천이 바로 여기에 있구나 하는 생각만 떠올랐다.

그 뒤에 도서관을 어떻게 나왔는지도 잘 기억나지 않는다. 지금도 그때의 기억이 새로워서 '국회도서관' 하면 언제나 할아버지, 할머니 들의 흰머리로 가득 찬 은색 세계의 열람실이 연상된다.

일본 경제가 어떻게 세계를 석권하게 되었을까 하는 문제는 한국에 있을 때부터 나의 관심사였다. 그런데 은퇴하여 조용히 여생을 보낼 노인들조차도 인생의 원점에 서서 새로이 무엇인가를 알려고 노력하는 모습을 일본의 국회도서관에서 본 뒤로는, 바로 그런 에너지가 바탕에 있기 때문에 일본 경제가 세계를 석권할 수 있게 된 것이지 일본 사람들이 단순히 일만 열심히 해서 그렇게 된 것은 아니라는 생각을 갖게 됐다.

와세다대학 도서관 5층 서고에는 대학원생이나 교수들이 공부를 하면서 논문을 쓸 수 있는 방이 있는데, 그 옆에는 차를 마실 수 있는 조그마한 휴식공간도 따로 마련되어 있어 무척 편리하다. 논문 쓰는 방이 서고에 있으니 필요한 책을 마음대로 갖다가 참고할 수 있을 뿐만 아니라 차를 마시면서 쉴 수도 있으므로 나는 거의 하루도 빠짐없이 아침 9시부터 저녁 7시까지 그 방에서 살다시피 했다.

오래 이용하다 보니까 내가 그 방의 터줏대감이 돼서 자연히 내 지정석까지 인정받을 정도가 됐는데, 그곳에서 내가 거의 매일 만나는 노인이 한 사람 있었다. 약간 뚱뚱한 편으로 건강도 그렇게 좋아 보이지 않았는데 나와 경쟁이라도 하려는 듯 비가 오나 눈이 오나 도시락 하나를 들고 나와서는 점심 때 휴게실에서 도시락을 먹고 차 한잔을 마시는 시간 외에는 부처님처럼 움직이지 않고 앉아서 항상 무언가를 쓰는 것이었다.

어느 때부터인가 우리는 자연스럽게 인사를 하고 이야기를 나누는 사이가 되었다. 무슨 직장을 다녔는지 지금 무엇을 연구하고 있는지는 알 수가 없고 다만 와세다대학 졸업생에다 퇴직한 뒤부터

도서관에 나와서 공부를 하고 있다는 사실이 내가 알고 있는 전부였다. 한국에 대해서 아는 것이 무척 많고, 무슨 직장을 다녔는지 무엇을 연구하는지를 물어보면 빙그레 웃기만 하는 것으로 보아 전에 한국과 관계가 있는 일을 했고 나와 만났을 때도 그 방면의 연구를 하고 있는 것이 아닌가 추측되어 기분이 썩 좋지는 않았다. 인생의 황혼기에 좋지도 않은 건강으로 눈이 오나 비가 오나 한국에 대해서 내게 밝힐 수 없는 뭔가를 저렇게 연구하고 있구나 생각하면, 연민의 정과 함께 우리가 35년 동안 당한 것은 우리가 일본에 대해서 아무것도 모르고 있었을 때 일본에는 저런 사람들이 있었기 때문이라는 생각이 들어 두려움마저 느껴졌다.

이 노인에게 지지 말아야지 하는 생각으로 나 자신을 채찍질해나갔다. 도서관 안에서의 한일경쟁이었다. 일본의 국력은 이런 이름 없는 사람들이 보이지 않는 곳에서 만들어내는 에너지가 모이고 모여서 이룩된 것이 아닌가 하는 생각이 들었다. 일본 유학시절을 생각하면 와세다대학 도서관이 생각나고 와세다대학 도서관을 생각하면 언제나 그 노인 생각이 난다.

익스텐션 스쿨

몇년 전 와세다대학 시절의 지도교수가 익스텐션 스쿨 학생들을 데리고 한국을 방문하겠다는 연락을 해오셨다. 이미 퇴직하신 분이지만 10년 가까이 나를 지도해주신 분이고 학문적으로나 인격적으로 나에게 큰 영향을 끼친 분이기 때문에 무척 반가웠다. 마중을 나가고 싶으니 일정을 알려달라고 연락드렸더니 즉시 일정과 익스텐션 스쿨에 대한 팸플릿을 보내셨다.

와세다대학 익스텐션 스쿨은 우리나라로 말하면 일종의 시민학교 같은 것인데 퇴직교수나 현직교수들이 빈 교실을 이용하여 자기의 전공을 일주일에 한번씩 100분 수업으로 강의한다. 우리나라의 시민학교와 다른 점은 여러 과목을 수강하는 것이 아니고 자기가 듣고 싶은 과목 한 강좌만 수강한다는 점이다. 우리나라의 시민학교보다는 전문적인 셈이다.

수강생들은 주로 주부나 직장에서 퇴직한 사람들로, 수강료는 10만 엔쯤 되는데 등록된 학생은 만 명쯤 되고 실제로 출석하는 사람이 8천 명쯤 된다. 대학은 시민들을 재교육시킨다는 면에서 사회에 봉사함과 동시에 학교 재정에 도움을 받고, 수강생들은 지식에 대한 새로운 욕구를 채우며 대학에 와서 젊음을 숨쉴 수 있는 이점이 있다.

선생님이 오시는 날 공항에 나갔더니 전부 스물세 명 정도가 왔다. 버스를 타고 시내로 들어오면서 선생님께 "강의명은 무엇이고 수강생은 얼마나 됩니까?" 하고 여쭈어보았더니 "강의 명칭은 『위지 왜인전』의 세계'이고 수강생 수는 60명인데 선발인원은 매년 결원을 보충하는 선에서 그치고 있다. 그런데 일년이 지나도 그만두는 학생이 없어서 계속 그 학생들을 9년째나 가르치고 있는데 같은 학생들을 가르치다 보니까 매년 강의 내용을 바꿔야 하기 때문에 오히려 일반 대학원 수업보다 더 어렵다"는 말씀이었다. 이번에는 『위지 왜인전』에 나오는 현장을 직접 방문하기 위해서 왔는데, 금년에는 김해를 중심으로 한 가야지방을 보고 내년에는 부여와 공주를 중심으로 한 백제지방을 답사할 계획이라고 하셨다.

그 이튿날부터 중앙박물관을 시작으로 답사가 시작되었다. 모처럼 한국에 오셨는데 직접 모시고 다니면서 안내를 하고 싶다고 말씀드렸더니 선생님은 좀 미안해하면서도 좋아하셨다. 여행사에서도 역사를 전공한 최고의 가이드를 보낸 것 같았는데, 나이 지긋한 학생들은 가이드가 설명을 하면 때로는 고개를 끄덕이기도 하고 때로는 고개를 갸웃거리기도 하면서 열심히 메모들을 했다. 가이드의 설명이 신통치 않은 것 같으면 내게도 이것저것 물어보았다. 선생님께서 나를 과분하게 말씀하신 듯하고 거기다가 내가 대학교수라 무엇이든 잘 알고 있다고 생각한 모양이다.

그런데 저런 분들이 무엇을 알까 싶을 만큼 호호백발 할머니들의 질문인데도 9년 동안이나 공부를 했으려니 생각하자 알 만한 문제도 도무지 실수를 할까 겁나서 제대로 대답할 수가 없었다. 이런 사람들이 와세다대학에만 해도 만 명이 있다고 생각하니 갑자기 일본이 거대하게 느껴지는 것이었다. 결국 나는 답사기간 내내 지도교수 말상대와 단순한 길 안내자 역할만 하고 말았다.

토오꾜오대학과 쿄오또대학

일본은 토오꾜오를 중심으로 한 칸또오(關東)와 오오사까, 쿄오또를 중심으로 한 칸사이(關西) 간의 선의의 경쟁 속에서 발전하고 있다. 칸또오 사람들이 나리따에 신공항을 만드니까 칸사이 사람들은 이에 뒤질세라 오오사까 앞바다에 칸사이 신공항을 만들었다. 그래서 큰 회사들은 대부분 본사를 칸또오와 칸사이 양쪽에 두고 있다.

학문도 칸또오의 토오꾜오대학과 칸사이의 쿄오또대학의 경쟁 속에서 발전하고 있다. 오랜 역사 때문에 두 대학의 학풍도 차이가 뚜렷하다. 내가 공부하고 있는 역사 쪽을 예로 들면, 토오꾜오대학은 대단히 정밀하고 실증적인 반면에 쿄오또대학은 실증적이기보다는 이론적인 면이 강하다. 그래서 논문을 읽어보면 어느 대학 출신 학자가 썼는지 금방 알 수 있을 정도이다.

일본에 통일국가가 출현하기 직전 일본을 대표하던 국가가 '야마따이국'이다. 이에 대해서 일본측에는 기록이 남아 있지 않고 중국의 『위지 동이전』에 자세한 것이 기록되어 있다. 그런데 그 기록이 대단히 애매하여 야마따이국이 일본열도 내의 어디에 있었는지 분명치 않다. 그래서 주로 쿄오또대학 출신 역사학자들은 야마따이국이 쿄오또가 중심이 된 야마또에 있었다고 주장하고, 쿄오또대학과 경쟁관계인 토오꾜오대학 출신 역사학자들은 큐우슈우에 있었다고 주장하고 있다.

그런데 『위지 동이전』에 기록되어 있는 방향으로 미루어보면 큐우슈우가 틀림없는데 거리를 계산해보면 야마또 근처가 아니면 안된다. 거기에다가 『위지 동이전』에 야마따이국과 관련되어 나오는 지명도 큐우슈우와 야마또 양쪽에 다 있다. 양측 주장이 다 일리가 있어서 어느쪽이 옳다고 단정하기 어려운 막상막하의 상태이다.

이런 때에 쿄오또대학의 한 고고학 교수가 쿄오또대학 출신 역사학자들의 야마또설을 거들고 나섰다. 그의 주장에 의하면, 야마따이국에 대해서 씌어진 『위지 동이전』을 보면 중국의 위나라가 야마따이국의 왕에게 거울 100면을 주었다고 씌어 있는데 일본에서 위나라가 주었다는 거울이 발견된 지점을 점으로 찍어놓고 보니 그 점들이 전체적으로 하나의 원을 이루고 있고 야마또가 그 원의 한가운데에 위치한다는 것이다. 그것은 위나라로부터 받은 거울을 전국으로 분배해준 야마따이국 왕이 야마또에 살고 있었다는 것을 의미한다고 했다. 이렇게 해서 "야마따이국은 야마또에 있었다"는 쿄오또대학 출신 역사학자들의 주장이 뒷받침되었다. 그 결과 야마또설이 우위에 서게 되었다.

이렇게 해서 야마또설이 우세해지자 이번에는 토오꾜오대학의 민속학 교수가 큐우슈우설을 거들고 나섰다. 『위지 동이전』의 야마따이국에 대한 설명을 보면, 야마따이국 사람들이 몸에 문신을 하고 있었다고 한다. 그런데 토오꾜오대학 민속학 교수는 당시에 문신의 풍습이 큐우슈우 지방에만 있었지 야마또 지방에는 없었음을 밝힘으로써, 야마따이국은 큐우슈우 지방에 있었다는 토오꾜오대학 역사학 교수들의 주장을 뒷받침했다. 그 결과 큐우슈우설은 다시 약세를 만회할 수 있게 되었다.

이렇게 되어 야마따이국의 소재에 대한 쿄오또대학 출신 역사학자들과 토오꾜오대학 출신 역사학자들 간의 논쟁은 다시 원점으로 돌아가게 되었다.

일본의 호오류우지(法隆寺)는 고구려의 담징이 그려줬다는 벽화가 있는 곳으로 우리나라 사람들에게 잘 알려져 있다. 607년에 창건된 이곳은 현존하는 목조건물로는 세계에서 가장 오래 된 절인데『일본서기』를 보면 670년에 불이 나서 소실된 것으로 되어 있다.

그런데 어떤 학술회의에서 키따(喜田)라는 쿄오또대학 역사학 교수가 『일본서기』의 기록을 근거로 삼아 현재의 호오류우지는 670년 이후에 재건되었다는 주장을 하였다. 그러자 세끼노(關野)라는 토오꾜오대학의 건축학 교수가 "607년 호오류우지를 창건할 당시에는 건축을 할 때 고구려 잣대를 사용했고 불이 났다고 하는 670년경부터는 이미 당나라 잣대를 사용했다. 그런데 현재의 호오류우지는 고구려 잣대를 사용한 치수이므로 670년 불에 탔다는 건물은 본채가 아닌 부속건물이라고 생각되며 본건물들은 607년 창건 당시의 건물 그대로인 듯하다"고 건축학적 지식을 바탕으로 반론을 제기했다. 뜻밖에 토오꾜오대학의 세끼노에게 일격을 당한 키따는 톡톡히 망신을 당했다.

그날 저녁에 쿄오또대학의 키따와 그 제자들은 세끼노에게 당한 분풀이를 술로 달래고 있었다. 침울한 분위기 속에서 술로 울분을 풀고 있을 때 한 대학원생에게 퍼뜩 떠오르는 영감이 있었다. 그는 그 자리에서 조용히 일어나서 집으로 돌아가 밤을 새워가며 세끼노에 대한 반론을 준비했다. 그 이튿날 대회장에 나타난 그는 발언권을 얻은 뒤 "607년 호오류우지를 창건할 당시에는 고구려 잣대를

사용하고 호오류우지가 불탔다는 670년 이후에는 당나라 잣대를
사용한 것이 사실이다. 그렇지만 복원된 옛 건물의 실례를 조사해
보면 어느 경우에나 복원 당시의 치수가 아니라 창건 당시의 치수
를 사용하는 것으로 보아 670년 이후에 호오류우지를 복원했다 하
더라도 당연히 607년 창건 당시에 사용하던 고구려 잣대를 사용했
을 것이다. 그러므로 현재의 호오류우지가 창건 당시의 고구려 잣
대를 사용했다고 해서 607년 당시의 건물이고 670년 이후에 재건
된 건물이 아니라고 단정할 수는 없다. 따라서 670년에 불이 났다
고 『일본서기』에 분명히 기록되어 있는만큼 호오류우지는 670년
이후에 재건되었다고 보는 것이 타당하다고 생각한다"고 결론을 내
렸다.

　이 반격으로 호오류우지 재건 논쟁은 다시 원점으로 되돌아갔
다. 이와같이 일본의 학문은 양 대학의 논쟁 속에서 발전하고 있으
며 이것이 일본의 힘의 원천이 되고 있다.

 쿄오또와 노벨상

　1949년 유까와 히데끼(湯川秀樹)를 필두로 일본에서는 11명의
노벨상 수상자가 나왔다. 그런데 이들은 대부분 쿄오또대학을 나
왔거나 쿄오또대학 교수이다. 일본에서는 토오꾜오대학이 제일 들
어가기 힘든 대학인데도 불구하고 대부분의 노벨상 수상자가 토오
꾜오대학보다는 쿄오또대학과 관계가 있는 사람들 중에서 나온다
는 사실은 일본 사회에서 하나의 수수께끼로 받아들여지고 있다.

　미국은 2차대전의 종전을 앞두고 학자들을 동원하여 어떻게 하
면 패전 후 일본을 영원히 미국의 영향하에 둘 수 있을까 하는 연

구를 했다. 그때 학자들이 건의한 사항 중 하나가 천황을 통하여 일본을 컨트롤하기 위해서 전범(戰犯)이긴 하지만 천황을 계속 존속시킬 것과 일본 문화의 보고로서 일본 사람들의 자랑거리인 쿄오또를 폭격하지 말라는 것이었다. 만약 쿄오또를 폭격하면 일본 사람들의 증오심을 불러일으켜서 일본은 영원히 미국에 복속하지 않을 것이라는 말이었다. 이 건의는 정책당국에 채택되어 그대로 실행되었다.

쿄오또는 794년부터 메이지 유신 다음해인 1868년까지 1천여 년간 일본의 수도였던 곳으로 크고 작은 사원만도 3천여 개가 있는 일본 문화의 보고이며 일본인의 긍지가 담긴 곳이다. 그래서 오늘날 토오꾜오가 일본의 수도이기는 하지만, 쿄오또 사람들은 토오꾜오 사람들이 돈이나 알지 문화 같은 것에 대해 뭘 알겠는가 하는 생각에서 마음속으로는 토오꾜오 사람들을 무시하는 문화적 우월감을 가지고 있다.

서구 국가들은 18세기 후반 산업혁명을 이룩하여 근대화에 성공했다. 그러나 근대화 과정에서 막대한 공해를 배출하여 자신들이 살고 있는 삶의 터전 자체가 위협을 받기에 이르렀다. 산업혁명의 선구지인 영국 런던의 템스강은 공해물질로 고기가 살 수 없는 지경에 이르렀다가 막대한 노력을 기울인 끝에 비싼 대가를 지불하고 근래에야 물고기가 다시 살 수 있는 강으로 회복되었다.

일본은 근대화의 폐해에 대해서는 깊이 생각하지 않은 채 1867년 메이지 유신 후 서구를 따라잡기 위하여 서구 국가들이 간 길을 열심히 뒤쫓아갔다. 그 결과 근대화에 성공하여 오늘날 그들과 어깨를 나란히할 수 있게 되었다. G7 선진 7개국 정상회담에 일본이 당당히 참여하고 있는 것은 그 상징적인 예가 될 것이다. 그러나 일본도 서구와 마찬가지로 근대화 과정에서 막대한 공해물질을 배출하여 자연환경이 파괴되고 삶의 터전이 위협받게 되었다.

그 좋은 예가 근대화의 중심인 토오꾜오를 관통하면서 흐르고 있는 스미다가와강이다. 이 강도 런던의 템스강과 마찬가지로 토오꾜오에서 내뿜는 공해 때문에 물고기가 살 수 없는 곳으로 변했다. 뿐만 아니라 몇년 전까지만 해도 극심한 공해로 토오꾜오 시내에 있는 학교에서는 학생들이 체육시간에 트랙을 돌다가 쓰러지는 일도 드물지 않았다. 근래 토오꾜오도 당국도 막대한 예산을 투입하여 토오꾜오를 사람이 살 수 있는 도시로 바꿔가고 있고 스미다가와강에 다시 고기가 살 수 있게 노력하고 있지만, 얼마 전까지만 해도 토오꾜오는 오늘날 근대화 과정에서 공해에 시달리는 상징적인 도시처럼 되어버린 멕시코시티나 방콕과 별 차이가 없었다.

쿄오또 시내를 관통하는 강은 카모가와강(鴨川)이다. 이 강은 템스강이나 스미다가와강처럼 근대화 과정에서 죽었다가 다시 살아난 것이 아니라 그대로 살아 있는 상태를 유지하고 있다. 쿄오또 사람들은 인간의 행복한 삶을 위해서 추진된 서구의 근대화가 인간에게 약간의 편리함은 갖다 주었으나 자연환경을 파괴시켜 결과적으로 인간이 살고 있는 터전 자체를 위협하고 있음을 깨달았다. 그래서 그들은 서구나 토오꾜오 사람들과는 달리 당장의 편리함만을 추구하기보다는 삶의 터전을 보존하는 데 힘을 기울였다. 될 수 있는 한 공해업체를 배제하고, 시의 수입은 당장의 편리함보다는 삶의 터전을 보존하는 데 투자했다. 이렇게 해서 카모가와강은 죽지 않고 생명력을 그대로 보존할 수 있었던 것이다.

그렇기 때문에 쿄오또에서는 전세계에 통할 수 있는 사상과 학문이 나올 수가 있는 것이다. 이것은 쿄오또가 1천여 년간 일본 문화의 중심지로서 자리를 지켜온 결과이다. 쿄오또를 관통하는 카모가와강을 근대화 과정에서도 죽이지 않고 생명력을 보존한 쿄오또의 문화적인 바탕이 수많은 노벨상 수상자를 배출해낸 것이다. 문화수준이 낮은 곳에서도 아인슈타인보다 아이큐가 좋은 사람은 얼마든지 있을 수 있지만 그런 곳에서는 노벨상 수상자가 나올 수 없을 것이다.

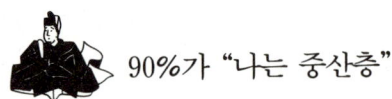 ## 90%가 "나는 중산층"

총리실의 조사에 의하면 대충 일본 국민의 90% 정도가 스스로를 중산층이라고 생각한다고 한다. 일본 사회가 그만큼 안정돼 있다는 증거다.

다방 종업원은 학력이 중요하지 않은 직업 중 하나이다. 일본에는 다방이 많고 다양한데 찻값이 비교적 싼 대학 근처의 다방들은 비용을 절약하기 위해서 대부분 종업원을 파트 타임으로 쓰고 있다. 내가 유학하고 있을 당시에 그들은 일하는 시간대에 따라서 시간당 550엔에서 700엔 정도를 받았던 것으로 기억하는데, 하루 여덟 시간씩 일하고 토요일에는 오전 근무를 한다면 그들은 한 달에 11만 엔 남짓 받는 셈이다. 그런데 당시 대학 졸업자의 초임이 12만 엔을 약간 넘었다. 따라서 대학 졸업자들과 그들의 봉급 차이는 1만 엔 정도밖에 나지 않는 셈이다. 학력에 의한 봉급의 격차가 거의 없으니까 저학력자도 지위는 낮지만 고학력자들에게 크게 꿀리지 않고 열심히 일을 한다.

공무원들도 연공서열제로, 지위보다는 근무 연수에 따라서 봉급을 받기 때문에 학력이 부족한 하위직급 공무원들도 비록 지위는 낮지만 봉급 면에서는 고시를 패스한 고위직 공무원들에게 꿀리지 않는다. 따라서 그들은 자부심을 가지고 자기 일을 한다.

토오꾜오나 오오사까 등 대도시에만 가보면 토끼장에 사니 어쩌니 해서 일본 사람들의 열악한 주거환경을 비판하게 된다. 벌써 오래 전 일인데 토오꾜오에서 G7 선진 7개국 정상회담이 열린 적이 있다. 거기에 참석한 사람 중 하나가 "일본 사람들이 살고 있는 집이 마치 토끼집 같다"고 한 비판이 크게 소개되어 일본에서도 자성의 소리가 있었다. 우리나라 사람들 중에도 일본이 잘산다고 하던데 사는 집을 보니 형편없더라고 비판하는 이들이 많다.

사실 대도시에서는 주택사정만 열악한 것이 아니다. 자동차를 갖고 싶어도 주차장이 없어서 살 수 없고 경제적인 여유가 있어서 주차장을 갖고 있는 사람도, 물론 지하철 시설이 잘돼 있기 때문이기도 하지만 도로사정 때문에 자동차를 몰고 다닐 수가 없다.

의사는 일본에서 가장 여유있는 계층이다. 오랜 유학생활을 하다 보니 한때 몸에 좀 이상이 있는 것 같아 걱정이 되었다. 그래서 같이 공부하던 친구에게 상의를 했더니 자기 아버지가 시내 중심가에서 개업을 하고 있으니 거기에 가서 진찰을 받아보자고 했다. 병원에서 엑스레이 검사를 하고 나오다가 아무리 둘러보아도 그 근처에 주차장이 보이지 않고 또 있을 것 같지도 않기에 "아버지는 뭘 타고 출퇴근을 하느냐"고 물어보니 "전철로 하고 있다"는 것이었다. 그래서 조심스럽게 "자동차를 가지고 있지 않느냐"고 다시 물어보았더니 "자동차를 사놓고 몇년간 거의 타보지 않았다"는 것이었다. 여유가 있어서 자동차를 사기는 했는데 도로는 복잡하고 지하철이 더 편리하기 때문에 이용하지 않고 있는 것이다. 대도시는 어디나 마찬가지지만 토오꾜오의 생활은 정말 비좁고 복잡하고 짜증스럽다.

하지만 토오꾜오 등 대도시를 보고 비판하던 사람들도 한결같이 농촌에 가보니까 잘살더라는 이야기를 한다. 미국 UCLA에서 한국 역사를 가르치는 미국인 친구가 있다. 미국의 동양학 관계 교수가 대부분 그렇듯이 그 친구도 한국사를 가르치지만 일본에 대해서도 관심이 많아 여러 번 일본을 여행한 적이 있다. 그 친구는 비교적 일본을 비판적으로 보는데도 농촌 출신이라서 그런지 농촌 이야기만 나오면 미국 농촌의 현실을 비판하면서 "일본 농촌은 정말 잘산다. 일본 농촌에 가보면 일본이 잘사는 나라라는 것을 알 수 있다"고 칭찬한다. 시골 구석구석까지 도로는 잘 포장되어 있고 전기, 가스, 수도, 전화 등이 완비되어 있으며 문화시설도 도시 못지않다.

수입 면에서도 농촌은 도시를 능가한다. 일본 사람들도 이미 전통적인 생활양식에서 벗어나기 시작하여 삼시 세 끼를 집에서 밥만 먹던 시대는 지났다. 아침에는 대개 빵 한 쪽에 주스나 우유 한잔으로 때우고, 점심은 회사 근처에서 하고, 저녁도 늦게까지 근무하다 보면 밖에서 해결하는 경우가 많아졌기 때문에 쌀 소비량이 크게 줄었다. 일본이 쌀을 자급자족하게 된 데에는 쌀 생산량이 늘어난 것도 원인이지만 쌀 소비량이 크게 줄어든 데도 큰 원인이 있다.

그런데 우리 가족은 주로 밥만 먹는데다가 네 식구가 꼬박꼬박 세 끼 식사를 챙겨먹으니까 쌀 소비량이 많아서 나나 집사람이 동네 쌀가게에 가면 쌀가게 주인이 허리를 90도로 굽히며 칙사 대접을 했다. 남들은 3kg이나 5kg짜리를 사는데 우리는 보통 10kg짜리를 그것도 한 달에 몇번 씩 사가니 그럴 만도 했다.

당시 일본에서는 10kg들이 쌀 한 포대에 5천 엔을 조금 넘었던 것 같다. 단순 계산으로도 농가에서 1년에 쌀 3, 40가마니만 생산하면 대졸 초임 봉급은 된다는 계산이 나온다. 거기에다가 일본 농촌은 기계화가 이루어져서 거의 손에 흙을 묻히지 않고 농사를 짓고 있다. 또 일본에서는 농촌지역에 공장들이 분산되어 있어서 농한기가 되면 공장에 가서 파트 타임으로 일할 수 있으며, 부부 중 한 사람은 농사를 짓고 한 사람은 공장에 다닐 수 있다. 이러니 농촌이 도시보다 잘산다는 이야기가 나오지 않을 수 없다.

농촌은 경제적인 여유가 있는데다가 도시에 비하면 땅도 여유가 있으므로 대부분 주차장을 갖추고 있다. 따라서 대도시 사람들과는 달리 농촌 사람들은 자가용을 많이 가지고 있다. 단 일본 농촌에서 문제가 되는 것은 아이들의 교육 문제다. 그러나 어쨌든 일본의 농촌 사람들은 편리함이나 문화생활이나 경제적인 면에서 도시인들에게 열등감을 가질 필요가 없다.

우리나라에서도 요즈음에는 쇠고기나 돼지고기를 부위에 따라서 값에 차등을 두어 팔고 있다. 일본 사람들은 소식을 해서 그런지 슈퍼마켓 같은 곳에서 고기를 팔 때에 100g 단위로 포장을 해서 파는데 쇠고기도 부위와 질에 따라서 2, 3백 엔짜리부터 2천 엔짜리까지 여러 종류로 나뉘어 있다. 심지어 참치 같은 큰 생선도 부위별로 값이 차등화되어 있다. 그래서 유학생인 우리 가족도 3, 4백 엔짜리이기는 하지만 쇠고기를 사먹는 일이 그렇게 경제적으로 부담스럽지 않았다. 옆집 사람이 2천 엔짜리를 매일 먹을 때 좀 싼 것이기는 하지만 우리도 매일 쇠고기를 먹을 수 있다는 것이다. 나 같은 유학생들도 먹고 사는 데서는 그들에게 별로 꿀리거나 열등의식을 가질 필요가 없다는 이야기이다.

이런 물가구조는 다른 부분에서도 비슷하다. 예를 들면 평소엔 배추 한 포기에 500엔쯤 하지만 토요일에는 500엔이면 두 포기를 살 수 있다. 일요일에는 사가는 사람이 없고 월요일까지 두면 신선도가 떨어지니까 토요일에 깎아 팔아서 모두 처분해버리기 때문이다. 나 같은 유학생은 토요일에 일주일분의 배추를 미리 사놓으면 된다. 의류라든가 다른 물건들도 백화점에 가서 고급 물건은 못 사지만 슈퍼마켓이나 쎄일하는 곳에 가서 보면 큰 차이가 나지 않을 만큼 기본적으로 품질이 보증된 물건들을 살 수 있다.

학력에 의한 격차나 도시와 농촌 간의 격차가 없고 특이한 물가구조로 수입이 좀 적은 사람들도 기본적으로는 수입이 많은 사람들과 큰 차이가 없는 생활을 유지해나갈 수 있기 때문에 일본 사람들의 90% 정도가 자기는 중산층이라고 생각하는 것이다. 이것이 오늘날 일본 사회가 안정을 유지하고 있는 요체인 것이다.

 여당에게 질책받는 공영방송

일본의 국영방송인 NHK는 그 공정성이나 정확성 그리고 수준 면에서 세계적인 방송이다. 일본에는 텔레비전 채널이 8개여서 웬만한 사람이라면 각 방송을 틀어놓고 비교해볼 때 무엇이 옳고 그른지 또 무엇이 사실인지 금방 알 수 있다. 이런 면에서 NHK가 공정·정확하고 수준 높은 방송인 것은 누구나 인정하는 바다.

NHK가 인기리에 방송하던 「일본의 조건」이라는 프로그램이 있었다. 세계 속에서 일본이 어떠한 위치에 있는가를 보여줌으로써 일본이 나아갈 길을 생각해보게 하는 프로그램으로 일본인들의 의식 향상에 대단히 큰 역할을 한 것으로 기억한다. 그중에서도 인상에 남는 내용이 하나 있다. 옛 소련은 국토는 광활한데 교통수단이 발달되지 않아 곡창지대에서 생산한 식량을 대도시로 옮길 수단이 없었다고 한다. 그래서 미국에 대형 운반수단인 트레일러 제조기술을 제공해달라고 요청하자 미국은 군사목적에는 사용하지 않는다는 조건으로 그 기술을 제공했다. 그런데 소련이 아프가니스탄을 침공할 때 바로 미국이 기술을 제공한 트레일러를 사용해서 군대와 물자를 운반했다는 것이다. 그러나 미국은 소련이 아프가니스탄을 침공한 사실은 비난하면서도 트레일러로 군대와 물자를 옮긴 사실에 대해서는 아무런 언급을 하지 않았다고 한다. NHK는 이와같은 사실을 보도하면서 이것은 미국이 소련의 아프가니스탄 침공을 사전에 양해해놓고 체면상 겉으로만 비난을 한 때문이라는 해설을 덧붙였다. 요는 소련의 아프가니스탄 침공과 그에 대한 미국의 비난은 두 나라가 사전 각본하에서 벌인 쇼였다는 것이다. 미소가 극단적인 대립을 하고 있는 것 같지만 뒤에서는 서로 흥정을 하고 있다며 그런 사실을 정확히 알아야만 일본이 냉엄한 국제사회에서 살아남을 수 있다는 경각심을 불러일으키기 위한 프로그램이었다.

그런데 NHK는 규모 면에서도 세계적인 방송국이다. 95년 예산을 예로 들면 우리나라 돈으로 5조원 가까이 된다. 당시에는 몰랐지만 NHK 예산은 국회에서 별도로 심의를 할 정도이다.

일본에서는 보통 국회가 열리는 동안 NHK가 국회의 질문광경을 생방송한다. 어느 날 우연히 텔레비전을 켜니 마침 국회의 대정부질문 광경을 중계하고 있었는데 여당인 자민당 의원이 무엇인가 열변을 토하고 있었다. 무슨 내용인가 싶어서 들어보니까 NHK에 대한 예산을 심의하면서 NHK는 좀 공정하게 방송하라고 촉구하는 것이었다. 야당의원이 국영방송의 공정성을 촉구한다면 이야기가 되지만 여당의원이 그러는 것은 도대체 잘 이해가 되지 않았다. 내가 잘못 들었나 보다 생각하고 있었는데 그 이튿날 신문을 보니 국회에서 NHK 예산을 통과시키면서 자민당 의원들이 NHK에 공정하게 방송할 것을 촉구했다는 내용이 보도되어 있었다.

나는 그 사실이 도무지 이해되지 않아서 학교에 가자마자 대학원 친구를 붙잡고 물어보았다. 그랬더니 그 친구가 빙긋이 웃으면서 "NHK 직원들은 대부분 노동조합에 가입되어 있는데 노동조합이 사회당을 지지하고 있으니까 극단적으로 말하면 NHK를 사회당이 지배하고 있다고도 할 수 있다"고 설명해주면서 "NHK가 공정한 방송을 안하는 게 아니라 중립적으로 공정하게 방송하는 것이 자민당의 구미에 안 맞아서 하는 소리"라고 결론까지 내려주는 것이었다. 그 친구 이야기를 듣고 나니까 왜 여당인 자민당 의원들이 소리 높여 국영방송의 공정한 방송을 촉구했는지 이해가 가는 것이었다.

 ## 50만 엔의 보험금

유학시절에 내가 살던 집에서 전철역까지는 걸어서 10분쯤 되는 거리였다. 어느 날 학교에 가려고 전철을 타려다 보니까 깜빡 잊고 전철 패스를 안 가지고 온 것이었다. 집사람은 자전거를 가지고 있었기 때문에 집사람더러 좀 가져오라고 전화를 걸었다. 그랬더니 집사람 대신 옆집 우동가게 아줌마가 받더니 집사람이 교통사고를 당해서 지금 나까노(中野)에 있는 병원으로 갔으니 빨리 가보라는 것이었다. 깜짝 놀라서 병원으로 달려가보았더니 집사람이 응급실에서 대기하고 있는 것이 아닌가. 불행중다행으로 큰 사고는 아니고 자동차와 부딪쳐서 위쪽의 앞이빨 두 개가 부러진 정도였다.

내가 나간 뒤에 보니까 전철 패스를 안 가져갔기에 갖다 주려고 자전거를 타고 쫓아오는데 앞에 내가 걸어가는 게 보이더라는 것이다. 계속 쫓아오면서 불러도 내가 못 알아듣고 책만 보면서 걸어가기에 계속 나를 부르면서 쫓아오다가 옆에서 오는 자동차를 못 보고 사고를 당했다는 것이었다. 그러니까 동네에 있는 조그마한 네거리에서 지프에 치인 것이었다.

사고를 낸 사람은 젊은 사람인데 미안하다고 사과하면서 뒤처리는 자기 차가 보험에 들었으니 안심하라고 했다. 일단 의료보험 카드로 치료를 받고 집으로 왔더니 토오꾜오해상이라는 보험회사에서 전화가 왔다. 그쪽은 우리 가족을 안심시킨 다음에 언제 어디서 만났으면 좋겠느냐고 물었다. 시간과 장소를 약속한 다음 아무래도 좀 불안한 생각이 들어서 잘 아는 일본 사람에게 전화를 걸어 상의를 했더니 자기가 같이 가주겠다고 했다.

이튿날 그 친구와 함께 약속장소에 갔더니 토오꾜오해상 직원이 나와서 자기를 소개한 다음에 도표를 내놓고 사고 경위를 설명해주면서 이의가 없느냐고 물었다. 이야기가 대충 맞는 것 같아서 이의가 없다고 했더니 이번에는 보험에 관한 법전을 꺼내놓고 이번 사고의 경우에는 우리 쪽에 70%의 책임이 있고 자기들 쪽에 30%의 책임이 있다고 설명을 해주는 것이었다. 그런가 보다 하고 들으면서 '아, 그러면 치료비의 70%는 내가 내야겠구나' 하고 생각에 잠겨 있는데 그 직원은, 그래도 자기들은 피해를 입지 않았고 우리는 피해를 입었으니까 거꾸로 70%를 자기들이 책임지고 우리는 30%만 책임지라는 것이었다. 일단 70%가 30%로 감해진 것만 해도 안심이 돼서 "알았다"고 동의를 했더니 그러면 아무 병원이나 우리가 치료를 받고 싶은 곳에 가서 치료를 받고 자기들에게 연락이나 한번 해달라는 것이었다.

그 뒤 집 근처에 있는 치과에서 치료를 받는 데 꼭 6개월이 걸렸다. 너무 오래 걸리기도 하고 치료비의 30%를 낼 생각을 하니까 오래 치료를 받으면 비용이 많이 나올 것 같아 걱정이 돼서 좀 빨리 치료할 수 없겠느냐고 물어보았다. 그랬더니 의사 말이 "이빨을 빨리 해서 끼운 뒤에 혹시 염증이 생긴다거나 하면 안되니까 한 단계씩 치료를 해가면서 후유증이 나타나지 않는가 충분히 확인을 해야 한다"는 것이었다. 결국 6개월 만에 이빨 두 개를 완벽하게 만들어 끼우게 됐다.

치료가 끝난 뒤 얼마 있다가 보험회사에서 정산을 하기 위해 좀 만나자는 연락이 왔다. 30%는 우리가 책임을 지기로 했으니까 당연히 치료비의 30%는 낼 각오로 돈을 어떻게 마련할까 걱정하면서 약속장소에 갔다. 보험회사 직원이 반갑게 인사를 하며 이빨은 잘됐느냐고 묻는데 나는 돈 만들 생각에 빠져 건성으로 대답을 한 뒤 그 사람이 어떻게 나오는가 기다리고 있었다. 형식적인 인사를 끝낸 뒤에 그 사람이 정산서를 꺼내더니 치료비는 자기들이 전액을 책임지고 지난 6개월 동안의 교통비라든가 가사노동비 등은 자기들의 책임분인 70%를 지급하겠다며 세목을 확인시키더니 지금 기억에 50 몇만 엔쯤 되는 돈을 내미는 것이었다. 돈 걱정하고 있던 나는 깜짝 놀랐다.

우리 쪽 책임이 큰 사고였는데 부러진 이빨 두 개를 완벽하게 치료받고 우리나라 돈으로 400만원에 가까운 보상까지 받은 것이다. 보험이라는 게 이런 거구나 싶어서 다음부터는 나도 꼭 보험에 들어야겠다고 생각했다. 이런 보험이라면 아마 안 드는 사람이 없을 것 같았다.

 **"미국 상품 좀 많이 사주세요"**

양담배가 없는 담뱃가게

에도시대에는 전국에 영주들이 통치하는 약 3백 개의 독립된 '번(藩)'이 있었고 지금의 토오꾜오인 에도에 이들 '번'을 통제하는 '막부'라는 것이 있었다. '번'의 핵심은 성을 중심으로 성립된 도시인 죠오까마찌(城下町)로 이곳에는 사무라이와 상인과 공인만이 살았고 농민은 농촌에서만 살 수 있었다. 농촌과 죠오까마찌를 연결해주던 것이 상인들인데 영주들은 이 상인들을 장악함으로써 '번' 내의 유통질서를 유지시켰다. 전국에 있는 '번'의 상인들은 오오사까에 있는 막부의 특허상인들과만 거래할 수 있었고 막부는 이 오오사카의 특허상인들을 지배함으로써 전국의 유통질서를 장악해나갔다.

막부는 외국에서 온 선박들도 지정된 장소에서 특정한 상인들을 통해서만 거래할 수 있게 함으로써 가격의 주도권을 장악해나갔다. 그리고 그 상인들은 또 오오사카, 에도, 쿄오또 등의 상인들과만 거래할 수 있게 함으로써 외국과의 무역도 전국적인 유통질서 속에 편입시켰다. 기본적으로 이와같은 전국적이고 조직적인 유통질서가 1867년 메이지 유신이 일어날 때까지 수백 년 동안 지속되었다. 결국 보이지 않는 끈에 의해서 수백 년 동안 전국의 유통질서가 유지된 셈이다.

2, 3년 전 미국의 노골적인 압력 끝에 우리나라의 담배시장이 개방되었다. 그때 미국의 압력에 분개하여 국민들 사이에 국산담배를 피우자는 보이지 않는 공감대가 형성되자 담뱃가게가 자진하여 "우리 가게에서는 외국 담배를 취급하지 않습니다"라는 팻말을 내거는 등 상당한 성과를 거두는 듯했다. 그러나 얼마 후 국산담배를 피우자던 분위기가 슬그머니 사라지더니 양담배 판매가 급격히 늘어나기 시작하고 지금은 국산담배 시장을 크게 위협하고 있다.

미국 담배가 비슷한 과정을 거쳐서 일본에 상륙한 지는 꽤 오래되었다. 그러나 일본의 어느 담뱃가게를 가보아도 양담배를 전면에 내놓고 파는 곳은 많지 않다. 그런데 양담배가 있느냐고 물어보면 전면에 나와 있는 일본 담배 뒤쪽에서 양담배를 꺼내준다.

일본에는 쇼오뗀까이(商店會)라고 해서 지역 상인들의 모임이 있고 이와는 별도로 또 동종 상인들의 모임이 옛날부터 있었다. 상인들이 종적으로나 횡적으로 잘 조직화되어 있다는 이야기이다. 따라서 담배 판매업자들도 종횡으로 조직화되어 있으리라 생각되는데 대부분의 담뱃가게가 양담배를 전면에다 내놓고 팔지 않는 것으로 봐서 그것은 조직을 통한 움직임이 아닌가 생각한다. 이것은 법에 의해서도 규제될 수 없는 보이지 않는 끈이다. 이러니 외국 상품이 좀처럼 일본 시장에 뚫고 들어갈 수가 없는 것이다.

미국적 발상

일본의 1994년도 대외 무역흑자는 1260억 달러라는 가히 천문학적인 수치에 이르렀다고 한다. 무역적자에 허덕이고 있는 우리나라로서는 부럽기도 하고 약간 샘이 나기도 한다. 그런데 일본의 무역흑자는 상대국의 무역적자를 바탕으로 한 것으로서 그 절대액이 가장 큰 나라는 미국일 것이고 무역 규모를 고려한다면 한국도 적자폭이 큰 나라들 중 하나일 것이다. 따라서 한미 양국은 다 같이 대일 무역적자 폭을 어떻게 줄일까 하는 것을 국정의 최대 현안으로 삼고 있다. 적을 알고 나를 알면 백번 싸워서 백번을 다 이길 수 있다는 말이 있듯이 한미 양국의 대일 무역적자 해소책은 일본을 똑바로 아는 데서부터 찾아낼 수 있을 것이다.

미국은 2차대전 때에는 일본과 직접 싸웠고 전후에는 상당 기간 일본을 지배한 경험이 있으므로 그동안 일본에 대해서 집중적으로 연구한 바가 있다. 따라서 미국은 일본에 대해서 어느 나라보다도 잘 알고 있으리라고 생각한다.

미국은 대일 무역적자를 해소하기 위해 미국에서 성업중인 대형 점포를 일본에 개설하여 거의 공장도가격으로 직판함으로써 일본 시장을 공략하려 하고 있다. 한마디로 가격으로 승부를 내겠다는 발상이다. 그러나 일본에 대형점포를 개설하려는 것은 자동차를 몰고 대형점포를 찾는 미국적 생활습관에 근거한 발상으로, 단순히 가격만으로 일본 시장을 공략할 수는 없다. 그것은 엔 다까 현상에도 불구하고 일본의 무역흑자가 확대일로에 있고 세계에서 가장 값이 싼 중국 상품이 일본 시장에서 생각만큼 잘 팔리지 않는 사실을 보면 자명해진다. 이와같이 미국의 대일 무역적자에 대한 대처방법을 놓고 생각해보면 미국도 일본에 대해서 그렇게 잘 알고 있는 것 같지 않다.

한국에서는 웬만한 사람이면 일본에 대한 이야기가 나올 때 곧잘 알은체를 한다. 그런데 우리나라는 대일 무역적자를 해소하기 위해서 수년간 일본 정부에 기술이전을 강력히 요구하고 있다. 그러나 이것은 정부가 지시하면 무엇이나 가능하다는 한국적 발상으로, 설사 일본 정부가 한국측 요구를 들어주고 싶어도 일본 회사들이 들어준다는 보장은 어디에도 없다. 그리고 기술이전만 가지고 대일 무역적자를 해소하려는 생각이 잘못된 것임은 기술 면에서 미국에 훨씬 뒤지는 일본이 미국에 막대한 무역흑자를 남기고 있는 데서 잘 알 수 있다. 따라서 기술이전을 받아 기술적으로 일본에 접근한다고 해서 대일 무역적자를 해소할 수 있다고 생각하는 것은 큰 오산이라고 생각한다. 이런 면에서는 한국도 일본에 대해서 잘 알고 대처하는 것 같지는 않다.

결국 일본 시장은 가격이나 기술이라는 시장논리만 가지고는 공략할 수 없다는 결론에 이르게 된다. 불가사의한 일이다. 결국 불가사의한 일본 시장 공략은 일본을 아는 데서부터 시작할 수밖에 없다.

"미국 상품 좀 많이 사주세요"

일본 역사를 부전공으로 하고 있는 미국인 친구가 있는데 나도 일본 역사가 전공이므로 둘이 만나면 자연히 일본에 대한 이야기가 나오게 마련이다. 역시 미국 학자들은 실용주의를 중시하는 나라의 학자답게 전공하는 시대를 불문하고 현재의 문제에 관심이 많다.

어느 날 미국의 대일 무역적자 문제와 일본 시장의 폐쇄성에 대한 이야기가 화제에 올라 나는 미국에서는 일본 시장을 어떻게 공략해서 무역적자를 줄이려 하느냐고 물어보았다. 그 친구 이야기가 "요즈음 미국에서는 각 회사가 대형매장을 설치하여 거의 공장 도가격으로 판매하는 대형점포가 히트하고 있는데 이 대형점포를 일본에 설치하여 일본 시장을 공략하려고 한다. 그런데 일본에는 구멍가게들을 보호하기 위해서, 대형점포를 설치하려면 그 동네 구멍가게 중 70% 이상의 동의를 얻어야 하는 대형점포법이라는 것이 있다. 그런데 구멍가게들이 대형점포 설치에 동의를 안해주기 때문에 그 법을 개정하도록 일본 정부에 압력을 넣고 있는 중이다"라고 설명해주는 것이었다.

그래서 "내 생각에는 대형매장을 설치한다고 해서 일본 시장이 공략되리라고는 생각하지 않는다. 우선 미국의 압력을 받아서 일본 자민당이 대형점포법을 개정하게 되면 결국 자민당 정권이 무너지기 때문에 자민당은 대형점포법의 개정에 응하지 않을 것이다. 설혹 자민당 정권이 개정에 응한 뒤 일본에 대형점포를 설치하게 되더라도 과거에는 미국 제품이 일본 제품보다 우수했기 때문에 잘 팔렸지만 지금은 오히려 일본 제품이 더 우수하기 때문에 생각처럼 그렇게 잘 팔리지 않을 것이다. 예를 들면 일본 상품은 척 보면 갖고 싶은 구매욕을 일으키는데 미국 상품은 튼튼하고 가격이 좀 쌀지는 모르지만 갖고 싶은 충동을 일으키지는 못한다. 거기에다가 일본 사람들도 요즈음에는 경제적인 여유가 생겼기 때문에 값싸고 튼튼한 물건보다는 돈을 좀더 지불하더라도 마음에 드는 물건을 사려고 한다. 그 증거로 미국 상품보다도 훨씬 싼 중국 상품들이 일본 시장에 들어와 있지만 생각처럼 잘 팔리지 않고 있다. 요 10여 년 사이에 미국 달러에 대한 엔화의 가치가 세 배 이상 높아졌는데도 불구하고 미국의 대일 무역적자가 오히려 늘어나고 있는 것도 하나의 증거가 될 것이다. 그리고 일본에는 에도시대 이래 상인들이 보이지 않는 끈으로 계속 연결되어 있어서, 싸다는 것만 가지고 일본 시장이 공략될 거라고는 생각지 않는다"고 설명해줬다.

내 말에 그 친구가 별로 탐탁지 않은 표정을 짓는 것으로 보아 내 이야기를 얼른 이해하지 못하는 것 같았다. 그 뒤 미국의 압력으로 일본에 대형점포가 설치됐는지는 모르지만, 내가 미국에서 돌아온 지 벌써 5년 이상이 지났는데도 불구하고 미국의 대일 무역적자가 여전히 해소되지 않는 것으로 봐서 미국이 생각하던 방법도 별로 효과를 거두지 못하고 있는 것 같다.

1980년대 초반부터 확대일로에 있는 미국의 대일 무역적자가 미일 양국간에 커다란 쟁점으로 부각되었다. 미국의 압력에 시달리던 일본으로서도 무엇인가 성의를 보이지 않으면 안될 상황이었다. 그래서 생각해낸 것이 총리가 직접 텔레비전에 나와서 미국 상품을 선전하는 방법이었나 보다.

일본 사람들이 가장 많이 시청하는 프로가 NHK의 9시 뉴스이다. 그날도 9시 뉴스를 보기 위해 텔레비전을 켰더니 나까소네 총리가 백화점에 진열되어 있는 미국 상품을 둘러보다가 웃는 얼굴로 미국산 자몽 한 개를 들고 "여러분, 미국 상품 좀 많이 사주세요" 하고 선전하는 장면이 나왔다. 그러나 나까소네 총리의 대사와는 달리 그의 묘한 웃음은 '제가 이렇게 말해도 여러분은 미국 상품을 사지 않겠지요' 하는 것 같았다. 그런 식으로 해서 미국 상품이 팔릴 거라고 생각하는 사람은 한 사람도 없을 것이다. 그러나 그렇게라도 하지 않으면 안되는 데 오늘날 미국의 대일 무역적자의 심각성이 있는 것이다.

미일의 자동차전쟁

미국의 UCLA에 한국사 교수로 있는 미국인 친구가 있다. 그 친구는 한국에 와서 군생활을 한 다음 고려대학교에 편입하여 나와 같이 대학을 졸업했는데 한국말이 유창할 뿐만 아니라 한국에 깊은 애정을 가지고 있는 친구이다.

1990년 외국에 1년 나가 있을 기회가 있었는데 일본에서 오래 유학을 했기 때문에 이번에는 서구에서 중심적인 역할을 하고 있는 미국을 좀 보고 싶어 그 친구가 있는 UCLA를 선택했다. 1990년 초 미국에 도착했더니 그 친구가 공항에 마중을 나와주었다. 그 친구 집에서 며칠간 머무르면서 집도 얻고 미국생활에 대한 오리엔테이션도 받았다.

그 친구 말이 미국에서는 차가 없으면 꼼짝도 할 수 없으니까 우선 자동차부터 사라고 했다. 그래서 "내가 미국에 온 목적은 세 가지가 있는데 그중 하나가 오늘날 세계에서 중심적인 역할을 하고 있는 미국을 좀 알기 위해서 여행을 많이 하는 것이다. 넓은 미국 땅덩어리를 돌아다니다가 고장이라도 나면 안되니까 절대로 고장나지 않는 자동차를 소개해달라"고 했더니 평소에 일본에 대해서 비판적이던 그 친구가 서슴지 않고 "그러면 일본 차를 사라"는 것이었다. 내가 이상하다는 듯이 쳐다보니까 그 친구는 웃으면서 "일본 차가 가장 안전하니까 그냥 사" 하는 게 아닌가. 결국 일제 소형차를 하나 샀는데 미국에 있는 동안 그 친구 말처럼 별문제없이 이곳저곳 많은 곳을 여행할 수 있었다.

미국에서 생활하는 동안 우연히 자동차관계 일을 하는 일본 사람을 만나게 되었다. 미일의 자동차 문제가 나와서, 친구의 소개로 일본 차를 샀는데 별문제없이 잘 타고 있다고 이야기를 하자 그 사람이 "자동차 분야에서는 이미 미국과의 승부가 끝났다"고 단정적으로 말하는 것이었다. 일본은 미국에서 배운 자동차기술을 가지고 그 미국을 압도해버린 것이다.

 사당동 집

일본은 우리보다 약간 앞서가고 있기 때문에 일본에 살다 보면 '한국 사회가 다음에 이런 방향으로 갈 것이다' 하고 예측할 수 있는 것들이 있다.

귀국을 앞두고 집을 장만하기 위해서 1984년 말에 잠시 귀국을 했다. 토오꾜오는 전철이 대단히 발달해 있어서 생활권이 전철 위주로 형성되어 있고 방을 구하러 복덕방에 가보면 대부분 방값이 전철역과의 거리에 따라 표시되어 있다. 그러나 당시만 해도 서울은 아직 전철역에서의 거리에 따라 집값이나 방값이 결정될 때는 아니었다. 어쨌든 우리 부부는 장래성을 고려해 전철역에서 가까운 곳에 집을 사기로 했다. 토오꾜오에는 서너 개 노선의 전철이 만나는 역이 있지만 우리나라에는 많아야 두 개의 노선이 만나는 역밖에 없었기 때문에 좀 허름하더라도 전철 노선 두 개가 만나는 역 근처에 집을 장만하기로 작정했다.

집사람과 지도를 펴놓고 그런 곳을 찾아보니 다른 곳은 이미 개발이 끝나 비쌀 것 같고 사당역이 비교적 생소하게 느껴져 개발이 덜된 곳이라고 생각했다. 그래서 집사람과 무조건 사당역 근처에 있는 복덕방에 찾아가서 집은 허름해도 좋으니 역에서 멀지 않은 곳에 있는 대지가 넓은 집을 소개해달라고 했다. 그때 그 복덕방 주인 말이 "역에서 가까운 곳에, 집은 허름해도 대지가 120평쯤 되는 물건이 있는데 건물값은 필요없고 땅값만 치르면 된다. 땅값은 평당 80만원이다" 하는 것이었다. 가만히 계산해보니까 약간 돈이 부족했다. 집값이 1억원쯤 되는 셈인데 어디서 좀 빌리면 불가능할 것도 없었지만 오랫동안 공부를 하다 보니 지치기도 했고 남의 빚을 진다는 것이 귀찮아서 그냥 6500만원을 주고 살기 편한 아파트를 장만해버렸다.

돈에 쪼들리다 보면 문득 그때 우리가 사당동에 있던 집을 샀더라면 할 때가 있다. 그때 우리가 샀던 아파트가 지금 2억 남짓 나가지만 사당동 집은 아마 평당 최소한 천만원대 이상 나가지 않을까 생각하게 되는 것이다. 우리나라의 대표적인 재벌총수가 왜 매년 새해의 사업구상을 일본에 가서 하는지 이해가 갔다.

3. 무엇이 일본을 움직이는가

 노인이 지배하는 나라 일본

　내가 일본에 있을 때만 해도 여자는 일본이 세계 최장수국이었지만 남자는 2위였다. 그런데 이제는 남녀 모두 세계 최장수국이 되었다. 장수의 비결은 열심히 일하면서 소식을 하고 육류보다는 생선을 많이 먹기 때문이라든가 녹차를 많이 마시기 때문이라는 등 여러가지 이야기가 있지만 아무튼 일본이 최장수 국가인 것만은 틀림없는 사실이다. 장수국가답게 일본은 노인이 지배하는 나라다.

　일본은 몇개의 집단이 권력을 분점하는 내각책임제이다. 권력을 분점하는 집단은 각종 이익집단을 대표하는 정당이고 여당 속의 파벌이다. 고대에도 그랬지만 적어도 카마꾸라 막부 이래 일본은 분명히 몇개의 지역공동체나 집단이 모여서 움직여나가는 사회였고, 그들끼리 상호 타협하고 공존해왔다. 그렇기 때문에 처음부터 한사람이 국가권력을 독점하는 대통령제가 아닌 내각책임제로 된 것인지도 모른다.

　일본 내각은 몇개 파벌 대표들로 구성되어 있는데 그 파벌이 유지되려면 그 내부에 보이지 않는 어떤 질서가 요구된다. 이 질서는 몇가지 단계가 있다. 예를 들어 몇 선(選)을 하면 장관이 될 수 있고 몇 선을 하면 무슨 당직을 맡을 수 있다는 등등이다. 이 많은 단계를 거쳐 파벌의 보스가 되기까지 많은 시간이 걸린다. 그리고 다시 파벌들을 대표하는 자민당의 대표로서 총리가 되려면 더 많은 시간이 걸린다. 이 과정은 어느정도 정형화되어 있다.

그러므로 일본에서는 보통 70세가 넘어야 총리가 될 수 있으며 대중들의 인기를 타고 하루아침에 총리가 될 수는 없는 일이다. 일본에서는 케네디나 클린턴이 나올 수 없고 급격한 변화도 일어날 수 없다. 금권정치라는 무리한 방법으로 이러한 벽을 깨뜨리려다가 록히드 사건으로 파멸한 인물이 타나까 전 총리이다.

요즈음 약간의 변화가 있지만 내가 일본에 있던 10여 년 전에 차세대 총리감으로 세인의 입에 오르내리던 소위 '뉴리더'라고 일컬어지던 사람들이 후꾸다파의 아베 전 외무성장관, 오오히라파의 미야자와 전 총리, 타나까파의 타께시따 전 총리 등이었다. 그런데 당시 이들은 아직 독자적인 파벌을 갖지 못하고 보스 밑에서 차세대를 노리고 있었기 때문에 뉴리더라고 불렸는데 당시 그들의 나이가 이미 60대 중반이었다. 게다가 그들이 총리가 되어 보스가 현직에서 물러나더라도 그들은 여전히 건재하고, 다른 파벌의 보스도 의식하지 않을 수 없다. 이런 실정이니 일본 정치는 노인들이 움직인다고 해도 과언이 아니다. 그리고 이들과 거래를 하고 이들을 상대해야 하는 사람들도 자연히 연로해야 한다. 근래에는 총리가 약간 젊어지고 있지만 이것은 정계개편 과정의 한 현상이다.

내각책임제하에서는 선거가 자주 있게 마련이고 그 때문에 막대한 정치자금이 필요하다. 이들에게 자금을 제공함으로써 막후에서 실질적으로 정치를 좌우하는 것이 재계다. 그 재계를 대표하는 조직이 '케이단렌(經團連)'인데 그 단체의 장은 재벌회사의 회장 중에서 선임된다.

일본의 재벌급 회사는 개인 소유가 없기 때문에 파격적인 승진이 란 불가능하다. 따라서 입사하여 사장, 회장까지 역임하면 보통은 70이 넘는다. 이들 중에서 선출된 인물이 케이단렌 회장이니 그의 나이는 이미 80세 전후가 된다. 그러니 재계를 지배하는 것도 역시 노인이다. 이래서 종신고용제도가 나올 수 있는 것이다.

우리나라는 국립대학이나 사립대학을 불문하고 정년이 65세이 다. 그러나 일본에서는 국립대학과 사립대학의 정년이 다르고, 학교마다 정년이 또 다르다. 국립대학은 60세를 약간 넘으면 정년이 다. 사립대학은 대개 70세가 정년인데 내가 공부를 한 와세다대학 도 그렇다. 그러니 선생과 제자가 같이 근무하게 되고 따라서 선생이 학과나 학교 일에 직접 관여를 안하더라도 은연중에 영향을 미 치게 된다.

노인들이 일본 사회를 지배할 수 있게 된 것은 집단사회의 전통이다. 일본 사회를 구성하는 기본단위가 지역공동체와 집단이기 때문에 그곳에 들어가지 않으면 보호받지 못한다. 그러니 거기서 탈락되지 않기 위해서는 내부의 질서를 존중해야 한다. 그 질서는 보이지 않는 계단으로 되어 있다. 한 칸이라도 그냥 뛰어넘는 것은 질서를 위반하는 것으로, 집단의 강력한 제재를 받게 된다. 이 계단을 하나씩 밟아가면서 정상까지 올라가면 노인이 되어 있는 것이 다. 그리고 이 노인들에 의해서 지배되는 것이 일본 사회이다.

 지시가 없으면 움직이지 않는 사람들

일본에서 공부하고 있는 학생 몇사람이 방학 때 귀국을 해서 식

사를 함께 하게 되었고, 자연히 일본 이야기가 화제에 올랐다. 그 중에 지난번 지진이 일어난 코오베 근처에서 공부하는 학생이 있어서 코오베 지진 이야기로 꽃을 피우게 됐다. 내가 "지난번 코오베 지진 때 일본인들의 냉정하고 침착한 모습은 우리들을 놀라게 했고 가족들의 죽음 앞에서도 울음소리를 내지 않으려고 오열하는 모습에 이르러서는 두려움마저 느꼈다"고 하니 그중 한 학생이 "그게 아니었습니다" 하고 이의를 달았다. 무슨 말이냐고 되물었더니 "지난 코오베 지진 때 미국인 기자가 일본인 기자와 함께 현장을 취재했는데, 울고 있는 사람이 있으면 일본인 기자가 울음을 그치게 한 다음 카메라를 들이댔습니다. 그래서 미국인 기자가 울고 있는 모습을 자연스럽게 찍지 왜 울음을 그치게 한 다음 찍느냐고 물어보자 일본인 기자는 '이것이 일본인의 참모습이기 때문'이라고 대답하는 거예요. 일본인들이 냉정·침착하고 눈물을 잘 보이지 않는 것은 사실이지만 거기에는 인위적으로 그렇게 만드는 면도 많이 있습니다" 하고 대답하는 것이었다. 인간을 기계화시키고 있다는 것이다.

그러자 다른 학생이 그 말을 받아서 "사실 일본 사람들이 일사불란하게 움직이고 있는 것 같지만 바로 거기에 일본 사회의 문제가 잠재되어 있습니다" 하고 지적했다. 무슨 뜻이냐고 궁금해했더니 "지난번 코오베 지진 때에 화재가 커진 것이 좋은 예입니다. 일본에서는 지진이 발생하면 자동적으로 수돗물 공급을 중단하게 되어 있습니다. 그래서 지난번 지진 때도 담당자가 수도전(水道栓)을 막아 물공급을 중단시켰습니다. 그런데 불이 났는데도 그 담당자가 수도전을 풀지 않고 계속 막아놓았기 때문에 물을 공급할 수가 없어서 화재가 커졌습니다. 그래서 나중에 그에게 왜 그랬느냐고 물어보니까 천연덕스럽게 '윗사람으로부터 수도전을 풀라는 지시가 없었기 때문에 풀지 않았다'고 대답했다는 겁니다. 수도전을 잠그는 것은 자기 책임이지만 푸는 것은 자기 책임이 아니어서 그랬다는 이야기입니다" 하고 설명하고는 "우리나라 같으면 그런 경우 자기 책임이 아니더라도 누군가가 책임을 지고 수도전을 풀지 않았겠습니까?" 하고 반문하는 것이었다. 일본 사회는 완전히 기계화되어 융통성이 없다는 것이다. "그것은 특수한 예가 아닐까?" 했더니 "그런 예는 얼마든지 들 수 있습니다" 하면서 "지난번 지진과 같은 경우에는 자위대가 투입되는 것이 당연합니다. 그런데 지난번에는 지진이 발생한 지 4일 만에야 투입되었습니다. 어떻게 된 일인지 상부에서 지시가 없었던 모양입니다만, 지시가 없어서 그냥 기다리고만 있었다는 겁니다" 하며 금세 또다른 예를 드는 것이다. 주어진 일은 열심히 하지만 지시가 없으면 움직이지 않는 사회가 일본 사회인 것이다.

 ## "전공이 아니라서 모르겠습니다"

유학 초기에 어학연구소에서 같이 공부하던 프랑스 친구가 있었다. 어느 날 수업을 마치고 함께 나오는데 프랑스에 유학하기 위해서 자기한테 프랑스어를 공부하고 있는 일본 학생과 점심식사를 같이 하기로 했다면서 함께 하지 않겠느냐는 것이었다. 당시에는 아직 유학 초기라서 될 수 있으면 많은 사람들과 사귀려고 노력하고 있던 때라 잘됐다 싶어서 함께 약속장소로 갔다.

그곳에는 얇실얇실하게 생긴데다가 안경까지 낀 전형적인 일본 학생 한 사람이 기다리고 있었다. 이런저런 이야기를 하다가 "전공이 뭡니까?" 하고 물어보았더니 대학원 박사과정에서 경제학을 전공하고 있는데 프랑스에 가서 1, 2년쯤 연구를 하고 돌아올 작정이

라고 했다. 그런데 이야기 끝에 우연히 일본 경제의 인플레 문제가
화제에 올라서 무심결에 "인플레가 뭡니까?" 하고 물어보았더니
"저는 인플레 문제가 전공이 아니라서 대답을 할 수가 없습니다"
하는 것이 아닌가. 그 대답을 듣는 순간 아무리 직접적인 전공이
아니라지만 박사과정에서 경제학을 전공하는 녀석이 인플레를 모
른대서야 말이 되나 싶어 기가 콱 막히는 것이었다. 속으로 '바보
같은 녀석! 한국에서는 고등학생한테 물어도 다 알 수 있는 문제
야' 하고 욕을 한 다음 본 체도 안하고 헤어졌다.

　그러나 '전공이 아니라서 대답을 할 수가 없습니다' 하던 그 학생
의 말이 왠지 오랫동안 뇌리에서 떠나지 않았다. 그 뒤 일본 역사
에 대한 공부를 통해서 일본 사람들이 전국시대를 거치는 동안 자
기의 생각을 분명히 밝히지 않는 특징을 형성하게 되고 그것이 현
대에도 '타떼마에'와 '혼네'라는 형태로 남아서 확실한 문제에 대해
서조차 좀처럼 자기의 분명한 생각을 밝히지 않는 소극적인 성격으
로 변해왔음을 알게 되었다. 그리고 왜 경제학과 박사과정 학생이
'전공이 아니라서 대답을 할 수가 없다'는 대답을 했는지도 자연히
이해할 수 있게 되었다.

　얼마 전 우연히 KBS의 「아침마당」이라는 프로를 보게 됐는데,
남편과 떨어져 살고 있는 주부들이 나와서 이야기를 하고 있었다.
마침 남편이 현재 일본에서 유학중이라는 젊은 주부가 나와서 이야
기하는 중이었다. 나도 일본에서 유학을 한만큼 관심을 가지고 들
어보았다. 사회자가 "일본에 있을 때 무엇을 했습니까?" 하고 묻
자 그 주부는 "젊은 여자들을 상대로 한국말을 가르쳤습니다" 하고
대답했다. 그러자 사회자가 "일본 여성들이 왜 한국말을 배우려고
합니까?" 하고 물었다. 그 주부는 "일본의 젊은 여자들은 한국 남
자들이 박력있다고 생각하는 것 같아요. 그래서 한국 남자들에게
매력을 느껴서 한국말을 배우려는 거지요. 일본 남자들은 매사에

소극적이고 자신이 없거든요" 하고 대답하는 것이었다. 그 이야기를 듣는 순간, 인플레가 무엇이냐는 질문에 '전공이 아니라 대답을 할 수 없다'던 대학원생의 얼굴이 떠오르면서 "일제 때 일본 남자가 한국 여자를 데리고 산 경우보다 한국 남자가 일본 여자를 데리고 산 경우가 더 많았다"는 어른들의 이야기에 '왜 일본이 한국을 지배하고 있는데 한국 남자와 결혼하는 일본 여자가 많았을까?' 하던 궁금증이 확 풀리는 느낌이었다. 박력도 없고 소극적인 일본 남자들에 비해 솔직하고 적극적인 한국 남자들이 훨씬 남자답게 보인 것이다.

 약자에게 강한 사람들

일본에서 가장 인기있는 스포츠 중 하나가 프로야구다. 고도의 학문을 연구하는 대학원에서조차도 프로야구가 개막되면 으레 야구 이야기를 한바탕 하고 수업을 시작한다. 그리고 야구 이야기의 실마리는 언제나 쿄진(巨人) 이야기이다. 쿄진이 가장 강하고 전통있는 팀이기 때문이다.

그런데 1994년에는 프로야구가 개막되자마자 거의 모든 매스컴이 쿄진의 우승 여부에 초점을 맞춰서 보도를 하기 시작했다. 사실 국민들의 관심도 쿄진의 우승 여부에 쏠려 있었다. 그 이유는 94년이 일본 최초의 프로 팀인 쿄진 창단 60주년이 되는 해로, 국민들 사이에 쿄진이 우승을 해야 한다는 보이지 않는 공감대가 형성되어 있었기 때문이다. 일본열도 전체가 다른 팀은 어떻게 되든 상관이 없고 쿄진이 우승만 하면 된다는 태도였다. 결국 매스컴과 국민들의 열화와 같은 성원에 힘입어서 쿄진이 우승을 했고 일본열도는 온통 축제 분위기에 빠졌다.

그런데 이상한 것은 매스컴이나 국민들은 그렇다 치고 마지막까지 쿄진과 우승을 다투었던 쥬우니찌 팀의 태도였다. 마지막까지 쿄진과 시소 게임을 벌였던만큼 우승을 놓친 데 대한 아쉬움이 있어야 할 텐데 쥬우니찌 관계자들의 반응은 오히려 쿄진의 우승은 당연한 것이고 우리는 이만큼 분발했으면 충분하다는 식이었다. 모든 팀은 쿄진을 위해서 존재하고 있는 셈이다. 한 사람의 영웅만 존재하면 되는 것이 일본 사회인 것이다.

야구에 못지않은 인기를 누리는 것이 스모오다. 이 스모오계에서 근래에 인기를 독차지하고 있는 사람이 타까노 하나(貴ノ花)다. 인기 모델이던 미야자와 리에와의 염문으로 우리나라에까지도 유명해진 타까노 하나는 아버지가 유명한 스모오또리(씨름꾼)였고 형도 현재 챔피언 바로 다음 계급인 오오제끼(大關)로, 스모오 명문가 출신일 뿐만 아니라 보기 드문 미남으로 일본 국민들의 사랑을 한몸에 받고 있었다. 그 때문에 근래에는 그가 언제 챔피언인 요꼬즈나(橫綱)가 될 수 있을까 하는 데에 매스컴과 국민들의 관심이 집중되고 있었다. 이와같은 관심 속에서 94년에 그는 드디어 요꼬즈나가 됐고 역시 일본열도가 떠들썩했다.

그런데 그가 우승을 한 뒤에 있었던 시상식을 보니까 천황배다 총리배다 해서 상이 10여 가지가 넘는데 전부 타까노 한 사람에게만 주어지는 것이었다. 우리나라라면 천황배는 우승한 사람에게, 총리배는 준우승한 사람에게 주고 하는 식일 텐데 일본에서는 그게 아니다. 준우승이나 감투상, 기능상 등은 텔레비전에서 안 보여줬는지 아니면 아예 아무것도 없는지 알 수 없지만 30분 이상 방영된 시상식 화면에 그 모습은 전혀 보이지 않았다. 모든 사람은 요꼬즈나가 된 타까노 하나 한 사람을 위해 존재하는 것이었다.

이지메 사건이 다반사로 일어나는 일본에서도 앞에서 얘기한 오오꼬우찌군의 자살사건은 큰 충격이었다.

우리나라 같으면 한 학생이 이지메를 당하면 대부분의 경우에는 누군가가 나서서 그를 보호해주는 것이 상식인데 일본에서는 그러기는커녕 오히려 거기에 가세를 한다. 게다가 학교당국조차도 그 일을 방치해둔다. 일본에서는 약자가 강자에게 이지메를 당하는 것은 당연한 일이다. 약자는 보호받을 가치가 없는 존재인 것이다. 이런 생각이 국제관계에까지 확대되어 나타난 것이 종군위안부 문제다.

근래에 한국뿐만 아니라 아시아 여러 나라들과의 관계에서 일본의 종군위안부 문제가 큰 쟁점으로 부각되고 있다. 그런데 종군위안부 문제가 처음 제기되었을 때 일본 정부 당국자들은 전혀 모르는 일이라고 부인하다가, 확실한 증거들이 나타나기 시작하자 민간인들이 한 일이라며 발뺌을 했다. 민간인들이 한 일이기 때문에 일본 정부는 책임이 없고 따라서 별로 문제가 될 게 없다는 것이다. 그러나 마침내 일본군이 직접 관여한 증거들이 나타나자 할 수 없이 들고 나온 것이 물질적인 보상 문제였다. 어느 단계에서도 당사자들의 아픔에 대한 사과나 책임에 대해서는 한마디의 언급도 없었다. 그럴 만하니까 그렇게 되었다는 것이다. 그러니 자기들은 책임을 지거나 사과할 필요는 없지만 국제적인 문제가 되면 귀찮아지니까 돈 몇푼에 입을 다물라는 태도이다.

일본은 엔베이스 무역거래다, 엔화경제권이다 해서 신(新)대동아공영권을 형성하려는 의도를 노골화하고 있다. 사실 아시아 각국이 느끼지 못하는 사이에 일본은 경제력을 바탕으로 아시아 각국을 구조적으로 붙들어매놓고 있다. 그 효과가 이제 나타나기 시작하여 94년에는 아시아 각국에 대한 수출이 서구에 대한 수출을 앞지르기 시작했다. 아시아 각국은 기계류, 부품, 소재를 대부분 일본에 의존하고 있는 산업구조 때문에 경제가 발전하면 할수록, 수출이 증가하면 할수록 일본으로부터의 수입이 늘어나게 되어 있다.

일본은 아시아의 쿄진, 아시아의 타까노 하나가 되고 싶은 것이다. 아시아의 나머지 국가들은 이지메 그룹을 만족시키는 오오꼬우찌군이나 일본 군인을 위해 봉사하는 종군위안부이고, 준우승을 한 쥬우니찌 팀이나 스모오또리가 되면 되는 것이다. 그러나 아시아인은 일본인이 아니다. 일본인들은 오오꼬우찌군이나 종군위안부가 되는 것을 감수할지 모르지만 아시아인은 오오꼬우찌군이나 쥬우니찌 팀이나 종군위안부가 될 수 없다. 공존공영이 아니라 하나의 영웅만을 위한 아시아를 만들려는 신대동아공영권은 일본을 아시아에서 고립시키고 대동아공영권을 건설하려던 과거의 전철을 되밟게 만들지도 모른다.

 애매한 일본인

8·15 종전 50주년을 앞두고 일본 매스컴들이 무라야마 총리가 이번에는 2차대전중에 아시아 각국을 침략한 데 대해서 분명히 사과를 할 것이라고 소란을 떨기에, 얼마나 분명하게 사과하는가 싶어서 8월 15일 아침 일본 NHK 뉴스를 지켜봤다.

무라야마 총리는 NHK를 통해 방영된 종전 50주년 특별담화에서 "국책을 그르쳐 식민지 지배와 침략으로 많은 아시아 국가의 국민에게 엄청난 손해와 고통을 주었다"고 과거 일본의 침략행위를 분명히 인정한 뒤에 "통절한 반성과 마음으로부터의 사죄를 표명한다"고 지금까지와는 달리 분명하게 사과를 하는 것이었다. '연립내각이기는 하지만 사회당 총리라서 다른가?' 하는 생각이 들었다. 그러자 기다렸다는 듯이 한 기자가 "국책을 그르쳐서 식민지 지배와 침략으로 많은 아시아 국가의 국민에게 엄청난 손해와 고통을 주었다는 것은 국책의 최고 결정권자인 천황에게 그 책임이 있다는 얘기로 들리는데 어떻게 생각하십니까?”하고 물었다.

사실 천황의 전쟁책임 문제는 학계에서 일찍부터 논란이 되어온 것으로 당시 국정의 최고책임자가 천황이었고 최종적으로 전쟁을 결정한 것도 천황이 주재한 어전회의인만큼 어느 면으로 보아도 그의 책임은 면할 길 없이 분명하다. 그러나 이 문제는 언제부턴가 일본에서 금기시되어 아무도 건드리지 않는 미묘한 문제가 되었다. 따라서 무라야마 총리가 어떻게 대답을 하는지 궁금해서 귀를 기울이고 들어봤다.

그는 “천황의 전쟁책임 문제는 어느 나라에서도 거론한 적이 없다. 침략전쟁으로 많은 아시아 국가의 국민에게 손해와 고통을 주었다는 데 대해서 반성과 사죄를 한다는 뜻이다”라고 대답하는 것이었다. 도대체 천황에게 전쟁에 대한 책임이 있다는 건지 없다는 건지 알 수가 없고 결국은 책임자가 없는 사과를 한 셈이다. 그런데 문제는 애매하기 짝이 없는 이 대답을 듣고 질문을 했던 기자를 비롯해서 모든 기자들이 잘 알았다는 듯 아무도 더이상 질문하지 않았고, 애매한 답변을 한 무라야마 총리 역시 무슨 질문이 더 있을 수 있느냐는 태도로 당당하게 기자들을 둘러보는 것이었다. 진보적이라는 사회당의 총리가 됐건 날카로운 질문을 직업으로 하는 기자가 됐건 민감한 문제를 애매하게 처리해놓고 넘어가는 일본 사람의 틀을 벗어나지 못하는구나 하는 생각과 함께 문득 94년에 노벨문학상을 받는 자리에서 오오에 켄자부로오가 연설중에 말한 ‘애매한 일본인’이라는 표현이 떠올랐다.

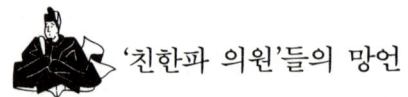 '친한파 의원'들의 망언

일본에서는 근래 대규모의 전쟁미화대회가 추진되는 등 우파 보수주의 정치인들을 중심으로 한 신군국주의의 움직임이 심상치 않다. 이에 대해 우리나라에서는 일부 극우 보수주의자들의 움직임 쯤으로 치부하면서도 나까소네나 타께시따 전 총리 등 소위 친한파라고 불리는 정계 지도자들까지도 그들에게 동조하고 나서는 데 대해서 놀라는 사람들이 있는 것 같다. 친한파 의원들이 어떻게 부전결의(不戰決意, 일본 국회가 2차대전중 아시아 각국에 대한 침략을 반성하여 앞으로 다른 나라를 침략하지 않겠다는 결의)를 반대하고 과거의 아시아 지배를 정당화하는 데 앞장설 수 있느냐는 것이다. 그러나 그들은 전쟁 전 군국주의자들의 계보를 이어받은 정치인들로, 부전결의에 찬성하는 것은 자기들의 과거 행위를 비판하는 것이니 당연히 반대하지 않으면 안될 입장에 있는 것이다. 패전 후 동서 냉전체제 속에서 일본을 아시아 반공국가의 보루로 삼으려는 미국의 비호를 받고 있던 그들은 우파적인 입장을 계속 견지하였고, 그 반공주의적 성격상 북한에 반대하고 한일 국교정상화나 그후의 한일관계에서 중계역할을 하며 소위 친한파로 등장했다.

따라서 그들은 그 속셈이야 어찌 되었건 한일간의 국교를 여는데 기여한 친한파이지만 나쁘게 이야기하면 한국에 차관을 알선하고 정치자금을 나눠먹음으로써 소위 한일 유착관계를 만든 장본인이고 그들이야말로 전쟁미화대회를 추진하고 있는 우파 보수정치인의 핵심인 것이다. 우리나라에서 이 점을 간과한 채 '친한파가 어떻게 부전결의에 반대할 수가 있느냐'고 분통을 터뜨리는 사람들이 있는 것이다.

1995년은 일본의 패전 50주년으로, 50주년을 정리하는 과정에서 '사꾸라이 망언' '하시모또 망언' 등 우파 보수정치인들의 군국주의적인 발언이 유난히도 많았다. 우리나라도 광복 50주년을 맞은데다가 일본에서 예의 망언이 잇따르자 그들의 의도를 분석하고 비판하는 글이 신문지상에 많이 소개되었다. 그 내용은 대동소이한 것들이었는데 그중에 국제정치학을 전공하는 C교수가 쓴 "군국주의적인 발언을 하는 것은 몇몇 우익 보수정치인들뿐으로 대다수의 일본 국민들은 그렇지 않다"는 내용의 기사를 읽은 적이 있다.

비슷한 시기에 일제시대사를 전공하는 한국을 대표하는 석학 한 분과 일본에서 잇따르고 있는 군국주의 발언에 대해서 이야기를 나눌 기회가 있었다. 그분 말씀이, 얼마 전에 일본에 가서 근래 한일간에 쟁점이 되고 있는 종군위안부 문제에 대해서 강연을 하게 되었는데 천여 명의 시민들이 숙연하게 경청하더라는 것이었다. 시민들의 진지한 태도에 감격한 그분은 통역을 제쳐놓고 직접 일본말로 "여러분은 종군위안부 문제에 대해서 이렇게 진지하게 귀를 기울이고 있는데 일본 정부가 성의를 보이지 않는 것을 보면 이는 몇몇 보수우익 정치인들 때문인 것이 분명하다"고 하셨다는 것이었다.

그런데 앞에서도 말했듯이 '지한파(知韓派)'로 알려진 나까소네 전 총리만 하더라도 패전 당시 해군장교로서 일본의 패전에 분개해서 할복을 기도하려 했고 우익계인 타꾸쇼꾸대학(拓殖大學) 총장과 방위청장관을 지낸 일본의 대표적인 우파 보수주의자이다. 그는 평소에도 일본재무장론 등을 주장하여 심심치 않게 물의를 일으켰고 총리에 당선되자마자 '일본열도 불침 항공모함설' 등 일본을 재무장시키겠다는 의도를 노골적으로 드러내 지각있는 국민들을 긴장시켰다. 그렇지만 웬만한 사람이라면 패전 후 미국의 안보우산 속에서 사상 유례없는 경제발전을 구가하고 있는 일본이 재무장을 하여 2차대전의 전철을 밟는 것에 찬성할 턱이 없다. 따라서 나까소네는 총리후보로 떠오르기 시작하면서부터 언론인이나 진보적인 지식인들로부터 견제와 비판을 받아왔다.

그럼에도 불구하고 결국 그는 총리에 당선됐다. 그런데 그가 비록 자민당 각파의 세력관계 때문에 국민 여론과는 무관하게 총리가 되기는 했지만 국민들의 지지를 얻지 못하고 있으므로 단명에 끝나리라고 생각했다. 그러나 그가 총리로 당선된 뒤 실시한 여론조사에 의하면 역대 총리 중에서 가장 인기가 높았던 사람 중 한 명으로 꼽히고 있다. 일부 진보적인 지식인이나 언론이 생각하는 것과는 달리 일본재무장론이나 부전결의 반대결의가 국민들의 상당한 지지를 받고 있다는 이야기다. 그리고 이런 국민적 인기를 바탕으로 그는 총리에 재선됐으며 다시 자민당의 규정을 바꿔가면서 6개월을 더 그 자리에 있었다. 근래 일본 정계에서 총리에 재선된 인물은 나까소네뿐이다. 이와같이 신군국주의는 뿌리깊고 폭넓은 지지를 받고 있다.

얼마 전까지 일본 외상이며 자민당 총재였던 코노 요오헤이(河野洋平)는 한때 자민당의 금권정치를 비판하면서 당을 뛰쳐나간 개혁지향적인 인물이다. 이에 비해서 얼마 전 총리가 된 하시모또 류우따로오는 아시아 침략에 대해서도 망언을 서슴지 않는 우파 보수주의자이다. 그런데 95년 9월 차기 자민당 총재 선거를 앞두고 코노를 비판하는 사람들은 지난 참의원 선거에서 패배한 자민당이 다음 총선에서 승리하려면 국민들 사이에서 인기가 있는 하시모또를 간판으로 내세워 싸워야 한다는 논리를 펴 결국 그를 총재로 선출했다.

야당인 신진당의 경우도 비슷하다. 일본 정치를 이대로 두어서는 안되겠다고 자민당을 뛰쳐나온 사람들이 만든 신진당은 천 엔만 내면 당원이 아닌 일반시민들까지도 당수 선거에 참가할 수 있게 했다. 그런데 지난 95년 말에는 "한국에서의 대일비판은 한국의 잘못된 역사교육 때문"이라는 등의 군국주의적인 발언을 일삼은 오자와 이찌로오(小澤一郎)가 2차대전 당시의 침략에 대해 분명히 사과를 해야 한다는 주장을 폈던 하따 쯔또무(羽田孜)를 압도적인 표차로 물리치고 당수로 선출되었다.

이는 요즘 들어 기존의 정치행태에 대해서 비판이 일고 있음에도 불구하고 개혁지향적인 인물보다는 신군국주의를 지향하는 우파 보수주의자들이 국민들 사이에서 인기가 있다는 사실을 보여주는 것이다.

일본의 일반국민들은 차치하고라도 지식인이나 학생들조차 아시아 각국에 대한 침략을 반성하기보다는 어쩔 수 없는 상황에서 그렇게 될 수밖에 없었다거나 자기들은 모르는 일이라고 발뺌을 하는 경우가 대부분이다. 전쟁을 직접 겪지 않은 세대들까지도 일본이 아시아 각국에 대한 침략에 책임이 없다고 생각하는 것은 그들이 받은 교육의 결과라고 생각할 수밖에 없다. 그들의 생각이 현 일본 지도층이 주장하는 논지와 일치하기 때문이다. 따라서 오늘날 일본에 신군국주의의 기운이 높아지고 있는 것은 전전의 군국주의자들이 전후에 다시 일본의 지도자로 재등장하여 실시한 정책과 교육의 결과라고밖에는 생각되지 않는다.

일본에서는 유치원생들도 가끔 구민회관에 가서 국가가 만든 홍보영화를 본다. 그런데 한번은 집사람이 큰애와 함께 유치원에서 보여준 영화를 보고 와서는 "어쩌면 그런 영화를 애들에게 보여줄 수가 있어요?" 하고 흥분을 하는 것이었다. 대체 무슨 영화를 보고 왔기에 그러냐고 물었더니 "오늘 구민회관에 가서 종전기념영화를 보았는데, 원자폭탄이 떨어진 히로시마의 비참한 모습이었어요. 한 시간 내내 만화를 섞어가면서 죽은 어머니의 시체를 껴안고 우는 어린아이라든가 처참하게 죽은 어린아이들의 모습을 보여주는 거예요. 앞뒤 내용을 모르는 사람이 보면 미국에게 꼭 복수를 해야겠다는 생각이 들게 돼 있더라고요. 아니나다를까 영화가 끝나고 나오는데 아이들이 이구동성으로 '미국 사람 싫어' '꼭 원수를 갚을 거야' 하고 떠드는 거예요. 아이들에게 복수심을 길러주려는 거지 뭐예요?" 하며 흥분을 감추지 못하는 것이었다. 그런데 다음해에도 그 영화를 또 보여주었다. 가만히 보니까 종전기념일을 전후해서 유치원생들에게 매년 그 영화를 보여주는 모양이었다.

그러나 이런 교육이 어떤 결과를 가져올 것인가는 자명하다. 일본은 지금 주변 국가들에게 위협을 가하지 않고 경제적인 발전을 계속할 것인가 아니면 현재의 경제력을 바탕으로 다시 군국주의의 길로 갈 것인가 하는 중대한 기로에 서 있다.

 스타가 된 옴진리교도

1994년 6월 27일 나가노(長野)현 마쯔모또(松本)시에서 독가스 사린 살포로 일곱 명이 죽고 200여 명이 입원하는 사건이 일어났다. 그리고 95년 3월에는 토오꾜오의 다섯 군데 지하철역에서 동시에 사린 살포 사건이 일어나더니 뒤이어 이곳저곳에서 유사한 사건이 발생하여 전 일본을 공포의 도가니로 몰아넣었다. 특히 5월에는 토오꾜오에서도 가장 번화가인 신쥬꾸에서 독가스 살포장치가 발견돼 세상을 놀라게 했다.

미궁에 빠져 있던 이 일련의 사건은 얼마 뒤 그 전모가 밝혀졌다. 마쯔모또시 사린 살포 사건은 담당 재판관을 죽임으로써 토지매매를 둘러싼 현지인과 옴진리교 사이의 재판 판결을 늦추기 위해서 재판관 관사가 있는 주택가에 살포한 것이었다. 또 토오꾜오 등지의 지하철역에서 벌어진 사건은 뚜렷한 이유도 없이 인류대란이 닥쳐오고 있다는 아사하라(麻原) 교주의 말을 실현시키기 위해 불특정 다수의 사람들을 목표로 한 것이었다. 심지어 그들은 헬리콥터로 토오꾜오 상공에서 사린을 살포해 시민을 대량으로 살상하려는 계획까지 세우고 있었다니 놀란 입이 다물어지지 않는다. 이 사건의 충격은 일본 사람들로 하여금 밀폐된 공간에 들어가는 것을 기피하는 밀실공포증을 불러일으켰다. 그 증세가 얼마나 대단했는가는 우리나라에서 삼풍백화점 붕괴 직후 고층기피증이 유행했던 사실을 상기해보면 금방 이해가 될 것이다.

그런데 더욱 충격적인 것은 사린의 제조와 살포 계획을 수립한 옴진리교의 핵심세력이 대부분 토오꾜오대학이나 와세다대학 등 일류대학 출신의 의사나 우주쎈터에 근무하는 일본 최고의 엘리뜨층이라는 사실이다. 일본의 장래를 짊어지고 나갈 최고의 엘리뜨층이 상식으로는 상상할 수 없는 범죄를 계획하고 시행했다는 것이다. 게다가 일본에서는 사린 사건을 전후해서, 5천여 명이 죽은 코오베 대지진이 일어나고 1달러당 80엔대가 무너지는 '엔 다까' 현상 때문에 회사들의 적자가 누적되고 도산이 잇따랐으며, 자동차를 둘러싼 미국과의 무역전쟁으로 긴장이 고조되어 위기감이 팽배해지고 있다.

거듭 얘기하지만 내 전공이 일본 역사인만큼 내 연구실에 찾아오는 사람들은 대부분 일본 문제를 화제로 꺼낸다. 그런데 한동안은 찾아오는 사람마다 야릇한 웃음을 띠면서 "옴진리교 사건, 코오베 대지진, 엔 다까 현상, 미국과의 무역전쟁 등을 보면 뭔가 심상찮은데 이러다가 일본이 어떻게 되는 거 아닙니까?"하고 묻는다. 그 웃음 속에는 '일본놈들 잘 나간다고 으스대더니 고소하다'는 마음이 깃들여 있지 않은가 하는 생각이 든다.

그러나 대지진은 과거에도 수없이 극복해왔던 일이고, 엔 다까 현상으로 누적된 적자나 자동차 문제를 둘러싼 미국과의 무역전쟁은 어느정도 양보만 하면 해결될 수 있는 문제이기 때문에 반드시 일본의 위기를 나타내는 것이라고는 생각하지 않는다. 단 옴진리교의 사린 살포 사건은 일본 사회의 한 병리현상을 보여준 것이라고 할 수 있지만 그것도 반드시 일본에서만 일어날 수 있는 현상은 아니라고 생각한다.

과거에 텔레비전 등 영상매체가 생기기 전에는 젊은이들이 천천히 감정을 정리하면서 읽어야 하는 인쇄매체나 체험을 통해서 얻은 지식을 바탕으로 행동했기 때문에 책임과 결과를 생각하면서 신중하게 행동했던 것 같다. 그러나 요즈음은 영상매체가 발달함에 따라 감수성이 예민한 젊은이들이 깊이 생각해볼 여유도 없이 영상매체를 통해서 폭력물이나 살인사건 등을 즐기게 된다. 그러다 보니까 실제로 폭력을 휘두르거나 사람을 죽이는 것이 남에게 얼마나 큰 고통을 주고 자기에게 어떤 책임이 돌아올지 잘 실감하지 못하는 것 아닌가 싶다. 그리고 반복적으로 이런 일이 되풀이되다 보니 폭력이나 살인에 대해서 무감각해지고 마침내는 실험적으로 폭력을 휘둘러보거나 살인을 해보는 일까지 일어나는 것이다. 어린이들이 텔레비전을 보고 모방범죄를 저지르는 것을 보면 쉽게 이해할 수 있다. 그렇기 때문에 엘리뜨 출신의 옴진리교도들이 인류의 대란이 닥쳐오고 있다는 아사하라 교주의 말을 실현하기 위해서 불특정 다수의 사람들을 대량으로 살상하려 한 일도 가능했던 것이다. 그들이 저지른 일은 영상매체를 통해 단순히 즐기면서 얻어진 지식을 바탕으로 그 결과에 대해서 깊이 생각하거나 고뇌해보지도 않고 텔레비전이나 영화의 한 장면을 장난스럽게 재현해본 데 불과한 것이다.

일본에서는 오래 전부터, 고등학교에서는 별로 그런 일이 없는데, 중학생들이 교사들에게 폭력을 휘두르는 사건이 커다란 사회

문제로 부각되고 있다. 얼마 전에는 중학교 교사가 학생들의 폭력에 견디다 못해 호신용 칼을 가지고 다니다가 발견되어 우리나라의 매스컴에도 소개된 적이 있다. 요즈음에는 중학생들이 덩치가 커져서 키도 170, 180센티 이상 되는 학생들이 수두룩하다. 그런데 그들은 덩치만 컸지 자기들의 힘이 얼마나 센지를 잘 모르는데다가 그들의 지식이라는 것도 영상매체를 통해서 형성된 것이 대부분이기 때문에 자제력을 잃고 걸핏하면 교사에게 폭력을 휘두르는 것이다. 그 결과 선생이 뼈가 부러진다든가 큰 상처를 입게 된다는 사실조차 안중에 없는 것이다. 그래서 교사들이 호신용 칼을 휴대하지 않으면 안되는 지경에까지 이르렀다.

바로 이런 학생 중에서 공부만 잘해가지고 토오꾜오대학이나 와세다대학을 나온 사람들이 옴진리교 교주의 말을 실현시키기 위해 아무 죄도 없는 사람들을 죽이려고 한 소위 일본의 엘리뜨 청년들이다. 그리고 이런 집단이 장차 일본의 지도자가 될지도 모른다고 생각하면 일본은 위기에 처해 있음이 틀림없고 그런 면에서 이번 옴진리교 사건은 일본 사회가 처한 위기를 상징적으로 보여주는 것이 분명하다. 그러나 영상매체 문화가 낳은 이런 사건이 다른 나라에서도 일어나지 않으리라는 보장은 어디에도 없다.

그런데 문제는 그것만이 아니라 그들 중 일부가 영웅시되고 있다는 점이다. 95년 6월에 학교 일로 일본에 갔다가 재미있는 일을 경험했다. 내가 일본에 도착한 것이 19일이었는데 그때 일본 국내 여객기가 토오꾜오에 있는 하네다(羽田) 공항에서 홋까이도오에 있는 하꼬다떼(函館) 공항으로 납치된 사건이 발생했다.

그런데 처음에는 옴진리교도가 아사하라 교주의 석방을 요구하기 위하여 그 비행기를 납치한 것으로 잘못 알려졌다. 그래서 텔레비전마다 사실 유무를 확인하기 위해서 난리법석을 떨고 있는데 대부분의 텔레비전들이 여객기 납치 그 자체보다도 아사하라 교주가 체포된 뒤에 옴진리교를 책임지고 있으면서 옴진리교측의 대변인 역할을 맡고 있던 죠오유(上祐)라는 청년과의 인터뷰에 열을 올리고 있는 것 아닌가. 심지어 어떤 텔레비전 방송에서는 아예 여객기 납치사건은 제쳐두고 그가 가는 곳마다 따라다니면서 추적보도를 하고 있었다.

원래 일본 텔레비전들이 연예인 등에 대한 시시한 추적보도를 많이 하는 것은 잘 알고 있었지만, 왜 그를 따라다니면서 일일이 동정을 보도하고 야단을 떠는지 그 이유를 알 수가 없었다. 그래서 그 이튿날 숙소에 찾아온 와세다대학 유학생인 제자에게 사정을 물어보았더니 그 대답인즉 "죠오유라는 청년은 와세다대학을 나왔는데 잘생겼을 뿐만 아니라 대학을 다닐 때에 전국대학생토론대회에서 1등을 했을 만큼 말도 잘하기 때문에 여학생들한테 인기가 대단합니다. 그래서 좀 과장되게 표현하면 그가 가는 곳이나 숙소에는 여학생들이 갖다 놓은 꽃다발이 산처럼 쌓이지요. 죠오유에 대한 방송을 하면 시청률이 올라가기 때문에 앞을 다투어서 그에 대해 추적방송을 하고 있습니다" 하는 것이다. 듣고 보니 왜 그들이 열을 올리면서 그에 대해 추적방송을 하는지 이유를 알 것 같았다.

그런데 잘 생각해보면 그는 일본을 공포의 도가니로 몰아넣은 범죄단체의 한 사람으로 마땅히 사회의 지탄을 받아야 할 인물이다. 그런데도 불구하고 단순히 말끔하게 생긴 외모와 말을 좀 매끄럽게 잘한다는 이유만으로 그의 인기가 하늘 높은 줄 모르게 올라가고 카메라의 집중적인 스포트라이트를 받는 것이다.

요즈음 텔레비전을 보면 똑똑하고 착하고 훌륭한 역은 전부 잘생긴 탤런트가 맡고, 둔하고 악하고 못난 역은 전부 못생긴 탤런트가 맡는다. 그래서 아이들은 부지불식간에 잘생긴 사람은 똑똑하고 착하고 훌륭한 사람이고, 못생긴 사람은 둔하고 악하고 못난 사람이라는 생각을 갖게 되었다. 따라서 인간성이나 자질은 불문하고 얼굴만 좀 말끔하게 생기면 젊은이들의 우상이 되어버린다. 그 결과 범죄단체의 책임자로 사회의 지탄을 받아야 마땅할 청년조차도 단순히 잘생기고 말솜씨가 좋다는 이유만으로 일본 여학생들의 우상이 되어버린 것이다.

지난번 서울시장 선거 때 모 후보가 여학생들 사이에서 폭발적인 인기를 얻은 것은 다 알려진 사실이다. 그 이유를 대충은 짐작하고 있었지만 그래도 한번 확인해보기 위해서 중학교 다니는 딸아이에게 왜 그 후보가 여학생들 사이에서 인기가 있느냐고 물어보았다. 그랬더니 딸아이의 대답이 "바바리 코트를 입고 있는 모습이 멋있기 때문이에요" 하는 것이었다. 결국 죠오유 사건이나 모 후보의 인기도 역시 영상매체의 결과인 것이다.

 서양은 아는데 일본은 모른다

"한국 자동차는 왜 검정색뿐입니까?"

유학 초기에 대학시절의 은사로 한국사의 대가이신 K교수가 일년 동안 연구차 와세다대학에 와 계셨다. 나는 아직 연구생으로 있을 때라 주로 그 교수님의 연구실에서 공부를 했는데, 모교에서 오신 선생님이라 그 연구실은 고려대학교에서 와세다대학으로 유학 온 학생들이 오다 가다 들르는 복덕방 같은 곳이 되었다.

나보다 일년쯤 늦게 유학 와서 지질학을 연구하던 후배 한 명이 하루는 거기 들렀는데 K교수께서 "한국에서 지명에 '금(金)'자가 들어 있는 곳은 금이 나던 곳이니까 한번 관심을 가져볼 필요가 있을 것이네" 하고 말씀하시자 그 후배는 "선생님, 조사할 것이 많은

데 언제 그런 것을 다 합니까?" 하고 웃어넘겼다. 그 일이 있고
몇년이 지나 K교수님은 귀국을 하시고 그 후배는 거의 박사과정을
끝낼 즈음이었는데 어느 날 만난 그 후배는 "선배님, 큰일났습니
다. 일본 자료를 보니까 일본 사람들이 일제시대에 이미 우리나라
의 지명에 '금'자가 들어 있는 곳은 전부 조사했어요. 그런데 우리
나라에는 아직도 그것을 전부 조사할 수 있는 능력이 없습니다"라
며 심각한 표정으로 말하는 것이었다. 그도 박사학위를 받을 때쯤
돼서야 일본이 우리나라에 대해서 얼마나 많은 연구를 했는지 알게
되었던 것이다.

그래서 내가 "그런 정도는 문제가 아니야. 서고를 돌아다니다가
보면 한국에 관한 책이 눈에 자주 띄는데 말이야 『종로지구 거지동
향』이라든가 심지어는 우리나라에서 50호 이상 같은 씨족이 모여
사는 동네를 대상으로 그 구성원의 성분을 조사한 『한국 성씨록』
같은 책들이 다 있어. 일본 사람들은 우리나라를 철저히 연구해서
손금 보듯이 훤히 다 알고 있는데 우리나라는 일본에 대한 연구가
전혀 없으니 큰일이야"라고 덧붙여주었더니 그 후배는 묵묵히 듣고
만 있었다.

지금은 그의 이름도 잊어버렸는데 당시 건축과 대학원생이었던
한 일본 사람이 우리 일본 고대사 연구실에 와서 일년쯤 청강을 한
적이 있다. 당시에는 건축학을 전공하는 학생이 무엇 때문에 고대
사를 청강하는가 싶어서 약간은 궁금증도 일었다. 그러나 그는 일
년 정도밖에 청강을 안했고 나도 워낙 바쁜 시기여서 별로 접촉할
기회가 없었기 때문에 그 뒤에는 그 친구에 대해서 까맣게 잊어버
리고 있었다.

그런데 귀국한 지 얼마 안됐을 때 그에게서 전화가 왔다. 한국에
와 있는데 좀 만날 수 없겠느냐는 것이었다. 약속장소에 나갔더니
조사할 것이 있어 한국에 왔다면서 이것저것 물어보는 것이다. "한

국 사람들은 흰색을 좋아한다고 들었는데 왜 좋아합니까?" "왜 한국의 자동차는 전부 검정색뿐입니까?" (당시만 해도 우리나라 자동차는 검정색이 절대다수였다.) "이불에 색동을 쓰는 이유는 무엇입니까" "장독의 색깔이 왜 다 같습니까?" 등등 그는 기관포를 쏘듯 질문을 던졌다. 대충 아는 대로 대답을 해주고 이번에는 내가 "대체 지금 어디에서 일하고 있고, 그런 것은 왜 묻는 겁니까?" 하고 되물어보았더니 겸연쩍은 듯이 웃으면서 그제야 명함을 주는데 근무처가 무슨 민속연구소라고 되어 있었다. "여기가 무엇을 하는 곳이죠?" 하고 물었더니 "우리 연구소에서는 각국의 민속을 연구하여 그 나라에 진출하려는 기업들의 자문에 응하고 있습니다. 예를 들면 한국에 이런 물건을 수출하려고 하는데 어떤 색깔로 하는 것이 좋은가, 모양은 어떤 것이 좋겠는가 하고 물어오면 우리 회사가 조사해놓은 자료를 제공합니다" 하고 대답했다. 그런 다음 "사실 한 일주일 전에 한국에 와서 대충 돌아다니면서 봤는데 내가 본 사실들의 역사적인 배경이 무엇인지 알고 싶어서 당신에게 묻는 겁니다" 하는 것이었다. 이야기를 듣다가 "왜 건축학을 전공하는 사람이 고대사를 청강했습니까?" 하고 예전에 궁금하던 점을 물어보았다. 그랬더니 "나는 한국의 건축에 대해서 관심이 많았는데 그 배경을 좀더 자세히 알고 싶어서 고대사를 청강했고, 그때 공부한 것이 도움이 되어 지금은 회사에서 한국에 대한 연구를 담당하고 있습니다" 하고 대답하는 것이었다. 이런 정도이니, 세계에서 일본만큼 한국 연구가 활발하고 한국에 대해 잘 알고 있는 나라는 없을 것이다.

일제 학용품을 쓰면서 일본말 쓰는 아이를 놀린다

나는 남매를 두고 있는데 큰애는 일본에서 유치원 2년 과정과 국민학교 1학년 과정을 마치고 귀국을 했다. 정통으로 일본말을 배운 셈이라서 일본말을 유창하게 구사한다. 요즈음도 그렇지만 당시에도 일본어의 필요성을 인식한 회사들마다 입사만 하면 일본어를 시키던 때라 일본어를 그냥 잊어버리게 하는 것이 아까워 귀국 초기에는 될 수 있으면 일본어로 말을 걸며 일본어를 하게 했다. 그랬더니 아이가 질색을 하는 것이었다. 말뿐만이 아니었다. 일본에서 쓰던 자전거나 장난감 같은 것을 일체 남에게 보이지 않으려고 했다. 도대체 일본에서 살던 티를 내지 않으려는 것이다.

이상하다 싶어서 왜 그러냐고 물어보았더니, 미국에서 살았거나 영어를 할 줄 알면 애들이 전부 부러운 눈으로 쳐다보는데 일본에서 살다 왔다거나 일본말을 사용하면 쪽발이라고 놀려댄다는 것이다. 아, 그래서 이애가 일본말이나 장난감을 꺼려 했구나 하고 그제야 이해가 되었다.

그런데 그때 큰애는 나를 빤히 쳐다보면서 "아빠, 왜 아이들은 영어를 사용하면 부러워하는데 일본말을 사용하면 놀리는 거야? 학용품은 일제를 쓰면서……" 하고 묻는 것이었다. 일제 학용품을 쓰면서 일본말 쓰는 아이를 놀려대는 현실에 대해서 국민학교 1학년인 아이에게 뭐라고 적당히 설명해줄 말이 얼른 생각나지 않았다.

대학에서 제2외국어에 못 끼는 일본어

우리나라 고등학교에서 제2외국어로 일본어를 가르친 지가 꽤 오래 되었다. 이런 현상과 무관하지 않다고 생각하지만, 민족사학이라고 일컬어지는 고려대학교에도 일어일문과가 생긴 지 꽤 오래 됐다.

그런데 이상한 일은, 1994년에 시정될 때까지 1학년 과정에서 배우는 제2외국어로 일본어는 선택할 수가 없었다. 그래서 교과과정 심의에 참여했던 동료교수에게 "고등학교에서도 제2외국어로 가르치고 또 우리 학교에서도 그 필요성을 인정하여 일어일문과를 설치했는데 유독 교양과정의 제2외국어로는 인정하지 않는 것은 모순 아니야?"하고 물어보았더니 그는 웃으면서 "일본어는 누구나 다 할 줄 아니까 구태여 제2외국어로 넣을 필요가 없잖아" 하는 것이었다. "그러면 국어는 왜 가르쳐?" 하고 되물었더니 그냥 웃기만 했다.

몇년 전 서울대학교 입학시험에서 제2외국어 선택 중에 일본어를 제외시켜 사회적으로 큰 파문을 일으킨 적이 있다. 그때 학교의 입시담당 책임자가 텔레비전에 나와서 그 이유를 설명했다. '대학원에 올라가 심오한 학문을 하는 데 일본어가 별로 도움이 되지 않아서 제외했다'는 요지의 발언을 한 것으로 기억한다.

일본어를 제외한 의도는 충분히 이해가 간다. 그러나 그분의 설명은 논리적으로 맞는 것 같지 않았다. 왜냐하면 서울대학교에서 학생을 뽑을 때에 대학원에 보내기 위해서 뽑는 것도 아닐 뿐만 아니라 대학원에서 공부하는 데도 분야를 불문하고 일본어로 된 책이나 논문을 안 읽는 분야는 거의 없을 것이기 때문이다. 모르기는 해도 전체적으로 본다면 아마 일본어로 된 책이나 논문을 영어로 된 것들보다 많이 읽으면 읽지 적게 읽지는 않을 것이다.

사회에서는 그 필요성 때문에 입사하자마자 일본어 교육을 시키느라고 야단들인데 대학들은 고등학교에서도 제2외국어로 인정하는 일본어를 입학시험에서 인정하지 않거나, 일어일문과는 만들어 놓고도 교양과정의 제2외국어로는 인정하지 않고 있는 게 현실이다.

3. 무엇이 일본을 움직이는가 245

잘못된 일본 교육

한국에서 대단히 영향력이 크고 저명한 학자 한 분이 1년 동안 연구차 와세다대학에 와 계신 적이 있다. 그분은 일본의 명문 고등학교를 졸업하고 명문 대학을 나오신 분으로 그야말로 여러모로 일본을 잘 아는 지도급 인사 중 한 사람이라고 할 수 있었다. 나는 가끔 찾아뵙고 내가 생각하는 일본에 대해서 말씀을 드리기도 하고 여쭤어보기도 했다.

그날도 역시 한일간의 문제가 화제에 올랐다. 그분은 한국 사람들이 일본을 너무 모른다고 하시면서 "내가 아는 사람 중에 영국에서 공부한 C라는 교수가 있네. 그런데 영국에서 자기와 같이 공부한 꽤 이름있는 일본의 J라는 교수가 발표도 제대로 한번 못하고 영 형편없었다고 하도 비판을 하기에 일본에 오자마자 J교수의 책을 사서 읽어봤더니 C교수와는 비교도 안되게 글이 야무지고 훌륭하지 뭐야"하며 C교수를 비판하신 다음 "일본 사람들은 아는 것도 잘 입 밖에 내지 않고 가만히 있으니까 우리나라 사람들이 일본 사람들을 바보로 취급하는 경우가 있는데 그것은 큰 오산이야"하시는 것이었다. 그 이야기를 받아서 "사실 선생님 세대야말로 일본을 누구보다도 잘 아는 분들입니다. 그런데 일본이 무서운 나라라든가 그 실체에 대해서 솔직하게 발언을 하지 않으시고 국민감정에 영합하기 위해서 일본에 대한 욕만 하니 그것이 오늘날 2세들의 모순된 일본관을 만들어낸 것 아닙니까. 사실 선생님처럼 일본에 대해서 잘 알고 사회적 영향력이 큰 분들이 일본에 대해서 제대로 발언을 하셔야 되는 것 아닙니까?"하고 힐난조의 질문을 던지자 그분은 입을 굳게 다물고 팔짱을 낀 채 묵묵부답이셨다.

너무 심각한 표정을 짓고 계셔서 내가 좀 심했나 하는 생각이 들면서도 마음속으로는 '선생님도 일제하에서 좋은 교육을 받고 활동

한 경력 때문에 친일파로 몰릴까 봐 사람들이 없는 곳에서는 일본이 무서운 나라니, 배울 점이 많은 나라니 하시면서도 대중들을 향해서 글을 쓰실 때는 국민감정에 영합하기 위해 일본을 욕하는 글만 쓰시는 것 아닙니까. 오늘날 한국에 모순된 일본관이 만들어진 것은 50년대와 60년대의 한국 지도자들이 자신들의 친일경력 때문에 친일파 소리를 들을까 두려워서 속마음과는 달리 국민에 영합하는 언행만 구사해왔기 때문 아닙니까?' 하고 항의를 했다.

그러나 겉으로는 그런 표현을 못하고 "선생님, 제 생각에 C교수가 일본의 J교수를 낮게 평가한 것은 C교수의 개인적인 결함 때문이라기보다는 C교수가 5, 60년대에 구미에서 공부할 때 구미 사람들의 시각에서 2차대전 당시 구미에게 패배한 초라한 일본만을 배웠고 그렇기 때문에 자신도 모르게 마음속으로 일본을 무시하고 있던 데서 온 결과라고 생각합니다"라고 말씀드렸더니 "그럴 가능성이 높지" 하시는 것이었다. 나는 마음속으로 '5, 60년대의 지도자들이 일제시대에 자신들이 받은 혜택 때문에 만들어낸 모순된 일본관이 7, 80년대에 들어와서는 서구 사람들의 우월의식을 통해서 일본을 배운 C교수 같은 분들에 의해서 다시 심화되고 있는 것입니다. 결국은 일제하에서 혜택을 받은 5, 60년대의 지도자들과 서구인들의 우월의식을 통해서 형성된 일본관을 가진 7, 80년대의 지도자들이 한국의 모순된 일본관을 만든 것입니다. 그리고 그들에 의해서 형성된 일본관을 받아들인 2천년대 한국 사회 지도자들의 일본관 또한 얼마나 객관적이고 냉정한 것일지 그리고 얼마나 정확히 일본을 알고 대처하게 될지 걱정이 됩니다' 하는 생각을 하고 있었다.

동양사에 못 끼는 일본사

학문은 사회적 요구에 부응할 때 발전할 수 있다. 학문의 연구

결과가 사회의 필요에 응할 수 있게 되면 학문 연구는 사회의 뒷받침을 받아서 더욱 발전할 수 있는 것이다.

오늘날 우리나라 최대 과제의 하나가 수출인데, 일본은 우리의 최대 무역적자국일 뿐만 아니라 수출의 바탕이 되는 기술도입국이고 자본재의 수입국이기 때문에 우리의 수출이 늘면 늘수록 일본으로부터의 수입이 늘어나는 구조적인 예속관계에 있다. 따라서 이 구조적인 대일관계를 개선하지 않고는 정상적인 선진국 진입이나 우호적인 한일관계 수립은 어려운 상태이다. 한마디로 말해 현실적으로 우리나라와 가장 관계가 깊은 나라가 일본이라는 데는 아무도 이의가 없을 것이다. 이런 면에서 볼 때 우리나라에서의 일본 연구는 아무리 강조해도 지나치지 않을 것이다.

일본 연구의 출발점은 두말할 필요도 없이 일본 역사의 이해에 있다. 그런데 현재 시중에 나와 있는 일본 역사에 관한 책은 심도 있는 연구서는 차치하고 개설서조차도 다섯 손가락으로 꼽을 수 있는 정도이다. 그것도 순수하게 우리 손으로 한국인들을 위해서 서술된 것은 거의 없고, 일본 학자들이 일본인을 대상으로 서술한 것이거나 서구 학자들이 자국인을 대상으로 서술한 것을 번역한 것이어서, 우리의 감각으로 일본의 역사를 이해하는 데는 적합하지 않은 것이 대부분이다. 따라서 우리의 시각에서 우리의 손으로 서술한 일본 역사에 대한 책이 하루빨리 나오지 않으면 안된다고 생각한다.

우리나라의 웬만한 대학에는 사학과가 거의 다 있고 사학과에는 동양사 교수가 두세 명씩은 다 있다. 그런데 대부분 중국사를 전공하는 교수들뿐이다. 극단적으로 말해서 한국에 100명의 동양사 교수가 있다고 하면 90명 이상이 중국사 교수라는 것이다. 현실적으로 중국보다 더 깊은 관계에 있는 나라가 일본인데도 불구하고 일본사 교수는 거의 없고 중국사 교수만 있다. 그러니까 일본에 대해

뭔가 좀 알아보고 싶어서 읽을 만한 책을 찾아봐도 변변한 일본사 개설서 한 권이 없는 실정이다.

미국 대학의 예를 들면 중국사와 일본사 교수의 비율이 5 : 5나 6 : 4쯤 된다. 이렇게 당장 일본 연구가 필요한데 일본 연구자는 거의 없고 중국 연구자 일변도가 되어서는 학문이 사회의 요구에 응할 수 없고 그렇게 되면 학문의 발전도 기하기 어렵게 될 것이다. 우리나라 동양사 학계도 이제 중국사 일변도에서 벗어나 중국, 일본, 인도, 서남아시아, 중앙아시아, 만주, 몽고 등 각 지역을 그 중요성에 따라서 골고루 포용하는 방향으로 나가야 할 것이다. 그래야 사회의 필요에 응할 수 있고 그럴 때만이 사회의 뒷받침 속에서 동양사도 발전해나갈 수 있을 것이다.

서양은 아는데 일본은 모른다

1945년 광복 이후의 근대교육이 미국의 절대적인 영향하에서 이루어졌기 때문에 우리는 알게 모르게 서구에 대해서는 상당한 지식을 가지고 있다. 무슨 사상이건 인물이건 제도건 서양 것은 그다지 낯설지 않게 느껴진다. 또한 천여 년 동안 중국의 영향하에 있었기 때문에 중국의 사상이나 인물이나 제도 등에 대해서도 어떤 면에서는 우리의 전통적인 것 이상으로 잘 알고 있다.

그런데 일본에 대해서는, 같은 아시아 문화권에 속해 있고 같이 한자를 쓰고 있으니까 막연하게 중국이나 우리의 아류쯤으로 생각하고 중국이나 우리와 비슷하겠지 하는 경우가 많다. 그러나 일본의 사상이나 인물은 고사하고 제도부터가 중국이나 우리하고는 판이하게 달라서, 우리와 뜻을 공유하는 한자로 표현되어 있음에도 불구하고 그 의미가 전혀 파악되지 않는 것이 많다. 심지어는 일본 역사를 전공하는 나 같은 사람도 책에서 어떤 제도를 처음으로 접하게 되는 경우에는 그 의미가 전혀 와닿지 않는 경우가 많다. 그런데도 우리나라 사람들은 일본에 대해서 잘 알고 있고 대충 우리나라와 비슷한 나라라고 생각하는 것이다.

어느 날 오오꾸마회관 교수식당에서 밖에 펼쳐진 푸른 잔디를 바라보며 여유있게 점심식사를 즐기고 있는데 상학부에 유학 와 있는 한국 학생 하나가 옆에 오더니 같이 좀 앉아도 되겠느냐고 물었다. 자리를 권했더니 그 친구는 앉자마자 "선배님, 고대에 일본을 실질적으로 100여 년간 지배한 소가씨가 백제 사람이라는 중요한 자료를 제가 발견했습니다" 하고 약간 흥분된 목소리로 이야기하는 것이었다. 사실 그 문제는 하도 많이 듣던 이야기라 웃으면서 "무슨 자료기에 그렇게 중요하냐"고 반문했더니 이것저것 이야기하면서 그 자료를 곧 복사해서 보내드리겠다는 것이었다. 이야기를 들어보니가 대충 알 만한 내용이었고 사실 소가씨 문제라면 나만큼 아는 사람도 없다고 생각했기 때문에 "고맙다"고 건성으로 대답을 하면서도 왠지 기분은 좀 찜찜했다. 내 딴에는 신경을 써서 웃는 얼굴로 대답해줬는데 눈치 빠른 그 친구가 내 대답이 탐탁지 않았다고 생각했는지 그 뒤 보내주겠다던 자료는 받아볼 수가 없었다.

상당히 전문적인 문제인데도 불구하고 일본 문제에 대해서는 웬만한 사람이면 자기가 꽤 잘 알고 있다고 생각하고 알은체를 한다는 데 문제가 있다. 자기 전공이 아니거나 잘 모르는 문제에 대해서는 차라리 가만히 있었더라면 오늘날과 같이 혼란스럽고 모순된 일본 인식을 초래하지는 않았을 것이라는 생각이 든다.

4. 동아시아 속의 한국과 일본

 우리에게 일본은 어떤 나라인가

한 인간의 발전은 자신의 위치를 좀더 정확히 파악하는 데서부터 시작된다. 그리고 자신을 객관적이고 정확하게 파악하기 위해서는 주변과의 관계에 대한 이해가 그 어느것 못지않게 중요하다. 이것은 한 국가의 경우에도 마찬가지이다. 따라서 우리나라의 발전도 우리나라 자체에 대한 이해뿐만 아니라 동북아시아나 세계 각국, 그중에서도 특히 역사적으로 우리나라와 관계가 깊은 나라들과의 관계를 객관적이고도 정확히 이해하는 데서 비롯될 수 있다.

우리는 주변 국가 중에서 우리와 관계가 깊은 나라를 들라고 하면 우선 중국을 떠올리기 쉽다. 그러나 근·현대는 말할 것도 없고 근대 이전에도 중국 못지않은 관계를 맺고 있던 나라가 일본이다.

먼저, 국가형성에 가장 기본이 되는 민족의 구성이나 언어를 예로 들어보자. 여러가지 면에서 우리나라가 중국과 깊은 관계에 있었던 것은 사실이지만 민족의 구성이나 언어 면에서 중국과는 전혀 다른 데 비해, 일본과는 유사한 점이 대단히 많다. 일본인들은 우리나라 사람들과 마찬가지로 몽고계 인종의 특징 중 하나인 몽고반점을 가진 사람들이 많고, 언어도 우랄·알타이어계로 어순 등이 우리말과 거의 일치한다.

문화적인 면에서 우리나라는 중국의 영향을 많이 받은 것이 사실이지만 중국에서 받은 만큼이나 일본에 많은 영향을 끼쳤다. 문화적인 영향을 논할 때, 받는 관계만 생각하기 쉬우나 주는 관계도 그에 못지않게 중요하다는 점을 간과해서는 안될 것이다.

부정적인 면에서도, 수·당을 비롯해서 중국 역대 왕조의 침략을 수없이 많이 받은 것은 사실이나 『삼국사기』「광개토대왕릉비문」 등에서도 알 수 있는 바와 같이 한반도 남부는 일찍부터 왜(倭)의 침략을 수없이 받아왔다. 일찍이 신라의 문무왕은 사후에 동해의 용이 되어 왜의 침입을 막고자 했을 정도였다. 왜구의 침략은 고려 멸망의 한 요인이 되었는가 하면 임진왜란, 정유재란을 통해 전국토가 쑥밭이 되는 등 중국에 못지않은 많은 침략이 있었다.

근·현대에 들어오면 중국과의 관계는 미미한 데 비해 일본과의 관계는 좀더 긴밀해진다. 근대의 1년은 전근대의 수십년 수백년에 해당되는데, 한국은 근대화의 문턱에서 35년간 일본의 직접 지배를 받고 1945년 해방 이후 근대화(서구화) 과정에서도 일본화된 서구문화를 도입하였다. 이것은 구조적으로 일본을 모방하는 결과를 낳았다.

이렇듯이 일본 및 일본과의 관계에 대한 정확하고 객관적인 이해 없이는 우리나라의 발전을 위한 출발점이 될 정확하고 객관적인 자기 위치 파악이 불가능할 것이다. 그럼에도 불구하고 우리와 가장 관계가 깊은 나라를 들라고 하면 너나없이 일본이 아니라 중국을 떠올리게 되는 것은 과거에 지대했던 사대주의 교육의 영향과 일제가 35년간 한국을 지배한 데 대한 감정적인 반발에서 비롯된 잘못된 교육 때문이다.

우리나라의 위치를 제대로 파악하기 위하여 일본을 알 필요가 있다는 소극적인 이유에서뿐만 아니라, 적극적인 의미에서도 일본을 연구하고 알지 않으면 안된다.

우리나라가 추구해온 목표가 근대화에 있었음은 주지의 사실이다. 그런데 그 근대화라는 말은 공업화 또는 서구화와 같은 말로서 우리나라가 서구화를 추구해왔다는 것은 서구국가가 간 길을 우리나라도 뒤쫓아왔다는 뜻인데, 아시아 국가로서 현재까지 서구화에 성공한 나라는 일본뿐이다. 따라서 우리나라로서는 바로 이웃의 일본이야말로 가장 좋은 참고가 될 수밖에 없었다. 사실 근대화 과정에서 우리나라가 현재까지 일본을 모델로 한 면이 많았던 것도 숨길 수 없는 사실이다.

최근 우리는 우리나라가 선진국의 문턱에 와 있다는 말들을 자주 한다. 선진국이라는 것은 남이 간 길을 따라가는 나라가 아니고 남의 앞에 서서 나아가는 나라다. 그런데 우리나라가 여기까지 오는데는 인정하든 않든 일본을 모델로 한 점이 적지 않았고 그 과정에서 구조적으로 일본에 발목을 잡혀 있는 것도 부인할 수 없는 사실이다. 따라서 우리의 발목을 잡고 있는 일본을 뿌리치지 못하고서는 선진국의 반열에 설 수 없다는 것은 너무나 자명한 사실이다. 선진국이 되기 위해서도 일본은 극복해야 할 대상이다.

 역사적으로 본 우리나라와 일본

일본이 어떤 나라인가를 알기 위해서는 먼저 지난날 한일관계가 역사적으로 어떤 요인에 의해서 결정되어왔고 그 결과가 어떤 것이었는가를 알아볼 필요가 있다. 과거는 현재의 바탕이기 때문이다.

역사적으로 볼 때 우리나라는 우리의 대응 여하에 관계없이 일본의 일방적인 침략을 받아왔다. 720년에 편찬된 일본의 고서 『일본서기』에 의하면 4세기 후반부터 6세기 후반까지 약 200여 년간 일본이 가야지역에 소위 '임나일본부'라는 기구를 설치하여 한반도 남부를 지배한 것처럼 되어 있다. 이것이 소위 '임나일본부설'로 그 진위는 현재 한일 학계에서 논란이 되고 있지만, 그 시기에 왜가 한반도 남부에 침입하거나 한반도 남부에 와서 활약하였음은 숨길 수 없는 역사적인 사실이다. 그리고 앞서 말했듯이 고려가 쇠퇴한 중요한 이유의 하나가 잇따른 왜구의 침입임도 누구나 다 아는 사실이며, 토요또미 히데요시에 의한 임진왜란, 정유재란으로 조선의 전국토가 쑥밭이 되었고, 마침내 19세기 말에는 일본에 의해서 합방이 이루어져 35년간 그 지배를 받게 되었던 것이다.

그런데 가야지역을 근거로 하여 왜가 한반도 남부에서 활약한 시기는 분열되어 있던 일본열도 내의 소국들이 하나로 통일되던 시기이며, 고려 말 왜구가 극성을 부리던 시기는 무로마찌 막부에 의해서 남북조(南北朝, 1336~1392)가 통일된 시기이고, 임진·정유왜란을 일으킨 시기는 100여 년간 계속된 전국시대를 토요또미 히데요시가 통일한 직후였다. 그리고 한일합방을 단행한 시기는 메이지 유신에 의해서 300여 영주로 구성되어 있던 에도 막부가 종식되고 중앙집권적인 메이지 정부가 들어선 시기이다.

이와같이 한국은 언제나 일방적으로 일본의 침략을 받아왔는데 그 시기가 언제나 일본이 분열되어 있다가 통일된 시기라는 데 그 특징이 있다. 분열된 일본을 통일한 세력이 통합된 세력의 불만을 해소하는 방법으로 이웃의 우리나라를 침략했기 때문이다. 따라서 우리나라에 대한 일본의 침략은 우리나라가 어떻게 대응하느냐와 관계없이 일본의 국내 사정에 의해서 이루어졌다는 데 그 특징이 있다.

그런데 지금은 일본이 2차대전에서 패한 뒤 다시 부흥기로 들어선 시기이다. 따라서 우리나라에 대한 침략도 다시 시작되고 있다고 볼 수 있을 것이다. 다만 그 침략의 형태가 과거와 달리 총칼에 의한 것이 아니라 경제력에 의한 것으로 바뀌었기 때문에 우리가 잘 느끼지 못할 뿐이다. 그와같은 징후는 이미 앞에서도 살펴보았듯이 정치, 경제, 사회, 문화 등 각 방면에서 엿보인다.

우리의 대일 무역적자는 1995년 143억 달러(11월까지의 실적)였다. 전체 무역적자가 사상 처음 100억 달러를 넘어섰다며 난리들이었지만 대일적자는 연말까지 150억 달러를 초과한 것으로 추정된다. 1965년 한일국교정상화 이후 대일적자 누계는 지난 연말께 1천억 달러를 기록했다. 우리 총외채가 780억 달러인 것을 보면 주로 대일 적자 때문에 외채를 걸머지게 된 것이라고 할 수 있다(『한국일보』, 「지평선」, 1996.2.22).

일본과의 무역에서 이렇게까지 심각한 문제가 있는지 아는 사람은 그리 많지 않을 것이다. 위에 인용한 칼럼도 "독도 문제나 일본 정치인들의 망언 등에 대해서는 금방 뜨거워지는 여론이 이 문제에는 의외로 둔감하다. 일본이 방자하고 무례할 때마다 우리는 흥분하고 개탄하지만 달라진 것이 없다. 격분과 망각을 되풀이했을 뿐 달라질 만한 준비를 한 게 아무것도 없기 때문이다"라는 말로 끝을 맺고 있다. 한창 독도 문제로 여론이 들끓는 와중에 읽은 이 칼럼에 공감 가는 바가 많았다. 우리가 정말 빼앗기고 있는 게 무엇인지 냉정히 돌아봐야 한다는 생각이 든다.

정확한 일본 이해를 바라며

한일간에 불신의 골이 깊어지는 원인이 서로 자신의 가치를 척도로 상대를 평가하기 때문이라고 생각하며, 일본이 우리를 어떤 식으로 생각하든 그것은 그들의 일이고 우리는 일본을 객관적으로 이해하는 것이 극일의 첩경이라는 생각에서 이 책을 썼다. 따라서 처음에는 서로 자신의 척도를 기준으로 상대를 인식하고 있는 대표적인 예를 담은 '야만의 나라 일본, 더러운 나라 조선'이라는 소제목을 이 책의 표제로 생각했다. 그리고 또 하나 생각한 것이 '일본' 하면 누구나 연상하는 특질인 '이중성' '실리 위주' '애매함' 등을 전부 함축적으로 포함하고 있는 '일본인의 예스는 노'라는 제목이었다. 그러나 이 책의 목적이 일본을 있는 그대로 이해시키려는 데 있는만큼 제목도 평범하게 표현하자는 출판사측의 제의를 받아들여 '김현구 교수의 일본 이야기'를 제목으로 하게 되었다.

우리나라에서는 아직까지 일본에 대한 부분이 워낙 민감하기 때문에 이 책의 내용에 감정에 치우친 점은 없는지, 아니면 오해를 살 만한 부분은 없는지 집필과정에서 수시로 주위 사람들과 상의를 했다. 그런데 주위에서는 이 내용이 일본을 칭찬하거나 변명해주는 것처럼 보이지 않을까 염려해주는 분들이 적지 않았다. 단순히 일본의 특질들이 어떻게 형성되었는가만을 설명하다 보니 일본의 좋은 점에 대한 서술은 칭찬으로 보일 가능성이 크고 나쁜 점에 대한 서술은 변명해주는 것으로 보일 가능성이 크기 때문이라는 것이었다. 옳은말이다.

그러나 나의 비판을 첨가하게 되면 시중에 범람하고 있는 기존의 책들과 마찬가지로 이 책도 일본에 대한 나의 주관적인 견해로 보일 가능성이 크다고 생각한다. 더구나 기존의 책들이 일본에 대한 여러 측면 중에서 나쁜 측면이나 좋은 측면만을 지나치게 강조함으로써 반일감정을 부추기거나 일본에 대한 무분별한 모방을 유발하고 있는데, 이는 국민들을 극일의 길로 이끄는 것이 아니라 오히려 패일의 길로 인도하는 것이라고 생각해 애초의 방침대로 될 수 있는 한 나의 주관을 배제하고 가치판단은 독자들에게 맡김으로써 일본에 대한 객관적인 판단이 가능하도록 했다.

이 책이 거의 마무리될 무렵 일본에서 『추한 한국인』 제3권이 출판된다는 소식이 알려져 한국에서 적지 않은 반일여론이 일어나고 있었다. 『추한 한국인』은 확실히 악의적인 의도에서 출판된 책이 분명하여 한국인은 물론이고 양식있는 일본 사람들조차 분노를 일으키기에 충분했다. 따라서 이 소식에 접하면서 객관성을 유지하려던 마음에 적지 않은 파문이 일어난 것도 사실이다. 그러나 감정적인 대응이야말로 그들이 노리는 바라는 생각과 감정적인 대응으로 일관해서는 일본을 영원히 이해할 수 없게 된다는 생각에서 마음의 평정을 되찾을 수 있었다.

역시 이제는 누가 뭐라고 하든 일본에 대해서 차분히 생각하고 냉정히 대처해야 할 때가 된 것이 아닌가 싶다. 아무튼 이 책은 일본을 짓이겨서 마음이 후련해지기를 바라는 사람보다는 일본에 대해서 정확히 알고 거기서 무엇인가를 얻고자 하는 사람들을 위해서

정확한 일본 이해를 바라며　257

썼다.

끝으로 하나 부언할 점은, 이 책의 내용을 전해들은 일본의 지인
으로부터 일본에서도 출판하고 싶다는 제안을 받았다. 그래서 조
만간 이 책을 일본어판으로도 출판하려고 한다. 양국에서 동시에
출판되는만큼 단순한 읽을거리에 그치지 않고 한일 양국이 동아시
아 속에서 서로를 객관적으로 이해하며 바람직한 방향으로 나아가
는 데 다소라도 도움이 되었으면 한다.

김현구 교수의 일본이야기

초판 1쇄 발행/1996년 3월 29일
2판 1쇄 발행/1996년 8월 1일
2판 9쇄 발행/2015년 7월 1일

지은이/김현구
펴낸이/강일우
펴낸곳/(주)창비
등록/1986년 8월 5일 제85호
주소/413-120 경기도 파주시 회동길 184
전화/031-955-3333
팩시밀리/영업 031-955-3399 · 편집 031-955-3400
홈페이지/www.changbi.com
전자우편/human@changbi.com

ⓒ 김현구 1996
ISBN 978-89-364-7027-2 03910